王 超◎著

为中国造汽车

孟少农传

长江出版传媒 | 湖北人民出版社

图书在版编目（CIP）数据

为中国造汽车：孟少农传 / 王超著. —武汉：湖北
人民出版社，2024.8
ISBN 978-7-216-10844-7

Ⅰ.①为… Ⅱ.①王… Ⅲ.①孟少农－传记
Ⅳ.①K826.16

中国国家版本馆CIP数据核字(2024)第067353号

责任编辑：童银燕
　　　　　张倩玉
封面设计：刘舒扬
责任校对：范承勇
责任印制：杨　锁

为中国造汽车：孟少农传
WEI ZHONGGUO ZAO QICHE:MENGSHAONONG ZHUAN

出版发行：湖北人民出版社		地址：武汉市雄楚大道268号	
印刷：湖北新华印务有限公司		邮编：430070	
开本：787毫米×1092毫米 1/16		印张：15.5	
字数：253千字		插页：7	
版次：2024年8月第1版		印次：2024年8月第1次印刷	
书号：ISBN 978-7-216-10844-7		定价：78.00元	

本社网址：http://www.hbpp.com.cn
本社旗舰店：http://hbrmcbs.tmall.com
读者服务部电话：027-87679656
投诉举报电话：027-87679757
（图书如出现印装质量问题，由本社负责调换）

中国汽车工业技术
主要奠基人——孟少农

孟少农（第三排左三）赴麻省理工学院途经香港与同行、同学合影

孟少农（后排左一）在
麻省理工学院和同学在一起

孟少农（后排左一）
乘"总统号"回国

孟少农在清华大学任教

孟少农与前妻于陆琳

孟少农与大女儿孟运

孟少农在汽车工业
筹备组

孟少农（右一）与
苏联专家筹备汽车工业

孟少农（左
五）陪同苏联专
家为一汽选址

孟少农（左
三）在东风轿车前

孟少农在陕汽

孟颀（左二）
陪同父亲孟少农
（左三）回长春参
加一汽出车30周
年纪念活动，在红
旗轿车前

孟少农（前排
左五）在清华大学
开展汽车专业人才
培养工作

孟少农（左）与饶斌

孟少农（左二）现场
指导产品设计

孟少农（左二）
在英国考察汽车工业

孟少农（前排
右）在英国考察汽车
工业

孟少农（左二）率团在国外考察、洽谈汽车产业合作

孟少农（左二）参加国际学术会议

孟少农（右一）在湖北汽车工业学院实验室观看发动机实验

孟少农与夫人李彦杰

孟少农与夫人李彦杰（左二）和朋友合影

序　一

　　孟少农毕生致力于中国汽车工业建设事业，是新中国汽车工业的创始人之一、新中国汽车工业技术的先驱和主要奠基人。湖北汽车工业学院原党委书记王超同志撰写的《为中国造汽车：孟少农传》一书深情讲述了孟老为国求学、实业报国、投身中国汽车工业建设不平凡的一生，相信本书将会推动传承弘扬"孟少农精神"，激励中国汽车人砥砺初心、奋发作为。

　　孟老有着高尚的品格、崇高的追求和深厚的专业修养。年轻时，孟老先后攻读于清华大学机械系、麻省理工学院汽车专业。20 世纪 40 年代，他毅然拒绝美国福特等几家公司提供给他的优越研究条件和优裕生活待遇，义无反顾地回到祖国的怀抱，在当时十分困难的条件下，满腔热情地投身于我国汽车工业和汽车技术的发展。50 年代初开始参与筹备创建中国汽车工业，推动中国汽车工业实现了从无到有的突破。

　　孟老作为中国汽车工业的开创者之一，对中国汽车工业有着重要贡献。他先后担任一汽、陕汽、二汽的总工程师，成功领导了一汽、陕汽和二汽几代产品的研制和开发。在一汽工作期间，主管产品设计和生产，在一穷二白的基础上，结束了新中国不能生产汽车的历史，并提出了开发小轿车的设想，推动一汽试制出中国第一辆东风牌轿车。70 年代，当二汽建设面临重大技术难题时，孟老临危受命从陕汽转战二汽，亲任总指挥，带领二汽攻克一道道技术难题，生产的东风汽车具有马力大、速度快、油耗低、轻便灵活等特点，在战场上大受欢迎，被誉为"英雄车""功臣车"。晚年时期，他在二汽整整奋斗了十多个春秋，使二汽摆脱困境，开创了兴旺发达的局面。

披荆斩棘开辟新路，砥砺前行树立丰碑。孟老的生平经历就是一部鲜活的中国汽车工业史。从一汽、陕汽再到二汽，几次辗转，家越搬越偏，生活条件越搬越艰苦，但他始终没有动摇投身于祖国汽车事业的信念。孟老也是我国汽车领域杰出的教育家，在清华大学创办了我国第一个汽车专业，为新中国汽车工业发展奠定了坚实的人才基础；在一汽倡导创办长春汽车学校；在陕汽创办职工大学；在二汽倡议建立教育中心，创办了湖北汽车工业学院。他把自己的智慧才能、渊博知识和丰富的实践经验毫无保留地传给后人，为我国汽车工业的发展培育了大批技术和管理人才。

时代发展浩荡向前，精神之火永不熄灭。在世界汽车工业风云变幻、中国汽车工业深刻变革的今天，我们要怀抱敬畏之心，传承好孟老留给我们的宝贵精神财富，学习和弘扬孟老热爱祖国、忠诚于党的坚定信念，坚守中国汽车人的使命和担当，真抓实干、百折不挠，不断创造无愧于时代的新业绩；学习和弘扬孟老无私奉献、艰苦奋斗的创业精神，永不懈怠、勇攀高峰；学习和弘扬孟老敢想敢试、敢为人先的开拓精神，深刻洞悉、牢牢把握产业发展脉搏，开拓创新、奋勇争先，不断构建新的竞争优势；学习和弘扬孟老自强不息、孜孜不倦的创新精神，努力在产品研发上下功夫，在技术进步上做文章，坚定不移地走自主创新道路，大力提高自主创新能力。

中国汽车工业走过 70 多年峥嵘岁月，在今天从汽车大国迈向汽车强国的征程中，期待本书能够成为连接过去与未来的桥梁，激励新一代中国汽车人高擎"孟少农精神"之炬，不懈奋斗，再创辉煌！

（竺延风，曾任中国第一汽车集团公司总经理、党委副书记、集团董事长，东风汽车集团有限公司董事长、党委书记）

序　二

　　沧海横流，方显英雄本色；大浪淘沙，始见真金风采。他是中国汽车工业的"拓荒牛"，他是躬身汽车技术的科学家，他是矢志培育民族汽车人才的教育家……他就是中国汽车工业技术奠基者、二汽总工程师、清华大学汽车专业创始人、湖北汽车工业学院首任院长孟少农。穿过历史的云烟，正是以孟少农为代表的中国汽车工业先驱们，矢志初心、产业报国，在几乎一穷二白的基础上奠定了中国汽车工业的基石，让汽车工业这个国民经济重要支柱产业在古老东方大国从无到有、从有到优，为我国从一个贫穷落后的农业国发展成为世界第一工业制造大国作出了巨大贡献。

　　满腔热血赤子心，碧血丹心爱国情。孟老是一名"红色科学家"，他的人生抉择始终与国家和民族的命运紧紧相连。从立志实业救国弃文学工，考入清华大学机械系，进入麻省理工学院学习，放弃攻读博士学位到工厂真正学习技术，谢绝高薪毅然回国；到成为清华教授中第一位中共地下党员，在清华大学开办中国第一个汽车专业；再到投身于中国汽车工业，作为技术权威筹备一汽，辗转陕汽再立新功，临危受命助力二汽渡过难关。繁霜尽是心头血，洒向千峰秋叶丹。孟老在时代洪流中挺起家国大义，以舍我其谁的报国之志，为中国汽车工业发展，为国家强盛、民族复兴奉献了毕生精力。

　　敢为人先勇奋进，自主创新谱华章。孟老是汽车界"大国工匠"，他毕生都在用精益求精、勇攀高峰的"工匠精神"为中国汽车工业拓荒耕耘。作为激情年代的实干家，无论在一汽、陕汽还是二汽，孟老都专注于技术创新，把创新作为中国汽车工业发展的关键。他曾明确地说："产品发展要设计一代，改进一代，预研一代。"从"红旗车"到"东风车"，从"军用车"到"民用车"，科学有险阻，苦战能过关，他带领团队敢闯"无人区"，勇当"探路者"，攻克了一个个技术难关，一辆辆"英雄车""功臣车"投产使用，大显神威。

甘为人梯育英才，化作春泥更护花。正如孟老所言，"如果说，我在有生之年有什么奢望的话，就是在培养年轻一代上贡献点微力"。他一生都致力于中国汽车工业人才的自主培养，把"工匠精神"代代相传。创办学校、自编教材、亲自授课贯穿在他奋战民族汽车工业建设一线的始终。他本人率先为湖北汽车工业学院学生授课且从未因为工作或者生病等原因停止，即使在生命的最后一段时间，他也经常挂完吊瓶、拔掉针头，就赶往教室为学生讲课。在担任湖北汽车工业学院院长期间，他始终坚持教育与生产实际相结合的教育理念，躬行"善教、善践、善用、善行"的教育思想，为培养新时代卓越汽车工程师提供了有力指导。今天，湖北汽车工业学院校史馆专门设有孟少农展厅，陈列了他矢志教育的感人事迹，这也成为激励一代代汽院人奋发图强的宝贵精神财富。

红心闪闪耀四方，精神之火永相传。本书作者王超同志经过多年走访调研、资料收集，写下他所了解认识的孟老。通过阅读这本传记，我们可以见微知著，窥见新中国汽车工业开拓者们创业的艰辛历程。孟老与新中国汽车工业共同成长的事迹充分诠释了"科学家精神""教育家精神""工匠精神"……这些精神不仅推动了中国汽车工业的发展，也成为滋养一代代中国汽车人的精神源泉。

斯人已去，精神永志。传承，是最好的纪念。我们将永远铭记孟老的崇高人格，弘扬"孟少农精神"，立足新时代历史坐标，开拓创新、勇毅笃行，为建设教育强国、科技强国、制造强国，推进中国式现代化，实现中华民族伟大复兴作出新的更大贡献！

（张文学，湖北汽车工业学院党委书记、博士生导师）

目　录

第一章　奋进的青少年时代

第一节　且行且进的一个中国家庭

孟少农出生在一个职员家庭，祖籍湖南省桃源县仙人乡（据说就是陶渊明所写《桃花源记》中"桃花源"的所在地），原名庆基，字少农。1915 年 12 月 12 日，袁世凯在北京居仁堂通电全国，复辟帝制，改元洪宪。辛亥革命的胜利果实被袁世凯窃取，中华民国局势不稳，风雨飘摇。孟少农就出生在这一天的北京。

孟少农的祖父孟朝聘，农民出身。家有耕地 5 石①，自耕，没有出租，也没有雇佣长工。于 20 世纪 20 年代去世。

孟少农的父亲孟燮寅，字文弼，出身于农民家庭。由于从小就比较聪明，孟少农的祖父决定让其去上学，成为孟家第一代知识分子。孟少农曾回忆道："为了支持父亲上学，家里不惜背负债务，克服了许多困难。有时因天气不好，祖父还背着父亲去上学。父亲上学时正处于晚清新学兴起之时，因此，在读完私塾后考入湖南高等农业学堂，毕业后，正好遇上辛亥革命。"

---

① "石"是行用于长沙及其周边地区的土地计量单位，自古一直沿用到新中国成立前。田一石相当于旧制六亩三分。

　　"中国宪政之父"宋教仁是湖南省桃源县仙瑞乡上坊村香冲（今漳江镇教仁村香冲组）人，与孟少农家是同乡。宋教仁是孙中山领导的革命党中的一个重要人物，1912年中华民国成立时，被任命为法制局局长。在袁世凯当了大总统后，宋教仁这个相信西方资产阶级民主政治的人也去了北京，并且出任唐绍仪内阁的农林总长。

　　由于宋教仁与孟少农的父亲是同乡，宋教仁去北京时，就把孟少农的父亲孟燮寅一同带去了北京，并且把他安置在农商部里当了一名主事（科员）。宋教仁遇刺身亡后，孟少农的父亲不仅失去了一位有影响力的同乡，而且也失去了工作上的依靠。从此，孟少农的父亲就以一个普通职员的身份留在北洋政府，从1913年到1928年，总共在北洋政府供职了15年。

　　1926年7月9日，北伐战争爆发。1928年6月8日，国民党军队进入北京，北洋政府覆灭。1928年，南京国民政府为了进一步消除北洋政府的影响，对北洋政府的机构进行清理，并大量裁撤机构和人员，孟少农的父亲也被裁掉。由于失去了工作，一家人在北京无法生活。于是，当年孟少农的父亲卖掉家具，携妻子和子女回到了湖南老家。

　　回到家乡的孟燮寅由于失去了工作，没了经济收入，于是就四处奔波，想找个工作来维持全家的生活。在此期间，甚至当过桃源县的渔夫公园筹备处的主任。但渔夫公园没有筹备成，工资也没有拿到几元。过了两年（1930年），有位姓罗（名完白）的同乡，任湖南芷江第六初级职业学校校长，打听到孟少农的父亲在北洋政府担任过职务，就把他招去当教务主任，孟少农的父亲这才结束了失业的生活。

　　孟少农的父亲到湖南芷江第六初级职业学校担任教务主任两年后，学校闹风潮，无法开展正常的教学活动。恰巧这时任湖南省教育厅厅长的朱经农是孟少农父亲在北洋政府的老上司，就让他任代理校长，但过了两年，孟少农父亲的代理校长职位被别人取而代之。于是，孟少农的父亲又找到另一位老上司，老上司把他推荐到湖北武昌附近的金水农场当技术员（因孟燮寅是湖南高等农业学堂毕业的）。抗日战争全面爆发后，农场被迫取消，孟少农的父亲又一次回到了老家桃源县。整个抗战期间，他都一直待在家乡，负责保管从农场迁来的机器设备，抗战结束，孟少农的父亲就退休了。1946年，孟少农的父亲把家里的一份田地卖了，加上孟少农从美国寄回来给他的一笔钱，在城关买了一块园地（约2亩），建了一幢住宅（据说是在上工农街37号）。1954年孟少农的父亲在桃源老家去世，享年74岁。

孟少农的外祖父叫周莲圃，是一个经营南货店的商人，也是一个小商业资本家，生有一子一女。孟少农的母亲叫周俊南，字晓莲，是一名家庭妇女。孟少农的舅舅名周道生，字晓圃。孟少农的外祖父去世以后，南货店的生意由他舅舅经营。由于经营不善，没几年南货店就倒闭了，后来剩下一所房子和一个菜园，孟少农的舅舅靠出租房子维持生活，新中国成立前病逝。孟少农的母亲于1912年随他父亲一起到了北京，并一直生活在北京。后来，由于丈夫失去了在北京的工作，不得不于1928年随丈夫一起回到了湖南省桃源县。从此，她便一直生活在桃源老家，艰难地维持着全家的生计，于1959年病逝。

孟少农于1915年12月12日（阴历十一月初六）出生在北京，原名孟庆基，在家里排行老大，其下还有三个弟弟和一个妹妹。大弟弟孟庆源，毕业于湖南大学，曾在抗日战争期间参加国民党的防化兵部队，20世纪50年代，在武昌电力专科学校当教员，20世纪70年代退休。二弟弟孟庆熙（后改名林岐瑞），中共党员，毕业于清华大学，20世纪50年代在中国人民大学马列主义教研室任助教，后来到《人民日报》编辑部工作，20世纪80年代初因病退休。三弟弟孟庆森，20世纪50年代在大连化工厂任技术员，后来调到青海化工厂工作，后回桃源老家参加农业劳动。妹妹孟庆钧，师范毕业，曾任小学教员。抗战期间与驻桃源的国民党军官刘荷光结婚，生有两女一子。后来孟少农的妹妹发现刘荷光原来有妻子，于是就与他离了婚，随子女生活在湖南临澧。

孟少农的爱人李彦杰，1932年生，1947年加入中国共产党。20世纪五六十年代在长春一汽工作。1971年，随孟少农调入陕西汽车制造厂工作。1977年底，又随孟少农调入第二汽车制造厂工作，20世纪90年代离休，2019年病逝，享年87岁。

第二节 好学上进的少年

少年时代的孟少农虽然生活在一个变革和动荡的时期，但父母并没有放弃对他的教育和培养。1921 年孟少农就读于北师附小，1927 年毕业并考入位于北京和平门的北师大附中。1928 年南京国民政府对接收的北洋政府的人员进行裁撤，他父亲丢了工作，在北师大附中读完初一的孟少农，随父母回到他从未到过的湖南老家桃源县。因为父亲要找工作，兄弟们要继续上学，所以没有回到乡下老家，而是住在桃源县城的舅舅家，在桃源县县立中学继续读初二。由于当时学校管理不严，加之面临语言上的困难（听不懂桃源话），他经常逃学，初二一年下来实际上没有学到什么东西。父亲觉得这样下去不行，于是就和母亲商议，决定让孟少农去长沙考中学。1929 年暑假，孟少农离开老家桃源来到了湖南长沙。

从北京回到湖南桃源的这一阶段，他的家庭经济十分困难，父亲每月只有 100 多元的薪水，并且当时政府往往是欠薪一半以上，家里经常靠借债来维持生计。因此，孟少农到长沙考学时不得不寄居在同族叔祖父孟鼎鉴家里。他叔祖父是个官僚地主，孟少农住在他家可以不要食宿费。他叔祖父把他安置在家里的亭子间里，并让他当秘书，抄写跑腿，无事不干，直到 1931 年他的家庭经济状况有所好转才离开。孟少农到了长沙后，准备考插初中三年级，但没有被录取，空了一个学期，寒假时决定插春季始业的二年级。1930 年春季，孟少农考入长沙岳云中学，继续他的学业，1932 年 2 月初中毕业。

在这一时期，由于社会动荡加剧，孟少农的家庭经济拮据，孟少农想，父亲为了让他上学，不仅承受了巨大的经济压力，而且承受着巨大的精神压力，于是他开始思考如何能减轻父亲的双重压力，如何能成为一名好学生。经过一番思考，孟少农觉得他能做到的就是好好学习，于是从初二开始就暗下决心，勤奋学习，很快就成了全班的尖子生。当时岳云中学每年都要统一考试一次，全校学生统一做一张试卷，孟少农在初二年级的统考中，成绩超过了初三年级学生。1932 年孟少农初中毕业，并以全省第一名的成绩考取了长沙一中。在高中毕业全省统考中，孟少农又考取了全省第一。1935 年 2 月，他从长沙一中高中毕业。

中学时期的孟少农不仅勤奋好学，成绩优异，而且思想发展也很快。课外时间他读了许多中国古籍、西欧古典文学等，极大地开阔了他的知识视野。但是，这个时期的湖南，在军阀何键的统治下，不允许任何进步思想的传播。在初中三年级时，宿舍曾进行大搜查，搜出一本鲁迅的作品，相关学生被扣留了好几天。九一八事变之后，蒋介石实行不抵抗政策，连年内战以及军阀何键在湖南名声极臭，孟少农对国民党的腐败无能有了认识，不大相信国民党的宣传。但对于共产党为什么要革命，为什么要奋斗牺牲，也没有很好理解。后来，孟少农在父亲的影响下，逐步形成了实业救国的思想。孟少农认为中国应该有更多的人埋头苦干搞科学，建设工业化的中国，所以，他在中学时就钻研自然科学知识，走上了自以为不问政治的专家道路。然而，此时他的思想和对社会现实的认识尚未成熟。

进入高中阶段，孟少农从社会现实中进一步看到了国民党的腐败，看到了中华民族的贫穷与落后，思想上开始发生变化，并逐渐产生了强烈的救国抱负，坚定了走实业报国道路的理想。他一方面以极强的求知欲发奋读书；另一方面积极地接受进步思想，在高中二年级时参加了一个自然科学研究会。研究会在 1932 年编了一本《密尔根、盖尔物理学题解》，卖出了几百本，但存在很多错误。会员们在 1933 年暑假前开会，认为应当改正后再版，以挽回声誉。研究会主席认为不能这样干，坚决辞职。后来会员们就推荐孟少农担任研究会的主席。他在两三个同学的帮助下，用了一个暑假和下一学期的大部分课余时间改写这本书，然后抓印刷工作，到 1934 年初终于把书印出来并发行了，为研究会赚了 200 多元，并用这些钱买了一批书。接下来，孟少农还在一家报纸上办了一个副刊，叫《自然科学》。孟少农主办了一个学期，出了十几期，每期都有他撰写的稿件。在高中阶段，孟少农还当过几任伙食委员，办过一个合作社，使自己得到了多方面锻炼。

高中毕业后，立志实业报国的他，一心想继续学习深造，但他家当时的经济状况无力支持他继续读书。正在这时听说清华大学招收"清寒公费生"，孟少农觉得报考"清寒公费生"是他上大学的唯一出路，于是他决定报考。由于当年招收的"清寒公费生"数量很少，因此要求报考生必须有校长出具的参加报考"清寒公费生"的保证信，以保证该生确实属于清寒学生。孟少农找到校长很顺利地获得了校长出具的保证书，取得了报考资格。按照当时招录"清寒公费生"的规定，考取"清寒公费生"的学生每年有 240 元的补助，这对于家庭经济十分困难的孟少农来说，是一个很好的继续读书的机会。一切准备就绪，孟少农向父亲要了 30 元钱就动身去到了他年幼时生活的北京。1935 年 5月他到达北京，到北京后才知道除清华大学招收"清寒公费生"外，南开大学也设立了奖学金招收公费生，于是孟少农又报了南开大学。7 月开考，成绩很快就出来了，孟少农竟然被两所学校都录取了。但由于南开大学的奖学金是设在电机系，而清华大学的公费生则是设在机械系，最后孟少农选择了清华大学机械专业。1935 年秋季，孟少农正式进入清华大学学习，也是从那时起，孟少农开始不依靠家庭的经济来源维持生计，步入了他人生一段新的征程。

第三节　乱世多磨砺：从清华园到西南联大

　　1935 年，孟少农如愿以偿地进入了清华大学，但此时正值日本帝国主义侵入华北，想建立华北伪政权。1935 年 7 月"何梅协定"签订之后，在日本的胁迫下，国民党的党、政、军都从河北及平津两市撤走，河北、察哈尔等省主权名存实亡。日本帝国主义积极策动建立"华北防共自治政府"，整个华北危在旦夕。"华北之大，已经安放不得一张平静的书桌了！"

　　1935 年 8 月，中国共产党的"八一宣言"传到了清华园。中共清华地下党组织在半夜里把它贴在学校的布告栏上。中国共产党提出的"停止内战，一致抗日"的主张，迅速在广大同学中传播，得到了同学们的热烈拥护。在中共地下党组织的领导下，1935 年 12 月 9 日北平学生举行了声势浩大的抗日游行，反对成立冀察政务委员会，要求南京国民政府抗日，这就是一二·九运动的开始。孟少农也参加了当天的游行活动。

1935 年 12 月 16 日是预定的成立冀察政务委员会的日子。中共北平党组织决定在这一天再次发动大示威。12 月 16 日，由清华大学、燕京大学率领的城外大队，拂晓时即出发，途中联络北平大学农学院、孔德学校和弘达中学二院等校学生，共 1000 多人，孟少农也参加了当天的游行示威活动。游行队伍高举着"反对冀察政务委员会"的大旗，浩浩荡荡地向北平城内进发。上午 8 时许游行队伍到达西直门，城门仍像 7 天前那样紧闭着。游行队伍转而向阜成门走去，又被拒之于城外。游行队伍又南行至西便门，仍遭闭门阻拦。领队部当即决定一部分学生约 400 人留在西便门，其余 600 余人向永定门进发。留在西便门的学生，冲开缺口处紧闭的城门进入城内，到前门后，准备冲进内城，却遭到了军警的阻拦，守城军警连鸣数十枪，胁迫游行队伍后退，学生们折回到天桥。

在面临军警武力阻止的情况下，全市的游行指挥部当即决定以退为进，带队至西车站广场，并再次召开了市民大会。会后，除由东北大学等校组成的第一大队被允许进入正阳门外，其余清华、燕京等校队伍，都被阻在城外。他们先后沿着内城城墙行至宣武门，多次试图冲开城门和城里的学生会师，但终因反动军警的力阻而未获得成功。然而，斗争没有停止，游行队伍与军警一直僵持到傍晚时分，军警才答应让城外大队清华、燕京等校队伍穿过城区，出西直门返校。在军警鸣枪示警时，孟少农正走到西车站的站墙外面，队伍一乱，他就跳到墙里面去了，后来沿着铁路走到了和平门，由于不知道大部队在哪里，他就独自走回了学校。

但是，当清华、燕京等校的队伍离开宣武门以后，马路两旁的路灯突然熄灭，反动军警开始了对示威学生的镇压。有不少学生受伤和被捕。流血的消息迅速传到了清华园，同学们余怒未息，又激起了新的愤怒。他们从自己和伙伴的鲜血里，再一次认识到当权者的反动面目，爱国热情得到了进一步激发，斗争精神也更加坚定了。

经过一二·九运动，一方面孟少农的思想得到了洗礼；另一方面他更加坚定了实业报国的信念。他想如果我们的祖国强大了，就不会遭受列强的入侵。于是他暗自下定决心一定要刻苦学习，掌握本领，报效祖国。有了理想和抱负，孟少农学习上的动力十足，在清华学习期间，各门功课成绩都很优秀，特别是物理课成绩更是突出，受到他的老师吴有训先生（曾任中国科学院副院长）的赏识。有一次物理考试，全班有三分之一的学生不及格，吴先生很生气，但是当他重新计算分数时，发现孟少农的分数应该是一百零几分（加做了附加题）。从那以后孟少农成了吴有训先生最得意的门生之一。由于孟少农的物理成绩突出，当时有老师劝他转到物理系改学物理，但被孟少农谢绝了。他认为中国的工业落后，光靠一些理论不能尽快帮助落后的中国，只有发展民族工业才对中国有更大的现实意义，所以他坚持学习机械专业。这个信念一直影响着他整个人生，他的一生都是沿着这条路线行进，为中国的机械汽车工业不懈奋斗。

1937年7月7日，日本侵略军悍然发动卢沟桥事变，全民族救亡图存的全面抗日战争由此爆发。在事变的前夜，北平的形势就已经非常紧张，一些爱国人士和进步学生为保家卫国奔走呼吁。当时驻守北平的国民革命军第二十九军军长宋哲元见学生们要求政府抗日，就命令所有大学二年级以上的学生都去参加军训。1937年6月，孟少农随所有大学二年级以上的学生来到北京西苑军训场参加军训。可是军训不到一个月，7月29日，北平沦陷，宋哲元解散了参加军训的学生，学生们又回到了学校。可这时的清华园已不平静，周围枪声四起，炮火连天，整个北平处于战争乌云的笼罩之下。在此情况下，中共北平市学委在石驸马大街的一家茶馆里召开了一次紧急会议，会上布置了各校学生分头撤离北平的任务。

根据党的指示，城内一些学校的民先队员和进步学生立即赶到清华园。这时清华的同学已整装待发，各校汇齐后，便从清华园出发，准备由模式口渡河去保定。途中发现永定河沿线已有日军布防，队伍只好折回，等待时机。见此情景，孟少农和几个同学商量后，决定从清华走小路离开北平，然后往南走。在西苑军训场受训时，孟少农研究过一张大型的北平地图，知道有一条小道从海淀附近的蓝靛厂往西，经模式口通门头沟三家店。随即6个同学骑上自行车逃了出来。谁知逃离北平往南走的路并不顺利，先是沿着一条小路从清华园向西，一口气到了模式口，刚好碰到一个警察走来，那警察看到他们是学生就告诉他们："你们赶快走，日本人的坦克刚过去。"他们听说日本人的坦克刚过去，都吓了一跳，于是就改变了方向，往北边跑，一直跑到三家店。

从北平出发时一起 6 个人，到三家店时只剩 3 个人。到了一个三岔路口，往左是永定河，向右是山。这时 3 人相互对视了一会儿，不知道再往哪儿走，稍作犹豫后决定靠山走。翻过了两个山头，再走一段路程，就到了良乡地区的大灰厂。他们往东走出了村子，到了村外的苞米地，看见有两辆二十九军的大车，拉着军需物资。当时在大灰厂有二十九军的一个旅，日本飞机来扔炸弹，人们吓得四处乱跑，孟少农他们也钻进了苞米地。日本飞机发现了二十九军的大车，飞到头顶上，扔下了几颗炸弹，转了一圈又回来，又扔了几颗炸弹，都在那一片地方爆炸。孟少农他们只觉得炸弹就在身后响，等日本飞机飞走后，他们又上路了。这时，天已经黑下来了，他们遇见几个伤兵，是被刚才的日本飞机扔下来的炸弹炸伤的。伤兵向他们要水喝，可他们上哪儿去找水呢？正在这时，日本人开始打炮，炮弹一排排打过来，他们只得爬进了路边的一条排水沟。日本人的炮弹打得很密，很有规律，由远而近，打了近两个小时。一位姓王的同学说道："这下子可完了，今天非死在这里了。"孟少农却不以为然，在排水沟里给他们算被炮弹打中的概率，炮弹落在 10 米外就死不了，落在 10 米内也有幸存的可能，而炮弹打到沟里的概率就很小了，算的结果是他们被炸死的可能性不大。直到晚上 9 点多炮火停了，他们才找了个地方打了个盹儿，天亮时问老乡才知道二十九军夜里撤了。孟少农他们叫苦不迭，跟了半天，又跟丢了，于是往长辛店跑。跑到长辛店，听说二十九军又撤了，于是他们收拾了一下必要的衣物，并把自行车送给了老乡，在良乡附近找到了一列火车。谁知上车后才知道火车不是去保定，而是接到命令往北走，要到前线去接应。可是没开几分钟，火车司机看到天上有一群大雁，以为是日本人的飞机来轰炸，就来了个急刹车，结果一只轮子横了过来，别在了铁轨上，火车也没办法走了，他们只好下火车继续向南走，在琉璃河终于上了去保定的火车。

在保定辗转多次，从保定到邢台，又到郑州。在郑州买了火车票去武汉（当时孟少农的父亲在武昌附近的金水农场任技术员），几经周折，孟少农总算是到家了。到了武汉后，孟少农向父亲要了 20 元钱，买了两张去南京的火车票，把随行的两位同学送上了去南京的火车。到武汉几周后，孟少农听说清华、北大、南开成立了临时大学，并南迁到湖南长沙，于是决定回临时大学复学。

北平沦陷后，为了保住国家文化血脉，8 月 28 日，国民政府教育部分别投函南开大学校长张伯苓、清华大学校长梅贻琦和北京大学校长蒋梦麟，在湖南长沙合并组成长沙临时大学，并指定这三人和湖南省教育厅厅长朱经农、湖南大学校长皮宗石及教育部代表杨振声为筹备委员会，北京大学、清华大学、南开大学三校校长任常务委员。1937 年 9 月 10 日，国民政府教育部（第 16696 号令）正式宣布建立国立长沙临时大学。10 月 25 日，国立长沙临时大学正式开学。

长沙临时大学校本部位于长沙城东韭菜园，校舍主要租借圣经学院和涵德女校的。1937 年 11 月 1 日，国立长沙临时大学正式上课，这一天后来被定为国立西南联合大学的校庆日。1937 年 10 月，孟少农到了长沙临时大学工学院，全班 26 人借读于岳麓山下的湖南大学。

1937 年 11 月淞沪会战失败，上海沦陷，12 月南京沦陷。1938 年春，日本开始向武汉进攻，长沙立成危卵。1938 年 1 月 20 日，国立长沙临时大学第 43 次常委会会议做出即日起临时大学开始放寒假，下学期临时大学在昆明上课的决议，并且规定师生 3 月 15 日前在昆明报到。1938 年 2 月中旬，长沙临时大学开始迁往昆明，2 月 19 日师生在长沙韭菜园的圣经学院召开誓师大会，正式开始搬迁。由于战时交通困难，于是学校决定，全校师生分兵三路，水陆兼进前往昆明。其中一路是女同学和体质弱的男同学，由粤汉铁路到广州，经香港、越南入滇；一路沿湘桂公路到桂林，经柳州、南宁，以及越南入滇；一路有男同学 200 余人，组织了湘黔滇旅行团，在闻一多等先生的率领下，经过 3000 多里的长途跋涉，历时 68 天，横穿湘、黔、滇三省，从长沙步行到昆明。

在第三路学生中，有一部分学生希望参加抗日。当时在长沙的杜聿明搞了一个机械化 200 师，其中有国民党唯一的坦克团，急需技术服务人员。于是杜聿明请当时在清华大学机械系任教的陈继善教授参加机械化师，又让陈继善教授到临时大学招收学生参军，补充技术服务力量。按照杜聿明的要求，陈继善教授就到了临时大学工学院劝说那些想参加抗日的学生和他一起去机械化师。1938 年 2 月，孟少农与同班的 21 名同学一起参加了国民党新办的装甲部队陆军 200 师（又称陆军机械化师），同班的其余 5 名同学去了昆明。

1938 年 2 月，孟少农和 21 名同学到 200 师驻长沙办事处报到。进入 200 师后，杜聿明接见过一次，说欢迎他们参加抗战，但先要把他们送到陆军交通辎重兵学校学习一年。没过几天，就把他们送到距长沙 30 公里的金井镇陆军交通辎重兵学校接受训练。

陆军交通辎重兵学校简称陆军交辎学校，是国民党一个兵种的专门学校。学校的主管是教育长徐庭瑶，教育处长是肖仁源，政治部主任是幸华铁。主要单位是学生队，另外还有学员队、技术学生队、技术学员队。

孟少农到了交辎学校后，随从临时大学招收来的学生编入技术学员队第二期（因前一年已招收的一批学生叫技术学员队第一期）。当时因为抗战失利，大学生参军的现象极其普遍，一则因为战乱，读不下去书；二则在爱国情绪的驱使下，想为国家贡献一分力量。所以，学员们到了交辎学校后情绪都很高。学员二队的队长叫陈止戈，黄埔军校三期毕业，上校军衔。主任教官吴公一，原是北京大学工学院的，对汽车、坦克驾驶与维修很有一手。还有队副两人，助教三四人。另外，这个班的学生里只有一个人不是大学生，大家说他是个武学生，是国民党的特务，专门监视学员队的。此外，清华大学派了陈继善教授和助教戴仲孚来给他们上课。

学员队的队员同住在一个茶庄里，生活很简单，每天进行半天军事训练，包括出操、打野外，上课时讲步兵操典、野外勤务；下午半天进行技术训练，包括装拆、修理、驾驶汽车和上技术课；早晚全队集合点名，听队长的"精神讲话"，常常讲半个多小时。也就是从那时起，孟少农开始接触汽车，并学会开汽车、修汽车，以及开坦克和摩托车。

全体学员在受训期间按准尉的待遇每月发 30 元薪水。学员队的伙食由学员自己管理，孟少农因为有中学时当伙委的经验，被推承办第一个月的伙食。办完了一个月后，由章文晋接手一直办到最后。

国民党长沙金井镇交通辎重兵学校，是培养坦克和汽车专门兵种的军官学校。二期的 81 名学员，分别来自清华大学（数量最多）、武汉大学、浙江大学和湖南大学的机电系三、四年级学生。因都来自学校而非部队，所以被称作"文学生"，也不被看成嫡系。当时学员二队的队长陈止戈很不受学员们的欢迎，不久就和学员发生了一次正面冲突。有一天上午，他因为一点事训斥学员，吃中午饭时，又继续训斥，结果全体学员在饭桌旁站了起来，表示抗议。陈连喊坐下，大家不坐，他下不来台，怒冲冲地走了出去。下午他把教育处长肖仁源搬来，把大家训了一顿，说："你们要造反了，把你们都枪毙了！"事后，陈止戈受到了教育，对待学员的态度有所改变，以后再也没有发生这样的事件。

学员们在交辎学校除了学开汽车、修汽车、开坦克、开摩托车，同时还要学习汽车的拆装。当时是 6 人一组，每次都把车全部拆成散件，修好后再装上，什么时间能开了就开出去。当时练习驾驶汽车的路线是从金井开 100 多公里到江西万载，或从长沙向东开到黄花市，再往南开。车都是破车，只有底盘，没有驾驶室，底盘上钉了几个板子，几个人坐在上面，每 10 公里抛一次锚，原因是油路不通，油箱里有团棉丝，他们每 10 公里就要清理一次油路，倒也不碍事。

当时汽车是左行，有一次，学员们在练习汽车驾驶，行驶到离长沙三十几公里的地方，天下着大雨，开车的刘炳南（后来在一汽）不够灵活，对面来了一辆公共汽车，行驶在路中间，不肯让路，刘炳南已经让到了路边上，在快被挤出公路时，一打方向盘把车子甩到了路中间，撞上公共汽车，木架子被撞散了，车子也变形了，把刘夹在了中间。后来陈队长来了，那个公共汽车的司机很凶，可陈队长是四川人，穿着马靴，比那个司机还凶。在公路上插着手，大声叫道："哪一个撞了我们的车，扣起来。"见此情景，公共汽车的司机也不敢再说什么。结果是各修各的车。吴教官用 16 磅的大锤硬是把车架子给敲了过来，那辆车居然让他弄得能走了。

1938 年 7 月培训班的学员毕业。毕业时每人发了一柄短剑（国民党军官挂在皮带上的），上面刻有"徐庭瑶赠"几个字。毕业后由 200 师派来的学员都回了 200 师，唯独留下孟少农和刘炳南当助教。当时交辎学校成立了战车研究室，主持战车研究室的第一任主任是坦克专家许仁汉，他是当时去意大利买坦克的主要技术人员。他需要两个助教，就向教育长徐庭瑶要两个学生，并提出要一个学习成绩最好的和一个最老成的。于是就挑选了孟少农和刘炳南二人。战车研究室设在长沙城的一所民房里，起初只有几个人，包括 3 个从上海来的中专生技术员，后来扩充到几十人。孟少农刚到研究室时授的是"同少尉"，任助教，起初的任务就是看资料、画各国坦克外形图，每月的津贴是 40 元。半年后升"同中尉"，每月的津贴是 60 元。由于当时是包伙，每个月 10 元伙食费就够了（孟少农是军事技术人员，是文职军衔，"同中尉"就是与中尉待遇相同）。不久，孟少农被提升为"同上尉"研究员。

1938 年 8、9 月间，日本飞机轰炸长沙后，长沙战事吃紧，每天都要响警报。此时交辎学校已改名为机械化学校，并撤退到广西柳州。战车研究室跟随机械化学校也到了广西柳州，在柳州，战车研究室扩大成为战车机械工程研究班。

柳州城东南面郊外有一条小溪，在响水口汇入柳江，在汇合口有一个类似于种植园的院子，里面有一栋小楼，研究班就设在这栋小楼里。到柳州后，陆续调来一批技术人员，想把研究班搞成一个研究所性质的机构，为自设坦克工厂做准备。研究班的第一个任务就是设计一辆重 4 吨的轻型坦克，那时从台儿庄俘获了两辆日本坦克并送到柳州。日本的坦克比英国和意大利的都要好，要把坦克拆卸成零部件，并把这些零部件绘成图，再弄些资料，搞点设计。孟少农负责画车轮履带、弹簧等行走结构。有一天，孟少农问坐在他前面的一个姓黄的同事，发动机输出扭矩是多少，姓黄的同事回答："我怎么知道，连发动机都没有。"搞了几个月的战车设计，由于大家缺乏对坦克的实践认识，另外客观上有许多困难，如自己没有设计发动机，国内别处也没有发动机，问题无法解决，设计工作很快就搞不下去了。

1939 年春，机械化学校办了一次集体加入国民党的手续。孟少农在不知情的情况下，事先由校部代办了填表手续，然后一个星期一的早晨，在校部举行"总理纪念周"时，由政治部主任幸华铁宣布举行入党仪式，带头宣读文件，举手读誓词。当时隶属校部的单位人员都列队参加，孟少农和其他研究班的人员都在场，举行仪式后发一些学习文件，如"党员守则""军人读训"之类。国民党区分部吸收了个别人员，研究班中有一人参加了区分部。不久，孟少农就离开了研究班，所以也就没有参加国民党内的任何活动。

孟少农在柳州供职到 1939 年夏天。在这段时间里，孟少农逐渐感到中国当时还没有条件制造坦克和汽车，继续在这里待下去，很难实现自己实业报国、科学救国的理想。于是，他决定回学校继续完成自己的学业，随后向机械化学校请了一年的假，准备回临时大学复学。

长沙临时大学经过数月的跋涉，于 1938 年 4 月迁到云南昆明。1938 年 4 月 2 日，国民政府教育部电令国立长沙临时大学改称国立西南联合大学，5 月 4 日，国立西南联合大学正式开课。1939 年夏天，孟少农回到了国立西南联合大学工学院机械工程系，继续进行机械专业的学习。

国立西南联合大学的学制（除师范学院外）本科均为 4 年，实行学年学分制，学生在 4 年中修满 132 学分才能毕业。孟少农回到国立西南联合大学之前，已在清华大学学习两年，在长沙临时大学学习一年，所以到了西南联大后直接申请进入大四年级学习。与孟少农同班的有 14 名学生，很快就进入了写毕业论文的阶段。孟少农的毕业论文是关于坦克设计的，而且老师出的是英文题目，老师对他的论文很满意。1940 年 7 月孟少农顺利完成学业，从国立西南联合大学机械专业毕业。毕业时，正是抗战的艰难时期。北望家国，青年人壮志未酬，孟少农给几个同窗好友写下了胸中的抱负：

> 编辑已将弃我去，此地空余报一张。技士生涯成幽梦，方巾加头还故乡。从今谁与描曲线，楼上无人闻桂香。破碎山河今未整，何时返桿垦八荒。（送胡可满）

> 此去好自报家国，莫把书生本色遮。更有一言君须记，闲来仔细躲汽车。（送杨捷）

> 鼎沸中原百二州，艰危敢忘记国仇？休将壮志销金粉，故园荆

棘尚未收。（赠马芳礼）

　　三年旧梦埋燕蓟，北望云山隔几重。寂寞昆湖余碧浪，萧条风雨
漫长空。闲情聊可寻章句，心事全存不语中。岁月如逝颜不住，沉吟
几日又西风。（赠曾克京）

　　国立西南联合大学成立伊始，遵照国民政府教育部的指令，可以选派留
美留法学生。但因战争原因，从 1937 年到 1939 年三年都没有招生，1940 年
国立西南联合大学开始招考一批留美公费生。大学毕业后能有机会继续学习一
直以来都是孟少农的梦想，当他听到学校开始招考留美公费生的消息后，喜出
望外，觉得机会来了。于是他很快报名申请参加考试，但当时报考留美公费生
一般要求毕业两年后才可以，如果当年想报考必须有学校出面保送。孟少农了
解情况后，很快就向学校提交了保送申请，系主任也很快给他写了保送书，这
样孟少农得以顺利地参加了在昆明的考试。由于积压了三届学生，报考的人很
多，竞争非常激烈。尽管这样，孟少农仍然考出了好成绩，尤其是物理学又力
拔头筹，得了 75 分，在所有考生中是第一名。物理学的试卷一共出了四道题，
非常复杂，两个小时的考试时间内孟少农做完了三道，而且答得很仔细，每一
个公式都是从头推导，所有步骤都清清楚楚地写出来，最后由于时间不够了，
第四道题一个字也没来得及写。当时的第二名、第三名都是不足 60 分。机械
设计的题在试卷背面还有几行字，孟少农没有看见，但在答题时觉得缺条件，
于是就自己设了几个条件，把题答完了，但感觉考得不太理想。尽管这样，孟
少农仍对自己的总成绩充满信心，并为即将到来的留美学习、生活做着一切
准备。

第四节　远涉重洋求学　立志实业报国

　　孟少农在参加完留美公费生考试后，很快就回到了机械化学校战车机械工
程研究班（因为他向机械化学校请的一年假已经到期了）。这时机械化学校战

车机械工程研究班已于广西柳州迁入广西全州。在去全州的途中，孟少农绕道湖南桃源看了一次父母，年底到达全州。孟少农回到战车研究班，先是给英国的坦克做履带，做好后由他试开，加油、加速、停车，然后问站在坦克上面的人："怎么样？"上面的人说："履带的销钉像子弹一样打了出来，把我们都吓了一大跳。"原因是销钉渗碳，太硬了，一开起来就断了。

在这段时间内，孟少农的事情并不多，除参与试制坦克外，就是查阅资料，主要是等待留美考试发榜。当时抗日战争已进入相持阶段，孟少农已经对国民党的抗日失去了信心。他想，要离开这里，留学是最好的一条路。

抗战期间，清华大学除参加长沙临时大学与西南联合大学的一切事务外，在长沙和昆明还单独设有清华大学办事处，处理有关清华学生的特殊事宜，其中包括留美公费生招考事务。清华昆明办事处设在大西门外的工业学校。

1941年春天留美考试发榜，孟少农接到清华的通知，要求他5月到昆明办理出国手续。于是他再次向机械化学校战车机械工程研究班请假。这时校部在湖南洪江，战车研究班就把他的报告转到了洪江。不久校部答复，要孟少农去洪江办理手续。孟少农4月底离开全州前往洪江。在洪江，教育长徐庭瑶接见了他，徐说："你的报告我已经批了，你可以出国去了。"然后，徐庭瑶又说了一段话，意思是孟少农出去要好好学习，中国有些人自称为专家，其实不是真的，一台100匹马力的发动机，经过大修就只能出90匹马力，也不知道是怎么搞的。徐庭瑶最后说："你走后要有什么事可以来信。"

孟少农在洪江办完所有手续后，于5月到达昆明，住在工学院同学的宿舍里，开始办理护照、检查身体、购买机票。临走前，孟少农把东西都处理掉，把军服送了人，买了一件旧西服上衣，提了个小口袋，于7月坐飞机去香港。这次留美考试清华大学有17人被录取，同机去香港的大约是14人，剩下的几人滞后才走。在香港，他们找到了清华基金委员会的章元美，由他替出国人员办理护照、签证和订船票。基金委员会给每个出国的人员发放了200元港币的置装费，用来做衣服、买箱子。孟少农一行人员到达香港后，租住在九龙一家商店二楼的一间大房子里，七八个人大部分睡在地上。由于很长时间都没有船，他们过了两个多月这样的生活，直到9月底他们才上船启程（据说此船几个月后被日本潜艇击沉了），远涉重洋赴美求学。

1941 年 10 月 20 日，孟少农到了美国东部波士顿市的剑桥城，进入著名的麻省理工学院（MIT）研究院学习。孟少农和屠守锷、黄培云、梁治明 4 人住在一起。清华留美公费生由驻纽约的华美协进社管理，这个协进社是清华基金委员会的一个办事机构，负责给留学生发放津贴，留学生有事也都向协进社汇报，请他们解决。

留学生到美国后，首先接触的是美国官方移民局，要定期用卡片向他们报告住址和学习或工作单位，签证期满时办延展手续。其次接触的是兵役局，到美国没多久，就接到了剑桥城某兵役地方委员会寄来的要填的表，填完表通过审核后，他们就发给留学生一张非居民学生免役证。与大使馆接触不多，只是在护照需要延期时才找大使馆，平时大使馆也不来管他们。

他们在剑桥城时，基本上与美国的社会生活是隔离的。几个中国学生自成一个小团体，闲时溜马路、在河边散步、听唱片、游泳。星期天大多商店都不开门，美国人有的到教堂，有的开车到城外。孟少农他们有时就到华人教师赵元任家去拜访。赵在哈佛大学教中文，他的爱人很会做菜，中国留学生去了，就给他们做一顿中国饭菜吃。时间长了，留学生们也不好意思再去了，只好待在宿舍里埋头读书。

当时在国内报考时，国民政府教育部为了战时的需要而指定了若干个军事工业名额。孟少农在报考时填报的是坦克制造专业，但到了美国后，由于当时没有这些课程，孟少农就改学了汽车专业。在麻省理工学院研究院，孟少农在相当困难的条件下专心致志地做学问，只用了三个学期和一个暑假的时间就获得了机械工程硕士学位。孟少农以优异的成绩获得硕士学位后，校方通知他继续攻读博士学位，并让工作人员送来了正式的申请表，要求他尽快完成攻读博士学位的相关手续。面对校方的邀请，孟少农经过反复考虑，并与几位同期去美国的中国留学生商量，他说："光念书哪儿不能念，何必要在美国，要想把美国的工厂搬到中国去，不能只待在学校里，要去美国的工厂，不然弄个博士学位，回国还是一个教书匠，办不了工厂，救不了国家。"于是他决定不去读博士，要到美国的工厂去做一个实践家。

那么，做一个实践家，怎样才能进入美国的工厂呢？孟少农尝试着去找当时照管清华赴美公费生的华美协进社的工作人员，请他们代为介绍到美国的工厂实习。1943年3月，经华美协进社介绍，孟少农到底特律西郊的福特汽车公司罗纪工厂实习。

在进福特厂之前，要经过美国联邦调查局（FBI）的一次审查。在指定的时间里，孟少农到了联邦调查局的机关，接受工作人员的询问。审查通过后，工厂的人事部门约定日期，叫他去办理手续，填表、照相、发出入证、安排时钟号（时钟是自动考勤的，每个工人有一个卡片号码，在考勤时钟旁边摆着）等。孟少农于3月初到了福特厂开始实习。

最初安排了3个月的实习计划，除飞机发动机车间外，其余主要车间都去。每到一个车间，由车间主任指定一个人负责他们，这个人就把他们交给下面的工长们，依次传递。实习人员只能在少数地方动一下手，一般都是看。实习到了最后时间，孟少农到了设计部门的发动机实验室，主管工程师压着一批图画不出来，就让他帮忙画，这样，孟少农就连续画了3个月的图。在福特厂，中国的实习生叫"特种学生"，拿工人的基本工资，起初，还扣工会会费，后来他们问道："学生也要扣工会会费吗？"工会承认搞错了，就给他们每人发了一张荣誉退会证。兵役委员会也继续承认他们的非居民地位。

孟少农在福特厂进行了近半年的实习。1943年7月，佛蒙特州的一个国营工具厂需要一些中国工程师，为战后派往中国做准备。工厂就与麻省理工学院联系，请校方帮助推荐中国留学生，学校就推荐了孟少农和其他几位中国学生去了佛蒙特州的一个小城镇。1943年9月，孟少农由福特汽车厂转入佛蒙特州的钟士兰姆斯机械厂当机械师。按照华美协进社与厂方商量好的，孟少农以学生的身份进厂，但是厂方却改为雇用人员，孟少农表示不满，拒绝领发工资支票。一个多月后，厂方找华美协进社来处理这个问题，协进社派了一个人来劝孟少农不要坚持，孟少农就算了。以后的名义是机工，但对兵役局说明是实习性质，所以非居民地位未变。

孟少农在那里工作了近一年的时间，装配六角车床3个月，操作六角车床3个月，装配和操作半轴半自动车床2个月，在工艺部门搞了两三个月。他对该厂其他的产品和部门只做一般了解，工人教他一遍，他就自己动手。在这里，孟少农和工人工作、生活在一起，交了一些朋友。在福特和以后在辛辛那提也认识一些工人，但不如这里交往得深入。这个地区很偏北，气候寒冷，种族歧视不严重，孟少农和当地人相处得很好。但是，这个地区也很闭塞，工人原来连工会都没有，孟少农在的时候才开始由机电工会的人去组织工会。孟少农每天早上7点到晚上7点在厂里，星期天休息，休息时只能爬山，因为地方小，没有大街和商店。

1944年夏天，印第安纳州的斯蒂贝克汽车厂通过当地的圣母院大学找到该校毕业的一位中国学生，说中国宋子文要求与斯蒂贝克合作，希望战后在中国建设一个年产两万辆卡车的汽车厂，请斯蒂贝克搞个初步设计。斯蒂贝克考虑到对中国的情况一点都不了解，想找几个中国学生到他们厂里去参加这一工作。经过协商，孟少农等5人应印第安纳州斯蒂贝克汽车厂中国项目组的邀请，7月离开佛蒙特州到斯蒂贝克汽车厂担任工程师。

到斯蒂贝克汽车厂后，厂方指定他们5人由总工程师领导，但这位总工程师是搞产品设计的，对工厂设计不在行。而他指定抓这项工作的工程师，实际上也是一筹莫展，于是他们5个人就商量着干。有问题就找厂里搞生产的人，这些人说搞年产两万辆的工艺他们也不会。所以孟少农他们把产品方案整出来之后，厂方就找到底特律的一家工程公司负责制作工艺方案，把他们5个人也派去参加。

1945年3月，孟少农由斯蒂贝克汽车厂介绍去辛辛那提铣床厂实习4个月。在辛辛那提铣床厂，他一部分时间在技工学校实习，一部分时间在车间里实习，但大部分时间是自己动手实践。在这期间，兵役委员会找到了孟少农，要他去检查体格，准备服兵役。不料检查发现孟少农的右肺尖上有个钙化了的结核斑点，体检不合格。以后，孟少农就免除了服兵役的麻烦。

1945年8月底，孟少农从辛辛那提铣床厂回到斯蒂贝克汽车厂，仍然在设计部门画图。孟少农本想在这里再搞一段时间的汽车设计，可是有一天茅於恭来找他。茅於恭等人原来在加利福尼亚办了一个以华侨为主的飞机厂，为道格拉斯飞机做机尾。一战结束后没有了生意，于是把赚来的7万美元转到东海岸另开工厂，叫中国发动机厂。他们找到一家做汽水冷冻机的密尔斯工业公司，打算承包冷冻机中的压缩机生产业务。因工厂里没有人能搞机械加工的生产准备，茅於恭没有办法，于是跑来找孟少农。1945年12月应茅於恭邀请，孟少农离开斯蒂贝克汽车厂到了纽约，一直工作到1946年夏天。

1943年到1946年近三年的时间里，孟少农先后到三家汽车厂、两家机械厂实习或工作。在福特汽车厂是实习生，但领工资。在钟士兰姆斯机械厂做技工，享受技工待遇，实际工作是在车间和工艺部门实习。在斯蒂贝克汽车厂是助理工程师，实际工作是设计该厂预备与宋子文合办的汽车厂，但做了一半就搁置起来了，后来就搞汽车设计。在辛辛那提铣床厂实习时还是斯蒂贝克汽车厂的人。在中国发动机厂是生产工程师。经过近三年在美国的实习和工作，孟少农不仅掌握了发动机理论、产品设计、工业设计、设备制造、机械加工和工厂设计等方面的专业知识，而且还掌握了车、铣、刨、磨、钳、钻、电等多工种的操作技术，为他后来成为我国全面发展的汽车顶尖人才打下了坚实的实践基础。

孟少农在美国学习、工作、生活了5年，其中一年半在学校，三年半在工厂。在剑桥城时参加过中国工程师学会美洲分会，在佛蒙特州时参加过美国工具工程师协会。在美国5年的亲身经历和所见所闻，使孟少农的思想发生了较大变化。首先是认识到中国人在美国的地位低下，中国人一直是以"劣等的有色人种"的身份，遭到美国官方和中上层社会的歧视。其次，他对美国的所谓民主和自由也有了一些理解。所谓的民主和自由，只是有钱人的民主和自由，广大人民经常受着失业的威胁。孟少农认为，在学习技术方面固然得到了一些收获，但是看不到这些收获如何能起作用。反之，有可能把自己变成替外国资本家服务的买办。当时国内的局势虽然还不大明朗，但抗战不断取得胜利，形势发展的趋势向好，这就使他树立了最初的回国信念。

1945年日本投降，孟少农就把回国提上了日程。孟少农面临的最大现实问题是，回国后能到哪里去。为此他彷徨了一阵，后来他写信给清华大学机械系主任李辑祥教授（他曾教过孟少农）和当时在交辎学校战车研究班的周惠久（他原来是西南联大的教授），询问国内情况。李辑祥回信说，清华大学将搬回北平，希望孟少农能回清华大学教书。周惠久回信说："胜利了，各地建设事业将要发展，你千万不要考虑回到战车研究班，这里的人纷纷想要走呢。"于是，孟少农回信给李辑祥，答应回清华大学教书。李辑祥随后正式邀请孟少农回清华大学做副教授，教汽车制造课程。接到李辑祥的邀请后，孟少农想能在清静的校园里好好了解一下国内情况，再研究将来的去向，不失为一个好办法。于是他接受了清华大学的邀请，毅然决定回国。

1946 年 6 月初，孟少农从美国西海岸的旧金山乘坐战后第一班船，日夜兼程，于 6 月中旬到达上海。轮船靠岸后，孟少农迫不及待地提起行李朝着码头走去。在码头遇到西南联大工学院的同学张念思、卢彤胜等，孟少农就借住在张的宿舍里。由于等船去天津，孟少农就在上海停留了一段时间。

孟少农在上海给昆明的李辑祥发电报，李辑祥回电，要孟少农去清华大学找主持修复校舍的王明之。7 月，孟少农从上海乘船到了天津。在去天津的船上，遇到孙序夫，孙序夫给孟少农讲了很多白色恐怖的案例，还借给孟少农一本茅盾的小说《腐蚀》。《腐蚀》以"皖南事变"前后的重庆为背景，抨击了国民党法西斯特务统治和他们反共、反人民的罪行。孟少农久闻茅盾的大名，只因这几年在国外，没有太多接触过茅盾的作品。孟少农接过小说一看是茅盾的作品，很快就认真地阅读起来。小说的内容引起了他内心极大的波动，他又一次对回国后如何实现自己的实业报国理想陷入了深思。

7 月初，孟少农到了北平，回到了刚从昆明迁回北平的清华大学。面对破败不堪的校园和即将开始的新生活，孟少农感慨万千。清华大学由于遭到了日本侵略者的破坏，校园内的各项设施已经破烂不堪，摆在孟少农面前的首要任务就是参加清理校园工作。到了 9 月，清华大学的大部分师生已经从西南联大陆续回到学校，学校的大部分设施经过清理整顿已经可以使用了，学校也准备开学上课了。

第二章　清华园走出的红色教授

第一节　就职清华大学

热爱祖国，报效祖国是孟少农一生的价值追求。他在少年时代就萌发了实业救国思想，因此他以极强的求知欲望勤奋学习，学习成绩总是名列前茅。他笃信高中老师常说的一句话："实业救国。"孟少农早就下定了决心，将来有机会上大学一定要学工科，以便能实现实业报国的愿望。然而，当他从美国归来，站在遍地狼藉的祖国大地时，顿时感到实业报国的愿望一时间很难实现。他决定静下心来把书教好，现在造不了汽车，可以先为造汽车培养人才。1946年秋，孟少农正式入职清华大学机械系。清华大学给他的待遇是副教授，月薪420元，主讲汽车工程、制造方法（工艺学）、工具学三门课，都是四年级的课程。由此，他正式登上了清华大学的讲台，开始了他的执教工作。

1945年8月抗日战争胜利。1946年7月国立西南联合大学停止办学。北京大学、清华大学、南开大学三校的师生自5月起分批北上。清华大学的师生于8—10月全部回到了北京清华园。1946年10月10日，迁回北京的清华大学开学，11月5日正式上课。

清华园在沦陷期间遭受了日本侵略者的洗劫，家具设备损失达百分之九十以上。日军占领清华园 8 年，先是驻扎军队，曾经调驻过三批人马，最多时达一万多人，后来改成伤兵医院。学校遭到了严重破坏，尤其是图书馆和体育馆最为严重。图书馆书库作了外科手术室，阅览室作了病房，钢书架被拆卸，图书被劫损一空。前体育馆先后被用作马厩和实物储藏室，嵌木地板残破不堪，健身设备荡然无存。后体育馆被用作厨房，地板全部被拆毁。科学馆、生物馆、化学馆、土木馆、水利馆、电机馆等建筑外观虽然依旧，但内部多半也空无一物。抗战胜利初期，清华大学就派员会同教育部到清华园开展接收工作，但接收工作又遭到了国民党军队的阻挠。1946 年 1 月，清华园被国民党军队"劫收"，作为第 38 军兵站医院，清华园再一次遭到浩劫。家具被盗卖，大礼堂的帷幕被撕毁，暖气设备拆毁殆尽，水管全部冻裂，地下室锅炉房的积水深达两米多。孟少农入职清华大学接手的第一项工作，就是帮助王明之修缮校舍。当时正缺搞机电的人，工程是包给基泰公司的，基泰公司有一名叫谢林的白俄罗斯工程师是搞机电的，但不大在行，孟少农就接手搞电力供应、上下水、暖气等修复工作，直到修缮工作全部结束。

迁回北平后的清华大学院系增加了很多，全校学生总数也比战前增加了一倍。其中，工学院的学生比战前多了两倍左右。这一时期各系的课程编制与教学制度、教学作风基本上是承袭战前清华大学的一套，变化不大。但由于战乱的影响，复校后师资数量不足，开的课程数量比西南联大时期还要少，加上大部分教师由于抗战时期长期待在国内及其他原因，对科学技术发展的状况缺乏了解，讲课内容也十分陈旧，直接影响了这一时期的教育教学质量。这一时期，工学院增加了几位从国外归来的教授，他们开了一些反映当时科学技术新成就的课程（如钱三强的"原子核物理"）或原来就缺的课程（如机械制造方面的课程），比战前的教学水平在某些方面有所提高。面对当时的教学状况，孟少农另辟蹊径，在机械系创办了汽车专业。当时开办汽车专业面临着两个突出问题：一是师资不足；二是缺乏实验室和设备。在此情况下，孟少农一人承担着汽车专业课、工艺学和工具学三门课程的教学任务。因为这三门课都没有课本，孟少农只能自编讲义，工作量很大。孟少农想把自己的知识全部都教给学生，因此，他每天都是废寝忘食地在图书馆和课堂之间奔波。在教学中他尽量把第二次世界大战期间发展起来的机械工程方面的新东西介绍给学生，还把他在美国工厂实习或工作期间所掌握的技术和最新技术信息传授给学生。孟少农在课堂上讲课时旁征博引、深入浅出，并举了很多例子，很有吸引力。他的学生都觉得他讲课生动、内容新颖、思路开阔，就连那些助教们也经常来旁听孟少农的课。

孟少农为了解决教学中理论联系实际的问题，千方百计地收集教具，用实物进行直观教学。他听说日本人在把清华大学当兵营时，曾把汽车发动机扔到河里，他就和助教一起把学生们组织起来，师生一起下河寻觅，把生锈的发动机从河里捞上来。他听说天津有一些报废的车桥、变速箱等汽车总成和配件，就想办法把它们从天津拉了回来，同时还便宜买回来一辆中吉普和两辆日本达特桑小型载货车，用来做教具和进行驾驶实习。就是在这样的基础上，孟少农为机械系建起了一个汽车教研室和实验室，还给机械系金工实习工厂充实了各类机床（包括车床、磨床、铣床等）。他还用自己的薪金替系里购置了教学用的微型电影放映机和幻灯机，利用课外时间为学生们放映国外机械厂的加工方法等工程科技电影。后来，学校给机械系拨了一笔几万美元的外汇，作为扩充实验室设备之用，系主任李辑祥就委托孟少农经办买机器的事，顺便要一批外国的机床样本。孟少农以机械系的名义写了信，由李辑祥签名寄给几家美国的机床厂以索取资料。1947年，刘仙洲在美国休假期间签订了合同并付了款，1948年夏天大部分设备到达中国。机械系买的这批机床有十几台，包括普通车床、六角车床、铣床、磨床等。在当时的中国，六角车床还极为罕见，但是孟少农在美国时却研究得很透彻，于是他给师生们在六角车床上表演了一次高速切削，车床转得飞快，削铁如泥。几十年后，每当孟少农说起这次表演，就眉飞色舞，兴奋异常。当时在中国也没有高速切削用的冷却液，孟少农就和实习工厂的老师傅们用机油和肥皂配置了冷却液，用于新买的机床上。在孟少农的建议下，机械系还从美国买了一批16毫米的技术教育电影片，电影片的内容包括各种机床的操作方法、汽车修理、农业机械制造等。孟少农潜心钻研教学，讲课时理论联系实际，很受学生的欢迎和崇拜，很快就由副教授晋升为教授。

第二节　思想上的洗礼

　　孟少农到清华大学不久后接到父亲的来信，父亲告诉他交辎学校在他出国后没有停发他的工资，每月由研究员毛正禄寄到家里。孟少农没有料到有这个问题，这时恰好机电系的一个助教王先冲知道徐庭瑶的通信地址，孟少农就写了一封信给徐庭瑶，请他"解铃还须系铃人"，停发他的工资。王先冲本来要附笔问好的，但看了孟少农的信，说他不能附笔在这样的信后面。徐庭瑶收到信后不久就把孟少农的工资停发了，孟少农和交辎学校才算完全断绝关系。

　　清华大学从昆明迁回北平之初，学校当局曾力图重整旗鼓，恢复战前清华的旧观和旧传统，重焕"清华精神"。

　　但是，残酷的现实打破了一些人希望过"世外桃源"生活的幻想。清华从昆明北上之时，正是国民党50万军队在安徽、江苏八百里战线上向苏皖解放区大举进攻、发动全面内战之时。清华开学的第二天（1946年10月11日）也正是国民党即将宣布召开伪"国大"的日子。而正式上课的前一天（11月4日），内战的硝烟弥漫全国。饥饿迫害，失业失学的同学们感到这里并不是他们的乐园。

　　面对复杂多变的形势，中共北平地下党组织及时提出了迅速了解和适应新的环境，深入团结群众，重新聚集力量，准备迎接斗争的方针。彼时，地下党组织在学生中广泛进行清华革命传统的宣传教育。1946年11月1日，通过纪念联大校庆日，向同学们介绍了西南联大的斗争史；12月1日，在清华大学大礼堂又庄严地举行了"一二·一惨案"周年祭。在一系列教育宣传活动的影响下，迁回北平后的清华园内，第一个社团——"大家唱"歌咏队成立了，进步读书会、壁报社也活跃起来了。清华园里初步建立了革命的思想阵地和组织阵地，革命的传统得到了有力发扬。全面抗战爆发后沉寂了9年多的清华园又恢复了朝气。

　　刚到清华大学任职的孟少农，正处于熟悉环境、教学工作起步的阶段，校园里的教育宣传活动，并没有掀起他思想上太多的波澜。但接下来发生的事情，让他的思想产生触动，人生观逐渐发生变化，对推崇的"实业救国""科学救国"的内涵的理解与认识得到了升华。

1946年12月24日圣诞节前夜，北京东单广场上发生了一桩震动全国的暴行——美国士兵把一个19岁的北京大学先修班女学生强奸了。25日，亚光通讯社报道了这个消息。26日，清华大学饭厅门前贴出了揭示美军暴行的剪报。民主墙上一夜之间贴满了抗议的大字报。随即，许多学生组织签名，要求学生自治会召开代表大会，采取行动，坚决抗议。到了27日中午，学校签名的人数超过了三分之一，一场声势浩大的"抗暴运动"正在酝酿之中。

清华大学的地下党组织分析了形势，及时领导了这场运动。28日晚，学生自治会在东饭厅召开了紧急代表大会，决定和北平各校一致行动，在30日罢课一天，并举行游行示威活动。会上还通过并发表了《告北平市父老书》《告全国同学书》等十项宣言。

在清华大学的学生准备举行游行示威活动的同时，北平城内的燕京大学等校的学生也早已行动起来。国民政府对学生的抗议活动不但不支持，反而给学生的爱国行动扣上"有损污我教邦"的罪名，命令学生不得有"越轨行为"。29日深夜，清华学生自治会和燕大学生自治会代表在清华饭厅通过了30日一同进城游行的决定。

12月30日早上8点半，清华大学集合了一支千余人的队伍。游行活动组织者在队伍前面激动地说道："从清华园到城里这条路，'五四'时代清华同学走过，'一二·一'时代清华同学走过，今天我们要再沿着这条路走去！"从清华大学出发的游行队伍先后与城内学校的队伍会合，然后涌上街头举行游行示威活动。

从北平开始的"抗暴运动"很快席卷全国。从1946年12月30日到1947年1月，国民党统治区数十个大城市的50余万学生相继罢课，游行示威，在各阶层人民中掀起了声势浩大的反美反蒋运动。然而，"抗暴运动"并没有改变国民政府卖国求荣的态度，反而，国民政府加紧了对人民的迫害。1947年初，在北平、上海、重庆等城市先后发生了特务暴徒殴打和逮捕抗暴学生的事件。国民党的倒行逆施，更加掀起了各阶层人民的反美浪潮。2月22日清华、北大教授发表《十三教授保障人权宣言》，抗议国民政府非法逮捕青年学生和进步人士。轰轰烈烈的"抗暴运动"让人民进一步看清了国民政府的反动本质，也让孟少农切身感受到被奴役的中华民族蕴藏着推动历史前进的巨大动力。他深刻意识到，在大是大非面前不能只做一个观察者或同情者，而应该做一个实践者。

1946年孟少农怀揣着"实业救国""科学救国"的梦想回到祖国。他在当时国家不具备兴办实业条件的情况下，走进清华园，开始了培育工业人才的工作。然而，动荡的局势使他的愿望无法实现。由于作战的需要，国民政府不断扩大军费支出，压缩教育经费，国统区的教育已陷入破产的境地。当时的清华园不仅面临着教育危机，而且被饥饿的阴影笼罩着，师生面临着严重的生活危机。

在"求知"难、"求生存"更难的背景下，清华园内开始出现了反饥饿的呼声。1947年5月15日晚，清华大学学生自治会召开会议，讨论反饥饿运动的意义、口号和行动计划。地下党组织通过参加此次会议中的党员代表向同学们提出，我们不仅要为自己争取公费而斗争，而且要为全国人民喊出反饥饿的呼声。饥饿的根源在于内战，反饥饿就必须反内战。学生自治会代表大会决定5月16日举行"反饥饿反内战"罢课一天。第二天有许多人建议罢课三天，于是，自治会理事会决定，自17日起罢课三天，并成立罢课委员会，发表了《为反饥饿反内战罢课宣言》。清华大学罢课的消息很快传到了北平市各校，很多学校都先后加入罢课的浪潮中。

5月18日，清华大学的学生汇合其他学校一些学生到西单、王府井等处的街头宣传。当学生正在西单做演讲时，突然有国民党青年军呼啸而来。接着他们包围住演讲的学生，揪住学生就打。西单学生被殴打的事件，进一步激起了各校学生的怒火，一些人向自治会提出立即组织游行示威的建议。18日晚，在中共北平地下党组织的统一领导下，华北各院校代表齐聚北京大学召开紧急会议，连夜成立华北学生反饥饿反内战联合会，并向全华北学生发出了口号，5月20日举行反饥饿反内战大游行。

为了压制学生反饥饿反内战运动，防止事态进一步扩大，国民政府公布《戡乱时期维持社会秩序临时办法》，宣布凡罢课示威者，立即予以解散。国民政府教育部还饬令各校"严惩滋事分子，为首一律开除学籍"。

面对国民政府的恐吓和威胁，同学们并没有退缩。20日上午7时半，清华大学的游行队伍准时出发，与其他院校的学生汇合后，组成了七千余人的游行队伍，下午1点半游行开始。游行队伍高呼着"停止内战，要和平，要和平""向炮口要吃饭"的口号，穿过市区，走过市政府，震动了北平，也席卷了全国各大城市。

北京大学和清华大学的朱自清、周培源、费孝通、吴晗、钱伟长、李辑祥、孟少农等102名教授签名发表了《告学生与政府书》，表示对学生运动的支持。

"五二〇"以后，学生运动的工作重心逐步转到校内。在中共北平地下党组织的领导下，又先后开展了"反迫害""反剿民""反逮捕"等一系列斗争。从"抗暴运动"到反逮捕斗争，两年中学生运动一浪高过一浪地汹涌前进。孟少农有时不得不放下教科书，走出教室。他在学生游行队伍里，在民主墙前，在"一二·一"图书馆里，在"大家唱"的歌声中，看到了另一个突破了反动派政治思想控制、高举革命旗帜的清华，实现了对学生运动从一个观望者或同情者、再到参与者的转变。轰轰烈烈的学生运动，让孟少农进一步看清了国民政府的反动本质，认识到离开民主和进步的政治，"实业救国"和"科学救国"难以实现；让孟少农的世界观发生了深刻的变化，也让他接受了一次思想上的洗礼。

第三节　结识于陆琳

当孟少农潜心培养汽车人才时，国民党反动派倒行逆施越发严重，局势加速恶化，清华园被白色恐怖笼罩着。面对国民党的反动统治和一浪高过一浪的革命斗争，孟少农陷入了深思，他自问：真理在哪里？出路在哪里？祖国的前途在哪里？正在这时，他认识了寄居在清华园里的于陆琳。

于陆琳是孟少农的同学李安宇的一个亲戚，她住在李安宇家里。孟少农经常到李安宇家里交流，也就认识了于陆琳。孟少农对于陆琳最初的印象是质朴可亲、热情干练，对事情有自己的见解。与她谈起事时，于陆琳发表的意见很尖锐，看问题与平常人不同。经过一段时间的交往与接触，他们彼此之间就熟悉起来了，孟少农常常来找她，她有时也去工字厅找孟少农，还送进步杂志给孟少农看。孟少农有时和她争论问题，例如什么是帝国主义、民主是不是最终的目的、搞工业建设能不能解决中国的问题等。经过一段时间的接触和了解，孟少农逐渐对她产生了好感，并开始主动接近她。在他们彼此的交往中，于陆琳不断对孟少农进行教育、帮助和引导。不久，孟少农了解到于陆琳的真实身份，她是党组织派到清华大学专门负责清华大学和北京大学等高校的地下党组织建设工作的一名地下党员。这个发现使孟少农把许多问题串联起来。孟少农想："我青年时代找不到真理，抗战中陷入反动派的泥坑，美国的民主我也领教了，完全不是那么回事。甚至宋人的理学我也曾经探索过，但是从里面没有找到真理。今天发现了真理，应该有古人说的'朝闻道，夕死可矣'的决心，跟着真理走。"

从 1946 年到 1947 年，孟少农从于陆琳那里看到了许多进步书刊，了解了一些以前不了解的事情，例如八路军的抗战事迹、解放区的土地政策、共产党的统一战线政策和知识分子政策等。孟少农认识到指导共产党的并不是不符合中国国情的空洞革命理论，而是结合中国情况的革命理论，共产党人不仅感情激昂，而且很近人情、讲道理。他恍然大悟，中国革命一直在共产党的艰苦斗争中前进，要把中国人民从国民党的反动统治中解放出来，除了跟着共产党走，没有第二条路。孟少农认为自己找到了正确的道路，就应该坚决走这条路。于是他鼓足勇气，打消一切顾虑，向于陆琳敞开心扉，倾诉自己在思想和情感上的许多感受。他的这些感受也引起了于陆琳的共鸣。转眼过去了几个月，孟少农与于陆琳不但熟悉了，也恋爱了。恋爱不仅使孟少农如沐春风，整个人的灵魂也得到了彻底的净化。

在蓬勃发展的革命斗争中，孟少农体会到国家的前途命运只能寄希望于共产党。于是，1947 年初孟少农向于陆琳表达了希望参加共产党的想法。1947
年春节后，组织上通知于陆琳回解放区，在交通员张光的护送下，于陆琳回到
冀中根据地党委所在的河间县，向华北局城工部的领导刘仁和孙国栋两位同志
汇报工作，并汇报了她和孟少农的关系。在阜平休整了一段时间后，组织上征
求了于陆琳对今后工作的意见。于陆琳认为，由于和孟少农的关系，也因为有
这一层关系，掩护工作比以前要方便不少，于是，于陆琳要求仍回北平做地下
工作。

　　于陆琳回到清华大学后不久，张文松到清华大学找她，告诉于陆琳以后由
他太太直接和她联系。随后于陆琳向张文松说起孟少农希望参加共产党一事。
张文松告诉于陆琳关于地下党组织发展党员的条件：只要本人要求入党，愿意
为党工作，就可以发展为党员。这是由当时地下工作的残酷性所决定的。因为
地下党员随时有被捕牺牲的可能性，申请入党就说明他已具备为党的事业牺牲
自己的觉悟和决心。

　　中共北平地下党组织于 1947 年 5 月派张文松与孟少农正式谈话。谈话过
后，1947 年 8 月 10 日由于陆琳和张文松作为入党介绍人，孟少农被正式批准
加入中国共产党，经过半年候补期的考察，于 1948 年 2 月转正。从此孟少农
走上了新的人生道路。

　　孟少农是中共地下党组织在清华大学的教授中发展的第一个党员。根据上
级的指示，清华大学和燕京大学的党员组成了清华、燕大教授中的第一个党小
组，一共 3 个人：于陆琳、卢念苏和孟少农，于陆琳任组长。他们在清华、燕
大的教授中开展团结教育的工作。那时，孟少农还兼了北大工学院的一门课，
通过孟少农，于陆琳认识了不少清华、北大的老师，并在他们当中秘密开展党
员发展工作。

　　于陆琳从冀中根据地回到北平后，本想继续住在李安宇的家里，不巧李安
宇的太太生孩子，也就不好在李家继续住下去。这时，孟少农找到了钱伟长，
把自己的女朋友安排在钱伟长家里住。过了一段时间，学校给孟少农重新安排
了房子。暑假后的 8 月 21 日，孟少农和于陆琳结了婚。在孟少农保存的麻省
理工学院的毕业证里夹有一张纸，那是孟少农与于陆琳结婚当天宾客签到的卡

片。孟少农用极其工整的小楷写道:"中华民国三十六年八月二十一日孟庆基(原名)于式昆(于陆琳的曾用名)仅以至缔同心之盟 皆百年之好 风甘共苦 永矢弗渝。"后面是孟少农和于陆琳的证婚人、孟少农的恩师李辑祥的签名,以及30多位来宾的签名。

于陆琳在结婚前的公开身份是李安宇的亲戚,孟少农的女朋友,山东齐鲁大学的毕业生。结婚后,于陆琳本来想能在清华大学找个工作,好有个公开的职业,但清华大学规定夫妇二人不能都在清华大学工作,如果都工作只能领一个人的薪金。在和张文松等领导商量后,他们认为有公开职业就要每天坐办公室,还不如做个家属自由,时间也不受任何限制。于陆琳也就没有再找工作。于陆琳虽然没有公开的职业,但仍然做着地下党组织的工作,闲暇时就去听课,像朱自清的中国文学、吴晗的明史、关世雄的辩证唯物论等,她都去听。

孟少农从结识于陆琳到成为革命伴侣的这段时间,应该是他人生中非常幸福美满的时期——他不但获得了爱情,也找到了人生追求;不但有了温馨的家庭生活,也有了充实的精神世界。

第四节 清华园走出的红色教授

孟少农入党后,在组织上接受崔月犁和孙国梁的领导。孟少农为人耿直,治学态度严谨,从不居功自傲,在清华大学的教授中颇有威望。党组织从实际需要出发,充分发挥他的长处,交给他的任务是负责团结和联系进步教授,动员在美国留学并已经工作的同仁回国工作或到清华大学做助教。于是,孟少农与清华园里的一些进步著名学者保持着密切联系,有意识地团结一批机械系的助教,和他们先从搞业务学习开始。当时清华大学的吴晗和钱伟长属于进步分子,孟少农和他们保持着联系,在教授会中支持学生的行动。把屠守锷作为党的发展对象,认真做好教育引导工作。他还亲自写信给从清华大学去英国留学的宋镜瀛,邀请他回清华大学机械系任教。为了能争取宋镜瀛回国,他在信中还附了刘仙洲和李辑祥两位老教授的信。过了一段时间,仍未收到宋镜瀛的回信，孟少农着急地又去信催促。结果宋镜瀛经不住老教授和老友的敦促，决定立即回国。1948 年 8 月宋镜瀛从英国乘船回到天津，再转乘火车到北京。他下了火车，多么希望一眼能看见孟少农，可是孟少农没有来，他很失望。但孟少农安排在航空系任教的屠守锷去接他，并把宋镜瀛安排到孟少农在清华园里的住宅。进屋后，屠守锷把写字台的钥匙交给宋镜瀛，说里面有孟少农给他的信。屠守锷走后，宋镜瀛马上打开写字台的抽屉，仔细阅读起孟少农留给他的信。孟少农在信中告诉宋镜瀛说他去找"章老板"去了。孟少农所说的"章老板"就是章文晋。在湖南长沙金井交辎学校章文晋是管伙食的，学员们都称他为"老板"。他是同班同学熟知并很受尊敬的进步青年，后来到解放区从事外事工作。说到"章老板"宋镜瀛就已经明白了，孟少农肯定是去了解放区。后来，宋镜瀛对同志们讲，孟少农这封信使他与清华大学结下了不解之缘。

孟少农除负责团结和联系进步教授外，组织上还要求他利用教授的身份教育和引导进步青年。为此，他经常邀请一些进步学生到家里收听解放区的广播，帮助学生认清形势，看到中国的希望和光明。当时，清华大学的地下党组织很活跃，孟少农经常组织和参加清华大学的各项进步活动，宣传中国共产党在解放区开展的土地改革运动。特别是 1947 年 12 月党中央在陕北米脂县杨家沟召开的扩大会议，提出了党的基本政治纲领，即联合工农兵学商各被压迫阶级、各人民团体、各民主党派、各少数民族、各地华侨和其他爱国分子，组成民族统一战线，打倒蒋介石独裁政府，成立民主联合政府。孟少农根据中共北平地下党组织的要求，更加积极地开展宣传活动，广泛联系进步教师和学生，宣传党的统一战线政策。

1948 年春，党又强调进一步把工作深入到系级，进而团结更广大的同学。党组织通过学生自治会号召社团骨干分子回到班上去。于是各系级纷纷成立了以班级为单位的读书会、壁报会、歌咏队、生活小组等，并通过多种多样的活动吸引广大同学。这一时期，孟少农除继续做好联系和团结进步教授以及宣传党的统一战线政策工作外，经常深入机械系的各班级参加学生们的活动，教育和引导学生认清形势、坚定信心，鼓励和支持学生坚定不移地朝着光明走去。

随着革命形势和学生运动的蓬勃发展，中共清华地下党组织也迅速发展。

在汹涌澎湃的学生运动中，大批经过锻炼与考验的学生加入了党的队伍。到新中国成立前夕，清华大学的地下党员由回到北京初期的 20 余人发展到 200 余人。已设有党的总支部，下面按院系设有几个分支部，大多数系级都有党的小组或党员在活动。在教师中也建立了党支部和党领导的地下进步组织新民主主义文化建设协会。由于清华园内的党组织活动的影响越来越大，1948 年 7 月，蒋介石在庐山召开了牯岭会议，决定对学生运动实行"断然处置"。1948 年 7 月 17 日，国民政府正式发布在全国大批逮捕爱国学生和民主人士的命令，北平特刑庭也接连公布了两批黑名单，许多学生上了黑名单，不得不离开学校去解放区。孟少农的二弟孟庆熙（当时在清华大学二年级）也在其中。这两批黑名单主要是针对学生的，作为教师的孟少农大概还没有遭到特务的怀疑。31日，国民政府教育部密电清华大学等校，"务望各校当局，鉴于局势严重，将校内共产党员与共党嫌疑或接近共党，营私自便，别有企图之分子，不论员生，均应视作危害学校分子，在此暑假期内，分别处理，务望肃清"。8 月 19日，北平特刑庭发出传票，限定各校于 20 日前交出被列入黑名单的人员，企图把进步力量一网打尽。20 日清晨，清华园被反动军警和海淀的"人民服务大队"的棍儿兵包围，一场反逮捕斗争展开了。

在这之前，地下党组织早就估计到形势险峻，在党内和中国民主青年同盟等进步青年组织内展开了讨论，研究了应对的策略，对党员、盟员进行了革命气节教育。同时，开始将已经暴露的同志向解放区转移。孟少农和妻子于陆琳，一个是有声望的大学教授，一个是北平地下党组织的核心成员。于是，北平党组织决定让他们尽快转移。1948 年 8 月，上级来人说接到根据地电报，指示孟少农他们立即撤回解放区。开始他们比较犹豫，当时于陆琳已怀孕，且快要临盆，挺着个大肚子撤离很不方便，但是又一想，如果等分娩后再走，带个新生儿会更不方便。于是他们收拾了行装，告诉屠守锷、董寿莘、吴晗、钱伟长等人，并找张奚若谈了一次，决定 8 月中旬动身。当时于陆琳大哥的女儿于培洁也住在他们家里，于是孟少农和临近分娩的妻子于陆琳带着于培洁，三人拎着提包进城，到了火车站。正在这时，上级派人赶来说情况有些变化，不一定要马上走，叫他们考虑。孟少农他们又折回了清华大学，住在照澜院 19 号，与梅贻琦的秘书李天璞同一个院，因为他们离开清华对李是保密的，只能是悄悄地回来。可是过几天崔月犁又来了，说："你们还是走吧。"孟少农他们说好。过了两天他们就真的动身离开了清华大学，离开了北平。不久，清华园里传出有一位教授投向光明，到了解放区，当时这件事在清华园内引起了不小的震动，"红色教授"的称号也不胫而走。这位红色教授就是备受清华大学学生尊敬的孟少农。孟少农以实际行动为他的学生们指引了前进的方向，对清华大学的学生投向革命产生了很大影响。

孟少农和妻子于陆琳于 8 月离开北京，走的路线是经过天津坐火车到陈官屯下车，然后走路到渡口，过河即是解放区。这条路上有很多老百姓往来，国民党对老百姓搜查勒索，主要着眼于财物，当孟少农他们经过时，被收去了一些东西，就放行让他们过河了。过河后，他们租了一辆大车奔沧县而去。走了一程就停下来住店，黎明前准备再出发时又碰上了国民党军队过河侵扰，耽搁了半天多。等国民党军队走后，他们才继续前行，次日到达沧县，找到联络点平教会。他们被安置在沧县住了一个晚上。次日，联络点的同志让他们到泊镇找建设公司。他们到泊镇后才知道这里就是华北局城工部。在泊镇孟少农遇到了中共华北局组织部副部长、城工部部长刘仁。刘仁见到孟少农特别高兴，马上张开双臂拥抱他，并深情地讲道："我们党又多了一位教授，好啦！冲破黑暗，黎明即将来临，你一心追求的事业正在等待着你呀，你的实业救国的理想一定能实现。"刘仁的这一番话让孟少农热泪盈眶。

孟少农一家住在泊镇，其间，他们的女儿在运河边出生了。为了纪念这个新生命的诞生，孟少农给女儿取名孟运，后来一直称她小运。早先他们住在镇上，后来为了防空疏散到乡下，这时孟少农开始写自传，介绍在清华任职的情况，等待分配工作。在这个时期，孟少农用自己的字代替了名，把孟庆基改成了孟少农，并一直沿用下来。

1948 年 10 月，孟少农被分配到华北人民政府公营企业部工作，于是他们全家就动身到了石家庄。由于处于战时状态，有很多工作很难开展，孟少农就主动到企业部周边搞调查研究，了解民情和民意。当他发现农民在田里使用水车很困难时，他就根据实际需要设计制造了一种新式水车，并取名为"解放"。

这台水车是他设计的第一个机械产品,很受农民喜爱,并很快得到了推广。

随着平津战役的不断推进,全国解放指日可待,根据中共中央要做好接管北平的要求,中共华北局和华北人民政府都在做着准备工作。1948年11月,根据组织安排,孟少农随徐驰到了北平西郊,住在石景山钢铁厂,等待进城。于陆琳则带着女儿孟运到了当时的中共中央所在地西柏坡。在石景山期间,孟少农与清华大学机械系助教刘金钺相遇,两人都很高兴。刘金钺看到孟少农穿着一身八路军的灰色军大衣,猛一看他这身装束与脸上架着的银丝眼镜似乎不太协调,但仔细端详觉得非常相称,连声说:"像一个八路军。"紧接着孟少农拍着刘金钺的肩膀热情地说:"你也来了。"刘金钺拄了拄孟少农的灰色军大衣说:"是呀,步你的后尘。"话音刚落,彼此都大笑起来,共叙对北平即将解放的憧憬。

1949年1月31日,北平和平解放。2月,孟少农随解放军进城,作为华北人民政府的接管代表参加军管会对企业和研究机构的接管工作。先是住在灯市口41号(原来是国民政府资源委员会办公的地方),后来又迁到设在东交民巷的井陉矿协局的房子里。这里成为当时的华北工业部,也就是后来的中央人民政府重工业部的办公地点,孟少农主要负责矿冶、地质、工业三个研究所的接管工作。5月回到华北人民政府公营企业部,在徐驰的计划处下设的技术室工作,担任技术室的负责人。1949年底,根据工作安排,孟少农陪同苏联专家到华北了解机械工业。1949年底,中央人民政府重工业部成立,而重工业部的成员主要来自华北人民政府公营企业部,孟少农随之进入中央人民政府重工业部工作。当时重工业部由陈云兼任部长,何长功、刘鼎①、钟林任副部长,徐驰任计划司司长,孟少农当时在徐驰的手下工作,成为汽车工业的唯一主管。1950年3月孟少农调出计划司,进入中央人民政府重工业部汽车工业筹备组,担任副主任。从此,孟少农把自己的一生奉献给了中国的汽车工业。

1950年10月,苏联派汽车厂设计专家两人到北京,开始第一汽车厂的筹

---

① 刘鼎是原浙江省立高等工业学校电机专业的高才生,担任过张学良的副官,后来到苏联学习军事机械,回国后在八路军太行山根据地长期组织军工生产,担任八路军军工部部长。新中国成立后,任重工业部副部长、第二机械工业部副部长、航空工业部顾问等职。

建和设计工作。1951年初，孟少农和专家去长春选定厂址。5月，收集资料后专家回去做初步设计。1952年初，初步设计完成并送来，政务院财政经济委员会审核批准后，决定派孟少农去莫斯科负责联络工作和担任一汽总订货代表。1952年7月孟少农到达莫斯科，在中国驻苏联大使馆商务处的领导下工作。

孟少农从1949年2月进入北平参加企业和科研单位的接管工作，到1952年7月被派往莫斯科担任一汽总订货代表。在此期间，除业务工作外，还被指定参加自然科学工作者代表大会的筹备工作，担任筹委会常委、组织部副部长、党组成员，到中华全国自然科学专门学会联合会（简称"科联"）和中华全国科学技术普及协会（简称"科普"）成立才结束这一工作。其后，又受科联委托，与刘仙洲、石志仁等三人筹建中国机械工程协会，1952年完成这一任务，并担任中国机械工程协会秘书长。孟少农为上述组织的筹建与成立做了大量富有成效的工作。

第三章　投身祖国汽车工业

　　中国汽车工业是在新中国成立之初开始创建的，第一汽车制造厂的建设是其主体工程，但汽车工业的筹备工作比建厂早三年。1950年3月，孟少农从调入汽车工业筹备组担任副主任起，就与中国的汽车工业结下了不解之缘。他先后担任第一汽车制造厂副厂长、副总工程师；中国汽车工业公司总工程师室技术主管、总工程师；陕西汽车制造厂革委会副主任；第二汽车制造厂副厂长、总工程师、二汽咨询委员会主任。孟少农为中国汽车工业转战南北，贡献了毕生精力，在国内外汽车界享有极高的声誉。

第一节　从扁担胡同出发　投身祖国汽车工业

　　民国时期的工业基础极其薄弱，当时一些有志之士看到世界各国汽车工业的进步，不时有人萌生建立民族汽车工业的愿望，但在国家政局混乱、经济落后、民不聊生的情况下，这是不可能实现的梦想。孙中山在《建国方略》中就提出过发展汽车、建造公路、建立汽车工厂的设想，但他的设想也只能停留在纸上。1928年，张学良率先在辽宁建立汽车厂，生产民生牌汽车，但也只是试造了几辆就告终。阎锡山为了建立自己的军工系统以抗衡蒋介石，派人建立了一个山西汽车修造厂，仿造美国 1.5 吨的小货车，定名为山西牌汽车，最后也作罢。1937—1939 年，国民政府筹建中国汽车制造公司，用进口的零部件组装了两千多辆汽车。全面抗战时期，国民政府资源委员会筹办中央机械厂，组装了一些汽车，但无法形成气候，到新中国成立前，国内汽车保有量约有 10 万辆，主要是美国的各种军用汽车、轿车及一些陈旧的"木炭车"。为了维持这些汽车运行，在部分大城市里建设了汽车修理厂及配件厂。新中国成立后急需创建汽车制造厂，以适应经济建设、国防建设和人民生活的迫切需要。1950 年初，毛泽东主席和周恩来总理在莫斯科与苏联签订《中苏友好同盟互助条约》，在商谈的援建项目中，就包括建设一个年产 3 万辆中型卡车的制造厂。

1950 年 2 月 22 日，重工业部召开全国机械工作会议，会议由时任重工业部副部长刘鼎主持。在这次全国机械工作会议上提出要建立新中国独立自主的机械工业，特别是要建立中国自己的汽车制造工业。重工业部决定立刻开始中国汽车工业的筹备工作，并指示成立汽车工业筹备组。1950 年 3 月 27 日，重工业部正式成立汽车工业筹备组。郭力①为组长，孟少农、胡云芳为副组长。就这样，郭力、孟少农等人一起拉开了中国汽车工业创业的大幕。

对于进入汽车工业筹备组工作，着手筹建中国的汽车工业，起初孟少农毫无思想准备，他本来以为至少还要等经济恢复几年才有条件搞汽车工业。当他接到任务后，为即将展开的社会主义建设和开启中国汽车工业征程而欢欣鼓舞。他激动地说，国民党统治时期没有造出一辆汽车，而新中国刚成立不到 5 个月，就着手筹备汽车工业了，真是了不起。他决心为创建新中国汽车工业而奋斗。

说起孟少农与汽车结缘，要追溯到 1938 年孟少农到长沙金井交辎学校接受坦克和汽车培训。从那时起他就树立了为中国造汽车的理想。因此，他到美

---

① 原名高崇岳，1916 年出生于河北省河间市高家庄的一户读书人家。1932 年考入哈尔滨高等工业专科学校（哈尔滨工业大学的前身）。1933 年参加中国共产党，全面抗战爆发后，回到河北老家，利用自己的工业知识，在根据地组织兵工生产，制造枪支弹药，支援抗战。新中国成立初期，担任重工业部专家办公室主任。

国麻省理工学院研究院改学汽车专业,回国后在清华大学创办了我国第一个汽车专业,为我国培养了第一批汽车专业人才。1949 年 12 月,毛泽东主席赴苏联访问,并参观斯大林汽车厂。毛泽东主席对随行人员说:"我们也要有这样的汽车厂。"[①] 此时,孟少农正在陪同苏联专家在华北了解机械工业,其间,双方一起探讨了中国建设汽车工业的事情。1950 年初,孟少农就进入了汽车工业筹备组。

当时汽车工业筹备组还兼管航空及坦克工业,办公地点最初设在北京灯市口中国工程师学会旧址内。首批参加筹备组工作的只有十几个人,这些人当中,一部分是从晋察冀根据地的干部中调来的,一部分是进城后新参加工作的知识分子,还有一部分是老工人和青年。有一天,重工业部副部长、兵工总局局长刘鼎来筹备组找孟少农谈话。见面后,刘鼎开门见山地说:"真正的汽车事业开始了,怎么样,谈谈你的设想。"面对这位曾担任中央军委联防司令部军工局副局长、晋察冀工业局副局长、华北人民政府公营企业部副部长的老党员,孟少农认真思考了一会儿就打开了话匣子。孟少农说:"新中国刚成立,百废待兴,筹备组的工作主要是打好基础。一是要有人,有一批懂得汽车的人;二是要有阵地,有个专门研究汽车的阵地。"听完孟少农的想法,刘鼎连连点头,并称道:"好,你的思考是热中有冷,深思熟虑,具有科学家的情怀。"两人边说边哈哈大笑,两位专家谈笑风生,使在场的人也受到了感染。

为了加强筹备组的力量,在各方面的协调下,筹备组的工作人员很快增加到 100 多人,这时原办公的地方已经容纳不下这么多人了,于是筹备组商量用 1000 匹五福布在地安门外北锣鼓巷扁担胡同买了一个古老的四合院。房主是湖北军阀肖耀南的后代。房屋简陋,设施陈旧,条件很差。1950 年秋,汽车工业筹备组搬到了这里,昔日冷清的胡同一下子热闹起来。汽车工业筹备组在扁担胡同成立了汽车设计室,进行先期的汽车设计研究和汽车工业人才的培训工作。筹备组的同志们从扁担胡同出发,开始了他们的创业之旅。

孟少农一家开始时居住在南锣鼓巷西侧的黑芝麻胡同 1 号,后来搬到西华门外的北大街。为了工作方便,他主动放弃了较为安定舒适的生活,同年轻人

---

① 徐秉金、欧阳敏:《中国汽车史话》,机械工业出版社 2017 年版。

一起居陋室、吃食堂。当时吃饭没有餐厅，他就和大伙一样站在院子里吃饭，刮风下雨时就把桌子搬到走廊去吃，饱受创业之初的艰辛而不以为苦。他性格开朗、热情待人，经常和年轻人说说笑笑，讲些新消息。青年人也非常喜欢和尊敬这位长者，时常围着他问这问那，筹备组形成了很融洽、和谐、欢快的气氛。

筹备组成立后，工作千头万绪，孟少农与郭力一起对筹备组的工作全面策划、周密部署，有条不紊地开展工作，干得非常出色。筹备组最初的工作是筹备召开了两个会议：一个是全国机器工业会议，另一个是汽车工业会议。这两个会议交流了全国各地的情况，酝酿了恢复生产和发展的方向，确定了先恢复后建设、先前方后后方、先关外后关内的工作方针。这两个会议结束后，筹备组的工作围绕着三个方面来展开。

第一方面是开展调查研究，收集过去有关汽车和汽车工业的情况，作为制定建设汽车工业计划的基础。为此，孟少农带领工作人员北到哈尔滨，南到昆明，西到重庆，东到上海，了解日伪和国民党官僚资本留下来的汽车修配工业，并了解宋子文集团创建的中国汽车公司设在株洲、凭祥、重庆等地的工厂和人员的下落，找到了国民政府资源委员会委托美国 AEO 汽车公司制定的五卷建设汽车厂的设计方案，同时在昆明的山洞里发现了国民政府资源委员会买的美国 Sterling 公司的汽车图纸。为了寻找建厂地址，孟少农和工作人员先后到北京、石家庄、太原、西安、宝鸡、武汉、株洲等地考察，并在北京西石景山附近的衙门口做了地质勘探，为建设新中国自己的汽车厂收集并掌握了大量的第一手资料。

第二方面就是集结和培养技术骨干。孟少农从一个学者、专家的身份出发，深刻认识到要创建祖国的汽车工业，首要任务是立即集聚懂汽车的人才。因此，孟少农在筹备组期间千方百计、不遗余力地广泛罗致人才。他知道清华大学储备有汽车技术人才，便不止一次走进清华园招揽人才。他通过报告会或座谈会的形式，向同学们宣讲新中国汽车工业的未来，动员大家为新中国汽车工业献身。孟少农满怀激情地说："来吧，同学们，我们大家一起干。"由于孟少农是知名的汽车专家，又有红色教授的名声，再加上他那带有鼓动性的讲话，许多学生都表示愿意跟随他一起创建汽车工业。在他的教育引导下，一大批有志青年走上了祖国汽车工业的创业之路。

1950年初夏的一天，孟少农和胡亮来到清华大学机械系，准备商调刘金钺到筹备组。当他们在李辑祥的陪同下去找刘金钺时，恰好在清华工字厅遇见了他，孟少农就直截了当地问刘金钺："你愿不愿意带领三、四年级的学生去一些大厂实习，为建设毛泽东汽车厂做准备？"孟少农进一步讲道："除了清华大学，我们还要到全国几所著名大学的机械系三、四年级学生中招聘。把这些大学生送到专业水平高的大工厂对口实习一年，让他们拜有权威的工程师为师父，签订师徒合同，跟班实习，完成应达到的目标，然后投身于祖国的汽车工业。"刘金钺对孟少农十分了解，当他听到孟少农对汽车厂建设信心十足，对人才培养、技术干部培训的设想非常有创造性时，当即表态自己愿意。不久，刘金钺离开了清华大学，成为新中国汽车工业队伍里的一员，并在孟少农和胡亮的领导下创造性地开展培训技术干部的工作，收到了很好的效果，为新中国汽车工业人才队伍建设作出了积极贡献。

抗战胜利后，国民党政权为了发展自己的汽车工业，曾选派两批40～50名技术人员到美国学习汽车技术。新中国成立以后，这两批在美国学习的人员处于尴尬境地，他们不甘心跟着国民党到台湾去，但又不知道新中国是否欢迎他们回来。了解到这个情况后，汽车工业筹备组立即表示欢迎这些技术人员回国参加汽车工业筹备工作。筹备组组长郭力还特别说道："我们的孟少农同志就是从美国回来的。"得知祖国欢迎自己，那些留美的工程技术人员立刻踊跃回国。就这样一大批有专长的技术人员先后来到了筹备组，成为新中国汽车工业建设的重要力量。当时汽车工业筹备组里还有1949年9月来华的三位苏联专家，其中一位是苏联斯大林汽车厂的总设计师斯莫林。

孟少农还通过湖南金井交辎学校和美国福特汽车厂等多方面的关系罗致人才，凡是搞过汽车的，包括在大学里学习机械专业的毕业生都广泛招聘。当他知道上海交通大学有一批汽车专业的毕业生被分配到学非所用的岗位上后，他下决心要把这批人招揽到筹备组来。但当时这批人分散在全国各地，要把他们招进来，困难肯定不小，怎么办？经过再三考虑，他列出一个名单，并给周恩来总理写了一封信，请政务院秘书转呈给周总理。起初他对呈递报告给周总理比较犹豫，心想周总理那么忙，不好打扰，但他静心细想，筹备汽车工业也是大事，于是就把报告呈上去了。没想到两天后周总理批准了调干报告，包括留学英国回国后被分配到教育部的材料专家支德瑜、精通汽车锻压技术的俞云焕，以及上海交通大学那批学非所用的毕业生等一大批人，很快通过重工业部联系，调进了汽车工业筹备组。孟少农看到他需要的人才陆续被调进筹备组，喜出望外，从内心里感激周总理对新中国汽车工业筹备工作的支持。

为了招聘人才，筹备组做了必要的物质准备，但由于条件有限，还有许多不尽如人意的地方。孟少农担心同学们的情绪受到影响，便主动与同学们谈心。当时从上海交通大学分配到北京的同学住在前门外的一个小客店里，到北京那天，下着大雨，孟少农披着一件旧的军用雨衣，卷着裤腿去看望大家。他和同学们交谈，总是从汽车开始，又是从汽车结束。他热爱汽车、宣传汽车，准备为制造汽车贡献力量的愿望，让同学们感到无比兴奋，很快就拉近了与同学们的距离，稳定了同学们的情绪。由此可见，汽车工业筹备组在人才网罗方面不遗余力，并取得了很好的效果。

为了容纳和培养这批人才，孟少农针对不同的情况制定了不同的培养方针，学生们有的被安排在筹备组技术处，有的被安排在研究室，还有的被安排到工厂实习。那些刚刚出校门的大学生，一时间还看不出筹备组的眉目，怀着一种好奇心，但不知往哪儿使劲。孟少农便把他们集中到清华园开展培训，让他们系统掌握汽车制造的理论知识，并且熟悉汽车修理和提高操作能力，以便将来更好适应制造汽车的需要。为了方便同志们学习和研究问题，筹备组还在南池子建了一个千余平方米的实验室。

在解放战争时期，有一批美国援蒋物资存放在上海，其中有 1835 台机器设备。为了尽快发挥这些机器设备的作用，1950 年年中，在中央人民政府相关部门的协调下，这些设备被分配给需要的单位，汽车工业筹备组也分配到了若干设备、样本和仪器，其中包括一台格里申 16 号等螺旋伞齿轮加工机床和塞克斯人字齿轮加工机床。分配到的这些设备或仪器就放在南池子实验室。为了尽快掌握和使用格里申 16 号等螺旋伞齿轮加工机床和塞克斯人字齿轮加工机床，孟少农牵头成立了一个攻关组，由工程师杨南生带上几名年轻学生和从上海虬江机器厂（后来的上海机床厂）调来的八级老师傅蔡继常等一起攻关，研究并掌握齿轮技术。这个攻关小组和那些齿轮加工设备后来迁入长春636工厂，最后迁入一汽底盘工厂，成为中国汽车齿轮行业的第一个技术核心。南池子实验室后来发展成为汽车研究所，也迁到了长春。

第三方面是开始接收国民政府时期留下来的一批汽车修配厂。这些厂包括北京、天津、济南、武汉、南京等地原本属于军事系统的汽车修配厂，以及哈尔滨、长春、北京等地的坦克修理厂，并组织技术力量迅速恢复和发展汽车配件生产，以确保满足抗美援朝战争中对军用汽车配件的需要。有关资料显示，1950年10月志愿军出国作战，全军共有汽车1300余辆，仅第一个星期就被敌机打坏了217辆。从志愿军1950年10月19日夜出国到12月底的72天中，国内给志愿军补充汽车12486辆，损失6646辆，送回国内修理438辆，受损率达53.2%。① 由此可见，抗美援朝战争中志愿军非常缺乏汽车。因此，1950年11月5日，周恩来在与苏联的扎哈罗夫商谈苏联援助时，称"现时汽车第一，坦克、大炮都可以放在汽车后"运来②。11月17日，周恩来又致电斯大林，反映当前车辆不足，希望苏方能加大援助力度。所以，新中国急切发展汽车工业，不仅是经济建设的需要，也存在着军事上的迫切需要，这更加凸显了汽车筹备组使命重大。

1950年8月2日，刘鼎主持召开汽车工作会议，讨论中国汽车工业建设的方针、步骤。会议决定即将建设的中国汽车工厂的设计工作请苏联专家主持。经过一系列的商讨，同年12月2日，苏联应邀派出苏联汽车拖拉机工业部工厂设计专家沃罗涅茨基、设计师基涅谢夫到达北京。筹备组指定由孟少农陪同苏联专家在3个月的时间内了解中国工业的基本情况，并做好选定厂址的前期准备工作。

汽车工业筹备组从1950年3月成立、秋季进驻扁担胡同，到1950年底筹备组转入筹建第一汽车制造厂，10个月的时间里，扁担胡同没有出扁担，而是汇聚了新中国第一批汽车专业人才，开辟了新中国汽车工业人才培育的第一

---

①② 徐秉金、欧阳敏：《中国汽车史话》，机械工业出版社2017年版。

个苗圃——汽车培训班，新中国汽车工业的第一代技术骨干在这里开始成长。后来随着第一个五年计划的建设发展，这批人有的转入坦克工业，有的转入拖拉机工业，但大部分人随孟少农到了长春，参加第一汽车制造厂的建设，进入创建新中国汽车工业的第一代人的行列中。

第二节　主持起草《汽车工业建设计划草案》

汽车工业筹备组一成立就开展了大量实质性的工作，特别是开展了全国范围内的调查研究工作，为中国汽车工业的创建进行各方面的准备。也正是在这一背景下，1950 年，汽车工业筹备组在孟少农的主持下，起草制定了《汽车工业建设计划草案》。孟少农是从美国留学回来的，在美期间曾到过多家美国汽车厂和机械厂实习、工作，懂得建立汽车工业应该从哪里下手，让他主持起草汽车工业建设规划也是必然的。20 世纪 90 年代，孟少农的女儿孟运在进一步整理父亲的遗物时发现了《汽车工业建设计划草案》打印稿，共 51 页。《草案》共分为六个部分，主要内容如下。

《汽车工业建设计划草案》（节选）

一、提纲

（一）范围及定义——本草案所说的汽车工业包括汽车（小客车，卡车，公共汽车，特种汽车），拖拉机及其部分附件、配件的制造及装配的各种工厂，但不包括原料及一般性零件的制造厂。

（二）草案的性质——本草案根据机器业会议汽车工业小组的结论及记录，进一步分析了中国目前汽车及汽车工业的概况，建设汽车工业的必要，初步建设的目标，进行的方法与步骤及经费概算，由此得出比较更具体的数字与结论。但是这个草案并不能代替正式的计划，因为它考虑的［得］还不周到，分析的［得］还不深入，它只是一个大概的轮廓，根据这个轮廓，我们可以着手从事正式的计划。

（三）结论

提议将九个现有的厂划归汽车工业范围，统一由汽车工业局领导，并考虑增列其他六个厂和单位。

提议以这几个厂为基础，建设一个每年制造轻型（2.5 吨）卡车五千辆，拖拉机五百辆，及维持现有车辆所需配件的工业。

拖拉机的生产在 1951 年下半年开始。

卡车厂估计需要新建厂房 64000 方公尺。

须要由上海仓库中拨给机器 264 部，其他工厂调拨机器 34 部，在国内定造机器 403 部，在国外定造机器 92 部。

须要集中及培养高级技术职员 127 人，训练初级技术人员 353 人，训练工长 265 人，招集技工及普通工 2628 人。

估计卡车厂在 1952 年 7 月开工，1953 年 4 月开始出货，1953 年 10 月准备工作结束。

需要投资小米 199319 吨，其中 8349 吨用于 1950 年。

现有机器设备（包括天津装配厂，虹江，吴淞，501，502，503 及库存分配）折合约计小米 16 万吨。总计全部资本共值小米 36 万吨。[①]

二、中国目前汽车及汽车工业的概况

A. 汽车——中国现有的汽车没有全面而精确的统计数字，从几方面获得的资料列举如下：

1. 1948 年伪交通部的统计是大小型车（军用在外）71142 辆。

2. 1950 年 4 月交通部的汽车统计（军用在外）总数：45996 辆。

同年军委后勤部的汽车统计总数：23641 辆。

以上两项数值相加得 69637 辆，此数不包括残余蒋匪在海岛上的

---

① 新中国成立伊始，货币还未统一，物价不稳，小米不仅是充饥的粮食，在很多地区还具有一项重要的职能——充当等价物。工人和职员的薪金以小米衡量，称为"米薪制"。所以在《汽车工业建设计划草案》中做经费预算时以小米为单位。按当时的汇率计算，一美金 = 30 斤小米。"小米制"或"米薪制"为计量单位的方法，到 1952 年底在全国范围内彻底停止。

车辆。

3. 根据海关统计，1936 至 1948 年（除 1943 年至 1945 年）卡车进口总数 76648 辆，大小客车进口总数 40001 辆，总计 116649 辆。此中当然有一部分已经损坏报废。

从以上三项来源，可以估计中国现有汽车总数约在八万辆以上，其中的三分之二是卡车，三分之一是大小客车。由于过去几年中形势变化很大，车辆的保养使用修理都不正规，这些车中残破待修及勉强使用亟须修理的百分数一定是很高的。

....

以上事实说明：（1）汽车的使用重点主要还在大都市中，远未曾深入到国民经济中去。（2）用于军事的车辆，占相当高的比数。（3）在经济用途中私人资本拥有的力量，远超过公营事业所占有的力量。

这样的现象是过去封建半殖民地［半殖民地半封建］的落后的经济中必然的现象，今后发展的方向显然是：把汽车的使用深入到农村去，提高适用于经济用途的车辆比数，及提高公营事业所占车辆的比数。

B. 拖拉机——中国开始使用拖拉机虽远在一二十年前，但数量很少，到抗战终了后才由联合国善后救济总署运来美制拖拉机约近二千部。根据农业部垦务局的统计，这一批拖拉机现已被我接收 797 部。此外各地农场中有苏联拖拉机 483 部，共计 1280 部。

....

C. 汽车工业——在反动政府的统治下，中国的汽车工业只能是以汽车修理工业为主，以部分的配件工业为辅而谈不到正规的汽车制造工业。

....

D. 有关问题——与汽车关系最密切的问题有二：石油工业及公路。

中国的石油工业是很落后的，产量很小，主要依赖外国进口，这是限制汽车、拖拉机普遍应用的最大因素。

　…………

第二个重要问题是公路。全国现有国道61824公里，省道75419公里，总计137243公里。这个数字较之铁道26857公里大的［得］多，但有许多路面失修，严重限制行车速度及增加车辆的损耗。整个说来，全国公路还要整理、增修，然后才能配合经济发展的需要。

　…………

三、汽车工业建设的必要

过去在中国汽车的使用是适合当时封建性半殖民性［半殖民地半封建］的落后经济状况的，少量的从外国买来的车辆都集中在大城市里，供剥削阶级的享受，或使用于军事用途来压迫人民。其中真正与生产联系，与国民经济联系的部分是很小的。广大人民中的主要运输及动力的需要还是依靠人力、畜力及原始的车辆。当人民取得了政权，将这些汽车、拖拉机收回以后，就发现除了军事上的用途外，其他的用途，特别是在经济方面，是带有很多困难的。这些困难的具体表现就是大批的车改装煤气炉，大批的车等待修理，大批的车闲置起来，有的同志因此怀疑汽车的经济效能。

但是我们如果看看，有多少广大的国土中还没有铁道和可供航行的河流，有多少农产品每年要集中到火车、轮船的终点和运输到都市去供消费或作为工业原料，有多少工业品要循相反的道路流往农村，而在经济开始繁荣后，这些运输需要又将要加大多少倍，我们就不能不得出这样的结论：农村中现有的原始运输工具是不够应付需要的，必须将现代的运输工具深入到广大人民中去。我们再看看，在广大的国土中有多少土地等待开垦，而经过长期的战争消耗，我们的牲口又多么缺乏，我们就不能不得出这样的结论：原始的耕种工具是不能满足将来农业的需要的，必须把现代化的动力推广到农业生产中去。这种经济改造工作是长期的，是极其巨大的。但正如斯大林在苏联恢复期间所说："我们要变成汽车化的国家，拖拉机化的国家。"中国也必定要走上同样的道路。

汽车、拖拉机的推广使用，不但具有巨大的经济意义，而且通过经济影响到政治。全国经济，包括农业经济在内，不转移到新的技术基础上就不能替社会主义准备物质的基础，落后的运输工具、耕种工具，与集体农场是不能适应的，与现代化的工业是更不能适应的。

以中国的面积和人口论，八万辆汽车和一千多部拖拉机是太渺小的数字，如果比照美国这资本主义下汽车已经饱和的国家标准，中国应该有一亿四千万辆汽车及一千万辆拖拉机，如比照汽车工业新兴的苏联，应该有六百万辆汽车及三百万辆拖拉机，甚至照……印度的标准，中国的汽车也须增加四倍到三十二万辆。

由此可见，自己制造汽车、拖拉机是经济建设工作中非常重要的一环。

如果说汽车、拖拉机是国民经济，特别是农业经济技术改造的主要关键，则汽车、拖拉机工业是促成工业的技术改造的主要关键。现代的工业生产方式是与落后的工业生产方式属于不同范畴的，由落后工业生产前进到现代工业生产，不仅包含着量的增加，而且有质的改变。历史上推动这个前进的是汽车工业。汽车工业会将连续直线式的作业法介绍到机械制造工业中来，他［它］会促成主要生产技术及机器的发展，他［它］会引起新合金新材料的研究，他［它］也会推动新的工业及生产管理方法，航空工业，电机工业，军火工业，都会受到汽车工业极大的影响。因此要在中国发展新式的现代的工业，是不能不首先考虑到汽车工业的。

四、初步建设的目标

我们在汽车工业范围内要做的初步建设工作，必须要考虑到现有的工作、人员、机器等基础，并且瞄准着整个发展的方向，这一阶段的工作不可能期望过奢，但必须是明确的有效的向前进一步。

根据这样的原则，我们可以拟定一个汽车工业初步建设目标的草案，但在提出这个草案之前，必须先说明汽车工业的组织结构，及其相互间的关系。

汽车工业的最后产品包含：各型（轻、中、重）卡车、小客车、公共汽车、拖拉机及特种车，汽车工业中的某些厂必须制造部分组成以上各种车的原装零件及维持修理所需的配件。由于各种车性质的极端差异，及各种零件的技术上的特点，这些产品很难在一个工厂里全部制造，而有或多或少的分工的必要。

有一种分工的方法是按车的主要组成单位分为专门厂供给最后产品厂以组成单位，使后者只须集中力量于装配，这种分工方法是美国汽车（特别是中型及重型卡车）工业所采取的。……

这种分工方法的优点是：(1)各厂可以专精；(2)可以集合若干小量的需要成为较大量的需要，因而采用效率较高的生产方法；(3)最后产品厂的工作范围缩小，创办比较容易。他（它）的缺点是：(1)需要极良好的运输条件；(2)妨碍工人的积极性，例如卡车厂的工人如果对所使用的引擎有改良的意见，便无法使其实现；(3)不安全，如果某一个专门厂发生事故，必定妨碍一切其他厂的生产。

另一种分工方法是最后产品厂制造全部主要组成单位，而只依赖几个较小的专门厂供给特殊材料及零件，这种分工方式是苏联所采取的。……

这种分工方法的优点是：(1)往返的运输较少，生产容易控制；(2)能充分发挥工人的积极性；(3)各厂有较大的独立性，如发生事故也比较容易恢复，自然，如果同时创办全部各厂，则人员、设备的需要较多，各厂的技术条件也受较大的限制，但根据苏联的经验，这种困难并不难于克服。因此，这种分工方法及苏联初期发展的步骤是我们所应采用的。

根据前述的建设原则、分工方法及发展步骤，我们的计划大纲如下：

1.第一步建设一个轻卡车厂，一个拖拉机厂，及必要的附件厂、配件厂，这几个厂尽量采用现有较大配件厂为基础。

2.生产目标以苏联现有适宜的车型为原型设计，设计规格尽量保持不变，但制造方法须适当改变，以适应中国的具体条件。

3.预定产量在初期上正轨后，轻卡车为每年（一班）五千辆，拖拉机为每年五百辆。但都准备有扩充到三四倍的可能。

4.在这样的产量下，卡车厂可能采取部分连续直线的生产方式，拖拉机厂则完全分批生产，但两厂都必须达到一定的品质水准，必须彻底的［地］从配合制造转变为可交换式制造。

5.与以上两厂同时建立的附件厂暂分：引擎附件、电器、机压、仪表、玻璃、零件六部分（钢珠轴承厂在机械工业中另设）。

6.在以上各厂完成后，再筹备中卡车及小客车厂，这两厂可以由轻卡车厂帮助解决人员、技术及小部分的设备问题。

7.同时在适当地址设轻卡车厂的分装配厂，以便利运输，将来这些分装配厂都可以逐步扩充，增加制造部分，而成为完整的卡车厂。

这样就是将目前的主要力量放在轻卡车制造上面，拖拉机及附件的制造都以配合及不妨碍卡车计划为原则，等卡车厂健全后，再以它为基础来发展其他的部分。

…………

五、进行方法与步骤

针对上述的初期建设目标，我们建议采取下列的主要方法和步骤。

（一）划分工厂——将下列各厂划入汽车工业范围（略）。

（二）整理各厂重定其发展方向——在工厂划定后，即按照初期建设的目标对各厂的方向加以检讨重定。这件事应该再进一步研究及与各厂具体讨论后确定。

（三）在适当地点筹建——新卡车厂。这个厂所需要的设备、人员、房屋等问题可以分别如下处理（略）。

（四）为执行以上工作，应设立统一领导的汽车工业局。局内现阶段的工作分为两部分，一为整理旧厂，发展配件及附件的制造工作，并兼筹备拖拉机的制造。另一为计划及筹备建设新的卡车厂。

···········

（五）在1950年内，汽车工业局的工作，应包括以下各项：

（A）调查研究工作

（B）计划工作

（C）人员训练工作

（D）整理旧厂工作

（E）建设卡车厂工作

（六）全部筹备时间的估计

限制筹备期［时］间的因素有五个：机器、工具、厂房、人员及原料零件。根据分析的结果，建设的时间进度暂定：从1950年6月开始征询意见，到1953年12月正式生产，历时三年半的时间。

六、筹备费用概算（见下表）

1950—1953各年度需用费用（单位：小米吨）

年度	每年费用总数	需用外汇数
1950	8349	490
1951	86969	10221
1952	63241	13371
1953	40760	17500
总计	199311	41582

注：小米美金折价按1元美金等于30斤小米。

···········

综合分析《汽车工业建设计划草案》的内容，我们可以得到如下的启示和结论。

1.《草案》第一次提出并定义了汽车工业及建设新中国汽车工业的技术路线，尽管它只是一个大概的轮廓，但具有开创性的意义。

2.《草案》试图利用旧中国遗留下来的工业基础，以国内力量为主建设汽车工业，适应了当时的国情。一方面新中国刚刚成立，国家百废待兴，财政十分困难，考虑在原有基础起步建设中国的汽车工业是恰当的；另一方面《草案》体现了以我为主、自力更生、艰苦奋斗的传统。

3.《草案》是在各种调查研究的基础上提出的，特别是对中国汽车及汽车工业现状的分析（包括汽车保有量、分布情况、拥有者状况、石油工业和公路两个配套产业的状况等），都是建立在大量具体数据和第一手资料的基础之上的。应该讲《草案》是汽车工业筹备组调研的结晶，其中孟少农发挥了不可替代的作用。

4.《草案》对建设汽车工业的必要性做出了深刻分析，提出"汽车、拖拉机的推广使用，不但具有巨大的经济意义，而且通过经济影响到政治"。《草案》更是利用比较的方法，提出了我国汽车工业与外国的差距和发展汽车工业的紧迫性。同时，在论述汽车工业创建的路径上，对美国汽车工业企业的组织方式和苏联汽车企业的组织方式进行了比较，提出并强调苏联的方式"是我们所应采用的"。这为后来苏联援建第一汽车制造厂，在一定程度上做到了思想先行。这些都充分体现了孟少农丰富的知识、开阔的视野和把"势"的能力。

1950年2月14日，中苏两国正式签订了《中华人民共和国中央人民政府和苏维埃社会主义共和国联盟政府关于贷款给中华人民共和国的协定》，敲定了一批苏联援助中国建设的重点工业项目。1950年先建设第一批共50项，其中包括一个汽车厂项目。随着苏联对华援建项目的展开，《汽车工业建设计划草案》没有得到实施乃至进一步修改，就被一汽建设计划取代了。但是，作为一个充分利用中国原有工业基础自主创建汽车工业的方案，尤其是由我们中国人自己考虑规划的一个方案，对于百废待兴的新中国来讲，应该值得充分肯定。

第三节　第一汽车制造厂选址

1949年12月6日，毛泽东率领代表团来到了莫斯科，对苏联进行正式访问，寻求苏联对我国经济建设的全面帮助。访问期间，毛泽东参观了很多苏联企业，在斯大林汽车厂看到流水线上鱼贯而出的汽车，毛泽东对随行人员说："我们也要有这样的汽车厂。"① 此后，毛泽东在与斯大林会谈时说，我们要搞一个"既好吃，又好看"②的东西，意思是中苏两国要签订一个有实质内容的帮助方案。于是，毛泽东与斯大林就苏联援助方案进行了多次商讨。在商谈到工业建设项目时，苏方指出汽车产业在国民经济建设中具有重要的基础地位，几乎什么建设都离不开作为运输工具的汽车，建议中国尽快建设一个像斯大林汽车厂那样的综合型的汽车制造厂。苏联的想法正好与毛泽东的想法不谋而合。1950 年 1 月，中方代表团与苏方商定由苏联援助中国建设一个中型载货汽车制造厂。1950 年 2 月 14 日，中苏两国正式签订了《中苏友好同盟互助条约》。根据条约的约定，苏联将援建 156 个重点工业项目，其中就有建设一个综合型的汽车制造厂，其规模水平都以斯大林汽车厂为标准。在这样的历史背景下，第一汽车制造厂诞生了。

1950 年 12 月 2 日，苏联汽车拖拉机工业部派遣工程设计小组总设计师沃罗涅茨基和设计师基涅谢夫两人组成的汽车设计专家组来到北京，他们是根据毛泽东与斯大林共同签订的协议来中国援建汽车厂的。苏联专家讲，苏联汽车工业局向他们交代，援建中国的汽车厂的建设目标是建设年产 3 万辆吉斯 150 型货车的完整汽车厂，苏联承担成套设备交付。从那时起筹备组就转入具体建设第一汽车制造厂的准备阶段。

1950 年 7 月 1 日，重工业部下达了《关于建立汽车厂的通知》："奉财委财经计（重）字第 2709 号指示，有关机器会议总结及决议各项问题之决定中，其建立汽车制造厂事已蒙批准。兹将指定由筹备组作基础，迅速建立汽车制造厂建设处，即行开始筹备设计计划及预算编制工作。在计划未经财委批准前，可先提出须预拨设计经费数字，呈部批拨，并希于 10 月底以前，将第一批国外订货单提出。"③

① 关云平：《中国汽车工业发展史论》，上海人民出版社 2020 年版。
② 徐秉金、欧阳敏：《中国汽车史话》，机械工业出版社 2017 年版。
③ 第一汽车制造厂史志编纂室：《第一汽车制造厂厂志（1950—1986）》，吉林科学技术出版社 1991 年版。

根据政务院财政经济委员会的指示精神，汽车工业筹备组以孟少农为核心成员的工作组，从 1950 年 7 月起，先后在北京、石家庄、沈阳、包头、太原、太谷、平遥、祁县、西安、武汉、宝鸡、湘潭、株洲等十多个城市和区域做调查，征求当地政府意见，并进行了多次勘测，在此基础上提出了多个选址方案。

政务院财经委员会计划局于 1950 年 12 月在北京召开会议，研究汽车厂厂址选择问题，会上听取了重工业部选址工作组的汇报。经过讨论和对比分析，会议认为在北京、沈阳、武汉、包头四个地区选择厂址较为适合。

苏联专家来华后，最初也提出了一个选址方案。苏联专家认为，由于苏联的斯大林汽车厂厂址在莫斯科，因此苏方建议中国的第一个汽车厂也要建在首都或首都附近。陈云当时兼任重工业部第一任部长，主持第一汽车制造厂的筹备工作。陈云根据前期汽车工业筹备组提供的方案和苏联专家提出的选址大纲要求，综合多方面的因素，认为厂址选在北京也不太合适。他主张索性再远一点，将工厂放在西安。但在讨论选址条件时，苏联专家指出，建设一个大型的现代化汽车制造厂，首先需要考虑电力供应、钢材供应、铁路运输、地质、水源等基础条件。按年产 3 万辆货车的生产线计算，需要电力机组 2.4 万千瓦和一年 20 多万吨钢材。除电力和钢材外，厂房建设和正常生产还需要 2 万立方米的木材，这对北京和处于西北的西安来说，都是难以解决的。汽车厂建成后还面临原材料运进和成车运出的问题，每年的铁路运输量就高达 100 多万吨，西安的铁路运输量也难以承受。因此，西安方案没有得到苏联专家的认同。

孟少农作为筹备组副组长和汽车专家，对选址肩负着特殊使命，他认为我国幅员辽阔，选择汽车厂厂址要考虑多方面因素。他向重工业部建议，依据苏联的选址大纲，进一步做好基础条件和环境的分析，扩大选址范围。最后经过几轮充分讨论和方案比对，陈云认为东北地区尤其是长春周边符合条件。当年，日本帝国主义为了掠夺东北丰富的资源，在那里建设了较完备的工业基础。吉林省吉林市以南 24 公里处的松花江上装机容量 60 万千瓦的小丰满水电站，离长春不远，完全可以满足电力供应。东北的鞍钢是当时国内第一大钢厂，可以满足钢材的供应。东北的铁路交通基本已成网络，煤矿、森林资源极为丰富。从政治上考虑，东北离苏联较近，安全上也有保障。经过反复权衡，将第一汽车制造厂建在东北成为共识。

1950年12月28日，政务院财经委员会计划局就新建汽车厂的选址问题召开会议。会议决定在吉林省四平至长春一线选择厂址。会后，财经委员会将会议纪要呈报给周恩来总理。1951年1月3日，周恩来总理做出批示："可将嘎斯装配厂设于北京，吉斯制造厂设于东北长春附近。"

1951年1月18日晚，政务院财经委员会由陈云同志主持召开会议，听取重工业部刘鼎副部长和孟少农关于建设汽车厂的工作汇报，与会同志围绕汇报的内容开展讨论，最后陈云同志对会议做出总结，并根据会议讨论的情况作出决定：（1）第一汽车制造厂建设目标同意苏联方面的意见；（2）厂址定在东北，在四平至长春之间选择；（3）第一汽车制造厂建设开始期定在1953年，一次建成；（4）协作配套问题由有关部门解决。会后由重工业部起草了决定文件，由政务院财经委员会下达。

1951年1月26日，政务院财经委员会下达"财经密计（建）字"第37号指示，内容如下。

关于汽车制造厂设计问题，根据各种条件并详加考虑，决定如下：

一、厂址：因原材料及电力供应关系，该厂址决定在四平至长春间选择一适当地点。

二、产品种类：吉斯150型4吨货车。

三、规模：货车3万辆，一次建设完成。

四、设计及完工时间：1951年开始设计，1953年开始建造，1957年开始生产。厂房及附属房屋等设计标准应适合中国情况，标准不宜过高，由重工业部与设计组洽商提出标准报本委核定。以上各点请转知苏联设计组。

为了尽快落实会议的决定，加快准备工作步伐，1951年1月30日，汽车工业筹备组的胡亮立即带人奔赴东北进行初步调查。1951年2月10日，重工业部代部长何长工委派汽车工业筹备组副组长孟少农陪同苏联汽车拖拉机设计院总设计师到长春进一步开展选择汽车厂厂址工作。长春市为了配合专家们的工作，指定由建设局局长出面与考察组联系。当时长春市被战争破坏尚未恢复，全市只有两辆吉普车，全部提供给考察组使用。经过对四平、公主岭、长春三个城市的人口、城市规模、供电能力、交通条件及地理环境等方面的综合调查分析，最后将长春市孟家屯车站铁路区域作为厂址选择对象。孟少农同苏联专家一起，详细观察了孟家屯铁路西和铁路东两处开阔地带。经过对比分析，孟少农认为铁路西地势空旷，接近城市，而且附近有建筑物可以利用，道路、上下水、供电条件都不错，也有发展到7万辆的余地，只是当时有一个军事仓库占据了大片面积。实地考察后，当天晚上考察组就开始讨论具体方案，并且形成了孟家屯铁路西和铁路东南两个方案。第二天，考察组又到了现场，经过反复比较，认为应把铁路西方案作为第一选择对象。接下来，考察组把选定的方案与长春市建设局交换了意见，并于1951年2月22日双方交换了选址协议，随后孟少农和苏联专家回到北京。

长春市位于东北三省中心，东北地区有丰富的矿产资源、雄厚的工业基础，京哈铁路横贯全境，这些都为汽车厂的建设和发展提供了有利条件。

长春市孟家屯车站铁路区域，地处东经125°，北纬43°，地势平坦，南部略高，向北略微倾斜，海拔228米，内标高差12.5米。境内为中温带大陆性气候，春季干燥多大风，夏季多大雨，秋季雨少降温快，冬季干冷时间长。年平均气温为4.6摄氏度，1月最冷，平均气温为零下17.2摄氏度，7月最热，平均气温为27摄氏度。年平均雨量为567毫米，降雨多集中在6月至9月。该地区的优点是接近城市，地势开阔，周围有铁路、车站和房屋，京哈铁路紧邻厂区。将汽车制造厂设于长春市孟家屯车站铁路区域，既便于建厂时大量苏联设备的输入，也便于投产后就近利用东北的钢铁、煤炭、木材和水电资源。

1951年3月19日，政务院财经委员会批准汽车厂在长春市孟家屯车站铁路西地区兴建。重工业部以重办总字127号指示转发了政务院财经委员会的决定。

奉中财委经密计（建）字第 120 号指示，全文如下：

【3 月 2 日重办总字 90 号呈及附件均悉。关于汽车制造厂厂址地点，本委同意设于长春西南孟家屯车站对面铁路西地区（即附图第一区）。所请"饮河部队"允许设计人员进入仓库地区工作一节，本委已涵军委会请其核准。至于该厂将来之用电问题及与长春市政建设配合各节，应矣[俟]该厂计划任务做出之后，再行按照需要分别通知各有关部门，此复。】

又财委至军委财经密计（建）字 119 号抄件称：【请钧委（军事委员会）通知元将"饮河部队"仓库于今后两年内予以迁让，并通知该部队允许重工业部所派设计及测量人员协同苏联专家进入该仓库区内进行工作，并予协助。】

为此，你组应即通知苏联设计组，并配合该组开始任务设计为要，此示。

代部长

第一汽车制造厂厂址定下来后，筹备组马上联系长春市建设局协商部队仓库搬家，同时组织力量进行现场测绘和地质勘探，并按照专家提出的要求着手收集各种设计资料。与此同时，第一汽车制造厂的设计工作也随之展开。

1951 年 4 月 3 日，重工业部初步审查中国长春第一汽车制造厂设计计划任务书，并报请政务院财经委员会审批。政务院财经委员会于 4 月 26 日批准了第一汽车制造厂设计计划任务书。然而，要设计一个年产 3 万辆的现代化汽车厂，需要大量的机械、汽车、建筑等专业的技术人才，对于刚刚成立的新中国而言，这是很难办到的事情。经过与苏联有关方面协商，一汽的建设全部委托苏联。1951 年 11 月 13 日，中国重工业部与苏联汽车拖拉机工业部签订了第 00831 号合同，即《中苏关于第一汽车制造厂设计合同》。合同规定总设计人（即苏方）承担总订货人（即中方）之委托，完成年产 3 万台吉斯 150 型载重汽车厂的设计工作。初步设计合同规定，初步设计费用为 149500 卢布，技术设计为 300 万卢布。设计工作的期限，初步设计预定于 1951 年 12 月 25 日完成，技术设计预定于 1952 年 12 月底完成。

苏联方面的动作很快，苏联专家小组很快就拿出了第一汽车制造厂设计计划任务书，计划任务书规定了汽车厂的生产纲领等设计条件。1951 年初夏，苏联专家回到莫斯科开始做初步设计。初步设计于 1952 年 1 月中旬完成，从苏联鲍曼工学院毕业的陈祖涛也参加了设计。1952 年 1 月 23 日，初步设计方案由陈祖涛带回北京，交由中方审查。苏方的设计书全是俄文，中方所要做的第一件事就是将设计书翻译成中文。重工业部紧急动员一大批通晓俄文的人才集中翻译，忙了大半个月才翻译完成。2 月 23 日，重工业部初步审查通过了苏方的设计方案，并上报政务院审批。3 月 25 日，政务院财经委员会主任陈云主持会议，对苏方的设计方案进行审核，并且批准了初步设计方案，同意重工业部的意见，技术设计不再送北京批准，而由重工业部派代表去莫斯科，在驻苏联大使馆的领导下办理此事。会议最后由陈云对相关问题给出结论。

一、批准初步设计；

二、同意重工业部要求向苏联提出的问题；

三、同意聘请 83 名专家并派送 200—250 名实习生；

四、应在一二周内确定汽车厂的负责人（包括厂长、副厂长等），应从国内各修理厂抽调人员；

五、应在一二周内决定派赴莫斯科批准技术设计的人员；

六、轮胎厂由轻工业部负责，建厂，考虑恢复沈阳及牡丹江的厂房；

七、工具厂——原则同意增建，（除东北之外，关内另建一厂），重工业部办；

八、滚珠轴承厂——原则同意新建，规模多大须继续研究，由重工业部作计划提交财委；

九、化油器仪表厂——重工业部研究解决；

十、非金属附件——轻工业部；

十一、电系附件——电讯工业局；

十二、玻璃——重工业部办；

十三、仓库迁移问题——重工业部办文；

十四、与东北工业部的关系——由重工业部研究。

1952 年 4 月 4 日，汽车工业筹备组代表政务院财经委员会起草审批文件。4 月 25 日，重工业部发出第 169 号文件，批准中国第一汽车制造厂设计计划任务书。任务书规定，第一汽车制造厂生产吉斯 150 型 4 吨货车，年生产能力 3 万辆，1953 年开始建设，1957 年建成投产。

初步设计被批准后，现场的建设准备工作和苏方的设计工作迅速开展。1952 年 4 月 19 日，重工业部任命曾就读于哈尔滨工业大学的郭力为厂长，孟少农为副厂长。1952 年 7 月 2 日，重工业部汽车工业筹备组下发（52）"汽秘字" 26 号通知，决定在长春成立中央重工业部汽车工业筹备组 652 厂（一汽代号）。1952 年 9 月，根据中央决定，撤销重工业部，分别组建了第一机械工业部、第二机械工业部、冶金工业部和机电部，并成立了汽车工业管理局。1952 年 12 月 28 日，一机部（52）发布 "机干技字" 第 27 号文件，任命饶斌为汽车工业筹备组组长、长春 652 厂（第一汽车制造厂）厂长，郭力、孟少农、宋敏之为副厂长，顾循为书记。在饶斌的主持下，一汽建设的准备工作加快了进度。

第四节　派驻莫斯科大使馆商参处

按照苏方提出的工作步骤和程序，第一汽车制造厂的设计分为三个阶段，首先做初步设计，其次做技术设计，最后做施工设计。实际上，从 1952 年初起，孟少农就开始负责初步设计工作。1952 年 3 月 25 日，政务院财经委员会批准初步设计方案，并指示可以进行下一步工作，同时要求为了加快工作进度，第二、第三阶段的工作可以合并在一起进行。设计工作启动后，根据协议，设备基本上都由苏联代为订购，苏联自己能生产的都在苏联订货，苏联自己暂时不能生产的，则由苏联向世界各国订购。虽然由苏联代为订货，但每一项订货内容，中方都必须派人参与。为了便于双方的工作，重工业部研究决定，将派专职人员常驻莫斯科，负责这方面的工作，并于1952年4月24日，将选派的具体人员报告给政务院财经委员会。政务院财经委员会很快以财委（52）财经计（建）字626号给予了批复，全文如下。

中央重工业部：

四月十九日（52）重密人干字第64号来文悉。同意委派孟少农及陈祖涛前往莫斯科参加长春汽车厂之设计工作，并由孟少农以汽车工业筹备组副主任之名义，代表重工业部在莫斯科批准该厂之技术设计及施工详图。

主任　陈云

1952年4月24日

政务院财经委员会的批复下发后，政务院有关部委马上开始做准备工作。5月7日，贸易部电告中国驻苏联大使和商务参赞："中财四月二十四日批准委派孟及陈前往莫参加长春汽车厂设计工作，并由孟以汽组副主任名义代表重工业部在莫批准技术设计。"

5月14日，贸易部关于长春厂的问题再次电告中国驻苏联大使和商务参赞：

关于长春厂设计，有下列问题须由苏方予以技术援助：

1. 请苏联专家83—100人分批来华指导；

2. 派机干159名及技工91名在三年内分批前往苏联学习，平均实习一年；

3. 委托苏联制作施工图，为保证工厂首批建筑安［按］53年工程项目施工，设计与施工图交叉进行，其余按议定工程项目表完成之；

4. 委托苏联制作工厂组织设计；

5. 委托热电厂全套设计及交货；

6. 请苏早日供给全套吉斯 150 汽车蓝图（包括各种附件及合件）及生产技术资料等文件。

以上经中央批准，即向苏提出。此外在批准的初步设计审查议定书中有关【关于初步设计与计划任务书的补充意见】，苏设计组要求我方正式提出，现已在北京向苏商代处书面提出。

苏方所需有关上述问题的资料，皆由重工业部提出之，将来由重工业部派代表具体商谈。以上正式通知苏联代表处，并抄至你们。

由于在此之前孟少农已被任命为第一汽车制造厂副厂长，因此，重工业部于 5 月 13 日就孟少农的身份做了更正，并向政务院财经委员会做了报告［（52）重密人干字第 70 号］："请更正孟少农同志以长春汽车厂副厂长兼总工程师之名义出国，仍代表重工业部批准该厂之技术设计及施工详图。"

为尽快办理孟少农等同志的出国手续，政务院财经委员会于 1952 年 5 月 17 日向周恩来总理写了专题报告，即财委（52）财经总（密）字地［第］172 号：

重工业部拟派孟少农、陈祖涛二人，前往莫斯科参加长春汽车厂之设计工作（其中陈祖涛已在莫斯科），经本委审核同意，并由孟少农同志以长春厂副厂长兼总工程师名义，代表重工业部在莫斯科协同驻苏商务参赞办理批准该厂之技术设计及施工图等问题。请鉴核批示，以便办理出国手续。

政务院财经委员会的报告除主送周总理外，还抄送贸易部和重工业部。1952 年 5 月 25 日，周恩来总理做出批示："交外交部办理手续。"

孟少农作为中方订货代表，于 1952 年 7 月被派驻莫斯科大使馆商参处。实际上对于被派到莫斯科工作，孟少农早有思想准备。他从 1951 年开始就自学俄语，花费一年时间，到 1952 年他就可以读俄文资料和进行语言交流。随同孟少农去莫斯科的，除先前已在莫斯科的陈祖涛，还有李刚和潘承烈（当时称作 4 人小组）。他们在莫斯科归商务参赞领导。

孟少农他们在莫斯科的工作主要是协调组织工程设计，商谈有关建厂规划、产品设计、设备订货、聘请苏联专家、培训中方人员等事宜。孟少农主要负责技术设计和供应等事项的组织联络工作，同时还负责邀请苏联专家参加汽车厂的工厂投产，他先后组织邀请了 100 多名苏联技术专家到长春工作。

在莫斯科期间，孟少农会同中国驻苏联大使馆商务参赞，经常与苏联汽车拖拉机工业部对外联络司司长古谢夫联系工作。他几乎每天都要去设计院、斯大林汽车厂、汽车拖拉机工业部和首都政府部门。他既要与苏方频繁商谈，又要不断地向国内通报情况，工作十分辛苦，但非常出色地完成了任务。

孟少农对汽车产品的选型非常重视，并从中国的实际需要出发，提出在苏联两种产量最大的载货汽车当中选择吉斯 150 型汽车作为中国生产汽车的原型。后来的实践证明这个选择是非常正确的。为了使引进工作顺利进行，当苏方设计的汽车图纸尚未完成时，孟少农就要来了吉斯 150 型汽车的部分设计图纸，供国内设计人员练习翻译和熟悉结构，以便加速工作进程。

为了适应后续正式投产的需要，孟少农在莫斯科期间，精心组织、指导、选派中方各种专业和各种重要岗位的技术人员、管理干部和特殊工种的技工共计 500 多人，先后分批到莫斯科斯大林汽车厂实习。他对去学习的同志需要学习什么、注意什么问题，都提出了具体要求，并帮助他们制定了详细的学习计划。孟少农一有时间就到工厂与实习人员接触，检查指导他们的实习工作。他尽力耐心地向实习人员介绍学习方法，指点在学习中应注意哪些基本的、具体的重要环节，强调对重点环节一点一滴都要搞清楚。他要求大家积累资料，搞清数据，总结经验，理论联系实际，实实在在地把一个工程师、调整工、管理干部的基本功学到手。当他发现有些实习生实习的内容与自己原来所学的专业有所不同时，就向他们补充基础知识，帮助他们修订学习计划，尽量让他们少走弯路。在派到苏联的实习人员中，有一些同志的俄语基础比较差，在学习中常常存在语言障碍，影响了学习的进度和质量。于是，孟少农就主动请苏联的教师帮助他们练习，以提高口语能力，为完成实习任务创造了有利条件。正是在孟少农的关心和帮助下，去实习的同志都非常刻苦，废寝忘食地学习，在较短的时间内学到了很多宝贵的知识，个个都满载而归。这些同志后来成为汽车厂的一支骨干力量，对中国汽车工业的发展起到了特殊的重要作用。

根据初步设计方案和中苏双方商谈的结果，原定第一汽车制造厂从 1953 年到 1957 年，计划用 4 年时间完成建设任务，而且苏联专家在北京商谈时，对这个时间计划并没有提出不同意见。当时，就汽车厂建设的时间问题，中央存在分歧，国家计划用 4 年时间建成一汽，但主持国家计委工作的同志认为太快了，不可能实现，提出应再推迟一些时间。因此，对被派往莫斯科的孟少农提出了另一项任务，那就是与苏方商谈一个共同的时间进度。孟少农到莫斯科后，就与苏联汽车拖拉机工业部对外联络司司长古谢夫商谈建厂时间，谁知道话题刚一提出，古谢夫就特别强调苏联最高领导人十分重视援建中国汽车厂的事，对于重大问题都亲自过问，并提出整个援建工作按三年建成安排。苏方希望中方能集中力量建设这个厂，把时间安排与他们的想法协调一致。苏方提出的建厂时间比中方提出的时间进度整整提前了一年，由于此事关系重大，孟少农及时将此情况向国内报告。重工业部在接到报告后，立即做出指示：此事等周恩来总理率领中国政府代表团到莫斯科后，请按代表团的指示处理。

1952 年冬，在代表团动身前往莫斯科前，政务院办公厅传话给孟少农，周恩来到莫斯科后要听工作组的汇报。1952 年末，周恩来率中国政府代表团到达莫斯科，很快随团的李富春副总理就听了孟少农的汇报。听完汇报后，李富春当即就决定请代表团就孟少农及工作组汇报时提出的问题与苏联进行会谈，并指定由宋劭文去执行（宋劭文时任政务院秘书长）。代表团与苏联会谈后，最后取得一致意见。会谈后代表团致电中央，建议接受苏方意见，第一汽车制造厂三年建成，并且要具备扩产量到 7 万辆的储备。

当时，张逢时任汽车工业管理局局长。1953 年初，张逢时到长春检查一汽建厂的筹备工作进度。据他回忆，当时四年建成的进度还未落实，施工的图纸不完备，预制工厂也没有建起来，一汽机构的架子基本上还没搭起来，干部也十分缺乏。张逢时从长春回到北京，孟少农刚好携带莫斯科设计院审查同意的三年建设进度表回到了北京。两人见面后，孟少农对张逢时说，苏方对一汽的建设提出了重大的修改意见，把生产能力不足年产 3 万辆补齐到 3 万辆，并预备发展一倍的条件，增加 7000 万元的投资，建厂时间由四年提前到三年。张逢时听完后，觉得问题重大，必须立即同局里的领导研究。在局领导会议上，大家一致认为，虽然增加了 7000 万元的投资，但保证了年产 3 万辆也值得，将来再发展也有了基础。而且能提前一年建成，意义重大。但提前一年建成到底有没有可能，是一个严肃的问题。因此，汽车工业管理局一边研究一边向一机部部长黄敬和副部长段君毅汇报。两位部长对这个建议极为重视，他们又一起向国家计划委员会的领导作了汇报。计委领导认为，这一改动涉及国民经济的诸多方面，关系重大，需考虑直接向党中央报告。经过反复研究，由张逢时起草、一机部部长和副部长亲自修改的一份建议报告很快就完成了。

在向党中央起草报告之前，为慎重起见，一机部和汽车工业管理局的领导专门向孟少农详细询问和了解苏联关于一汽援建的时间由四年改为三年和相关工作的情况，以及三年建设计划完成的可行性。于是，孟少农除口头汇报外，还专门写了一份《长春汽车厂目前的工作轮廓及亟待解决的问题》的文字材料。孟少农在材料里对长春汽车厂的建设期限、三年的工作大纲，以及目前存在的若干主要问题做了陈述。

孟少农讲：

长春汽车厂将于今年（1953 年）春季开始施工，在建设期内的全面具体的工作计划尚有待苏联专家到后商定，目前仅能提出一个简单轮廓及若干亟待解决的问题。

关于建设期限，孟少农认为，中财委原定的建设期限是四年，初步设计批准后，苏方主动建议将期限缩短为三年。期限的提早并不致使建筑工程发生大的困难，因此没有理由不同意这一建议。

在三年建成的总期限下，孟少农建议工厂建设工作开展的程序大体可按如下安排展开。

1953 年第一季——第一批五栋主要厂房动工，设备开始交货。

1953 年第四季——第二批主要厂房动工。

1954 年第三季——第一批主要厂房完工。

1954 年第四季——第一批辅助车间开始生产，第一批基本车间试车。

1955 年第一季——开始装配汽车（主要零件暂时由苏联供给）。

1955 年第四季——工业建筑全部完成，最末车间试车。

1956 年 1 月 1 日——工厂全部进入生产。

1957 年底——达到设计生产能力（年产 3 万辆）。

为按期实现上述工作目标，孟少农还编制了一个三年的工作大纲。大纲指出：

在一九五三至一九五五的三年中，我们的任务是全面地建设一个汽车制造厂，这一任务应当包括四个相互联系的方面：建筑、设备、人员及技术准备。

（1）建筑工作：包括工厂的三十万平方米厂房、地上地下建筑物及宿舍等。工厂的建筑任务已交付第一机械工业部基本建设局所属的长春汽车厂建筑公司，宿舍的建筑任务在一九五三年将委托长春市建筑公司，其他道路、卫生工程、电力等将分别委托长春市等有关部门。

工厂对建筑工作的主要任务将为保证图纸，其次为掌握计划、订定合同、办理财务、检查进度与质量及调拨材料等。

由于建筑力量组织过迟，施工准备工作已落后于计划。为要不耽误今年的建筑工期，还必须加强干部与工人的配备。

（2）设备工作：包括五千多部生产设备，七百多部运输设备，二万四千台的动力设备以及工具器具等的国内及国外订货、收货、检验安装等。

（3）人员工作：包括约二万干部与工人的培养、训练、调拨、组织。

（4）技术准备工作：技术准备工作主要将在苏联专家的指导下进行，其内容包括：关于汽车图纸与材料规格的工作；关于工艺过程的工作；关于设备与动力的工作及生产的准备。

围绕三年工作大纲，孟少农特别提出了若干当时存在的主要问题，以引起领导和有关部门的重视。这些问题包括设计问题、设备问题、人员补充问题、实习生派遣问题、技术准备工作问题、生产配合问题。

为保证工作能顺利地全面展开，孟少农还专门列出亟待解决的 15 个问题的清单。

（1）请即调土木建筑设计人员，计：工程师 8 人、技术员 30 人、俄文翻译 30 人、绘图员 100 人，以保证施工所需图纸的供应。

（2）加派驻莫斯科的工作人员 3 名。

（3）请建立莫斯科—长春间的长途电话联系。

（4）请增加往返莫斯科—北京间的信使。

（5）国内设备订货请向各厂分派任务。

（6）请设备供应机关经常向驻苏商参处提供产品供应资料。

（7）请调车间主任 26 名，副主任 40 名，其他车间干部 124 名。

（8）请调工程师 50 名，技术员 50 名。

（9）请于 1953—1955 三年中分配大学毕业生 896 名，中等技术学校毕业生 992 名。

（10）请委托各兄弟厂代训徒工 3500 名。

（11）请抽调技术工人 500 名。

（12）请批准实习生派遣计划，并于今年第三季向苏联提出增加实习名额 200—250 名的要求。

（13）请按照计划选派现不足额的实习生，计：工程师 10 名，技术员（大学毕业生）80 名，工长或老技工 37 名，中技毕业生 81 名，工人 40 名。

（14）请电张大使协助解决实习生住所问题。

（15）请明确附件及材料生产的责任者，制定配合的计划。

孟少农所提的长春汽车厂三年工作大纲和相关建议，在长春汽车厂开工建设后大多都被采用。

1953 年 5 月 27 日，关于苏联援建时间由四年改为三年的建议报告，以一机部党组的名义呈交给了党中央。报告详细汇报了苏联的建议和一汽的筹备情况。报告中讲道："按我部的力量，四年建成就有困难，三年完成更无把握，但不按照苏方建议进行，亦有若干需要考虑之处……会带来设备积压和专家延聘一系列问题。"报告最后提出："我们如能够提前半年或一年完成此项工程，可以培养力量，取得经验，以便迎接 1955 年、1956 年开始的更多基本建设工程。"报告呈交后，中央政治局会议对其进行了讨论，一致支持一汽三年建成出车。会议结束后，1953 年 6 月 9 日，毛泽东主席签发了《中共中央关于力争三年建设长春汽车厂的指示》，全文如下。

5 月 27 日关于长春汽车厂的报告获悉。

一、争取缩短长春汽车厂的建设时间，不仅对我国国防建设、经济建设有重要意义，而且第一机械工业部也可以在长春汽车厂建设中积累经验，培养和壮大自己的建设力量，并为以后的其他重要建设工程创造有利条件。现苏联汽车设计院经过计算后正式建议我们在 3 年内完成该厂的建设，并具体排列了设计和设备交付的时间及工程进度。中央认为，应该完全赞成苏方关于三年建成汽车厂的建议。

二、由于我们技术落后和没有经验，要在三年内建成这样一个大规模的工厂，在施工力量的自组织、施工的技术、国内设备的供应和生产的准备等方面，都将会有很大的困难。因此，中央认为有必要通报全国，责成各有关部门对长春汽车厂的建设予以最大的支持，力争 3 年内建成。

三、目前需要的技术干部和行政管理干部，中央组织部应迅速尽量予以调配；将来该厂需要在国内制造的设备，各企业应尽量优先予以制造，并切实保证质量；在材料和物资供应上，国家物资分配应优先予以调拨，交通部门应保证及时运输。

四、东北局和长春市委对长春汽车厂的建设应该经常进行严格的检查和监督，加强该厂的政治工作……建立责任制技术上的检查和监督制度，届时保证工程质量，按时完成工程计划。

五、为了加强对长春汽车厂建设的具体领导，第一机械工业部应由黄敬同志直接管理该厂的建设，并应配备几名专职干部协同黄敬同志进行此项工作。第一机械工业部党组每月应将长春汽车厂的建设情况向中央做一报告，重大问题应及时报告。

中共中央

1953 年 6 月 9 日

从一机部的报告送上到中共中央指示的下发，只用了 12 天时间。党中央为一个企业建设发出文件，提出明确要求，在党的历史上还是第一次，它说明一汽建设对中国政治和经济发展的重要意义。

从 1952 年 7 月到 1953 年 7 月，孟少农在莫斯科整整工作了一年。在莫斯科办理的事项已经大部分就绪，而汽车厂的现场工作亟待展开，孟少农启程回国，留下李刚继续工作。孟少农的工作关系那时正式转到长春一汽，他们全家也从北京搬到长春。从此，孟少农把全部精力、智慧倾注到一汽建设上，并在此奋斗了十二个春秋。

第四章　为一汽辛勤耕耘十余载

1952 年 12 月 28 日，一机部正式任命饶斌为汽车工业筹备组组长、长春 652 厂（第一汽车制造厂）厂长，郭力、孟少农、宋敏之为副厂长。孟少农虽然在 1952 年就被任命为一汽的副厂长，但他真正把工作关系转到一汽是 1953 年的事情了。

第一节　全国掀起建设一汽高潮

1953 年 6 月 9 日，毛泽东签发了《中共中央关于力争三年建设长春汽车厂的指示》，指示认为："有必要通报全国，责成各有关部门对长春汽车厂的建设予以最大的支持，力争三年内建成。"

当国家意志确立后，一汽的建设就加快了进度。根据毛泽东的指示和中央的要求，第一机械工业部立刻按照苏联的进度表调整建设计划，以确保三年建成。不久，中方与苏联方面进行了认真细致的协调，形成了一个完整的三年建设计划，并于 1953 年 6 月 22 日上报党中央，获得党中央批准。根据中苏双方的约定，长春汽车厂的厂房完全按照苏联的设计要求，由苏联进行设计，厂里宿舍的设计按照苏联设计的统一规则，由上海华东设计院承担。

根据"六九"指示精神，全国各地和各条战线很快就行动起来了。中央组织部接到中央指示后，马上从华东地区抽调一批又一批具有很高政治觉悟和很强组织能力的干部派往一汽，同时还从全国其他省市调集了大批干部支援一汽，一机部的100多名技术骨干也奔赴长春。

由于一汽的工程浩大，又没有经验，为了组织起强大的施工力量，确保按进度完成建厂任务，建工部在请示了周恩来后把建工部主力——拥有1万多人的建筑五师调往一汽工地，同其他各路建筑队伍汇成浩荡的建筑大军。

铁道部对于一汽的建设物资保证优先运输，许多临时追加的紧急物资，只要打一个电话，铁道部的领导都亲自安排运输，无一影响一汽的急需。

邮电部为了保证与苏联的通信联系，特别开辟了通莫斯科的专线电话。当时，苏联的施工图纸、设备都是陆续分交给一汽的，而且时有变化，专线电话为国内外远距离的协调配合创造了条件。

外交部特地为一汽建设增设了4名信使，往来于北京与莫斯科之间，协助联系一汽建厂事宜。

解放军不仅在人力、物力上给予一汽建设大力支持，彭德怀还亲自批示，将仅有的5个随军建设起来的基础好的汽车修配厂拨给一汽，作为培训技术工人的基地。

长春市把支持一汽看成理所当然，把最好的道路通向一汽；把生产生活必需的煤气优先供应给一汽；全国来的人多了，住房困难，把房子让给一汽；让最好的技术干部支援一汽。当时，长春市内经常组织干部职工到一汽的建设工地参加义务劳动。长春市的广大干部、职工、群众对能够亲自参加一汽的建设感到无比光荣。

在中共中央关于力争三年建设长春汽车厂指示的引领下，全国很快形成建设一汽、支援一汽的热烈场面。"三年建成一汽"成为当时最鼓舞人心的口号之一。这些都为按时完成一汽的建设任务奠定了坚实的基础。

1953年5月，一汽开始了厂区基地平整工程。原预定在6月15日开工，中央发布6月9日指示后，一汽工程立刻成为重点中的重点。为了做好正式开工的充分准备，将开工日期推迟到7月15日。

　　1953 年 6 月下旬，周恩来向毛泽东报告了汽车厂即将动工新建的消息，并请毛泽东为汽车厂奠基题词。毛泽东听后十分高兴，随即写下"第一汽车制造厂奠基纪念"。实际上，直到此时，第一汽车制造厂的名称才算正式确定下来，而此前该厂代号为 652 厂，统称长春汽车厂。7 月初，一机部派人将装有毛泽东题词的密件送到汽车厂，厂里立即派人到长春市大理石厂选购质地精良的石材，并请当时长春技艺最好的石匠完成镌刻的工作。

　　1953 年 7 月 15 日，长春天气晴朗，一汽 1 号门前的广场上彩旗飘扬，人头攒动，广播里播放着激昂的乐曲，两辆大型起重机的大臂上悬挂着两面五星红旗。上午 9 时整，第一汽车制造厂奠基典礼正式开始。当天，参加典礼的有：中共中央东北局第一副书记、东北行政委员会第一副主席林枫，第一机械工业部部长黄敬，东北总工会主席张维帧，以及地方党委、政府、驻军、群众团体代表和各机关的领导等。苏联驻华商务代表团代表苏洛维也夫和驻一汽的苏联总专家希格乔夫也出席了典礼。厂长饶斌致开幕词，林枫代表东北局和东北行政委员会致贺词，第一机械工业部部长黄敬发表了题为《加强学习，按期完成建厂任务》的讲话。黄敬在讲话中指出："汽车厂对我们国家是非常重要的。国家实现工业化，汽车制造工业是不可缺少的，汽车制造工业亦是规模最大、最复杂的。我们能够把汽车制造工业生产完全掌握，我们可以说任何机械制造厂都可以建设的。汽车工厂的建设不仅解决了国家工业化中运输问题，而且亦解决了国家工业建设中基本建设和工厂管理，近代技术和组织水平的问题，汽车工厂的建成，使我们国家工业技术和组织的水平大大提高，亦可以培养出大批基本建设力量。汽车工厂建设成功，也就是我们国家基本建设力量的培养和发展一个大大成功。使它变成担负建设近代化企业强有力的基本建设队伍。汽车工业对建设现代化国防军亦是不可缺少的。汽车工业的发展就是使我国军队向近代化发展的一个基础。"[①] 黄敬的这番话，实际上是对国家意志的最好诠释。典礼大会上，参加建厂的工人代表表了决心，一汽党委书记顾循宣读大会致毛泽东的信。接着，在李岚清、王恩魁、李柏林、周同义、贾志学等 6 名年轻共产党员的护卫下，将刻有毛泽东题词"第一汽车制造厂奠基纪念"的汉白

①　关云平：《中国汽车工业发展史论》，上海人民出版社 2020 年版。

玉基石放在厂区中心广场的基座上。参加典礼的领导干部带头挖土培土。从各地调来的万名建设大军在一匹红绸子上签名，向党中央表决心，一定要三年建成汽车厂。中国汽车工业史上第一个规模空前的建设工程宣告开始了。

1953 年 7 月 11 日，孟少农从莫斯科回到北京，并带回全厂施工总进度表。根据时间安排，他到一机部办完事后，就赶回长春参加奠基典礼，但由于长春、沈阳间的铁路遇水害，火车无法通行，就耽搁了几天，结果没有赶上 7 月 15 日一汽的开工典礼，这也给孟少农留下遗憾。

第一汽车制造厂破土兴建，孟少农深知自己的使命。根据分工，孟少农先是指导一汽的机电设备安装工作，后来分工主管产品设计和工艺、冶金、生产准备等部门，领导全厂的技术工作。实际上，凡是与技术工作有关的事，都离不开他的思考与规划。当时，汽车厂的建设工作是根据苏联专家建议，进行有关土建安装、设备和零部件调试。为了弥补我们自己技术力量和经验的不足，孟少农特别强调要充分发挥苏联专家的作用。因此，他与苏联专家密切联系，有问题时经常与苏联专家研究商量，工作开展得非常顺利。

建厂初期工作千头万绪，孟少农一方面要指导一汽的基建和设备安装调试；另一方面要领导全厂的技术工作，详细编写工厂的组织机构、工作制度、工作内容、工作路线、人员职责等资料，日程安排得非常紧，工作非常繁忙。尽管这样，他仍敢于担当，不知疲倦地战斗在一线，创造性地开展工作。1954 年，一汽建设全面进入土建安装阶段，孟少农从全局出发，大胆提出一方面要抓职能处室的工作，另一方面要积极做好生产单位的筹备工作。于是，他向厂长和党委建议把支援一汽建设的第一批地（师）级干部分配到车间，担任车间筹备组的负责人，把新中国成立以前大学毕业的工程师安排到车间筹备组做技术工作。厂部和党委采用了孟少农的建议，很快在全厂范围内进行了大刀阔斧的调整和安排。由此，全厂迅速组成了以车间为中心的生产筹建力量，这对一汽按期建成、按期投产发挥了重要作用。

在一汽的建设大军中，特别是在领导干部中，有许多人是从部队转业和地方抽调来的，没有搞过工业企业的工作，对汽车技术更是了解甚少。大家知道孟少农是从美国留学回来的，又是汽车专家，对他都非常尊重和信赖。在厂党委会或厂务会上，凡是遇到技术方面的问题，厂长或书记常常会问道："老孟，你看怎么办好？"而孟少农总是缜密思考，精辟阐述，有独到见解，不仅解决了许多技术上的实际问题，而且让同志们学到了许多技术知识，开阔了眼界。

建厂初期，主管一汽人事工作的副厂长宋敏之在工作中常常叮嘱人事处处长江华："人事工作，特别是技术人员的使用、调配和出国实习的选拔工作，要多请示孟厂长。"这样，人事处的同志与孟少农接触比较多，不仅请示人事安排事宜，还直言不讳地讲自己不懂的问题，虚心请教。孟少农总是不厌其烦地作通俗解释，使同志们学到了许多人事工作需要的新知识，对做好人事工作起到了很好的指导作用。

孟少农不仅是学贯中西的专家学者，而且是精明能干、脚踏实地的企业家，为筹建一汽作出了重大贡献，这在20世纪50年代不仅为一汽所知，还深深地印在中央领导的脑海里。有一次，周恩来总理见到了在一汽工作的陈善述，当知道他是一汽的技术干部时，就问道："你们厂里的那位总工程师孟少农同志可好，身体怎样？"这件事给在场的人留下了深刻的印象。汽车行业的人都深切地感到孟少农作为汽车制造行业的技术权威是当之无愧的。

1955年下半年，一汽进入零件调试阶段，孟少农又把工作重点放到了调试现场。他经常深入现场检查，了解工作进展情况，解决一些重大技术问题。为了切实保证工作质量和进度，所有涉及产品设计的更改、工艺路线的制定方案、零件调试的结论和协作产品的鉴定，最后都要由他审批。他对工作处理得非常及时、果敢，除有问题要了解和研究之外，一般的工作都能当天处理完毕。对一些重大技术问题事先制定预案，每周都提出计划，召开会议一项一项地研究解决。所有这一切都为调试任务的完成奠定了坚实的基础。

1955年底到1956年初，一汽进入生产准备阶段。孟少农作为主管产品设计、工艺、冶金和生产准备等部门的领导，更是不能有半点懈怠。生产准备的首要任务就是文件翻译。一汽全部生产准备的资料都是俄文，交给施工安装和生产单位时需要全部翻译成中文。苏联提供的产品图纸和技术资料共有5409张，工艺装备图纸16942张，非标设备设计图纸4085张，还有工序卡和工艺技术资料等。这么多的资料，要在最短的时间内准确无误地翻译出来，这对当时的一汽来说压力巨大。首要的问题就是懂俄语的人员不够。因新中国成立的时间不长，大学里也只是刚刚开始开设俄语课，还谈不上大规模地培养专业人才，即使能找到一些学过或者懂俄语的人，他们也没有多少人懂机械方面的知识。面对这种情况，孟少农花了很大力气调动干部，组织他们学习俄语。那时，凡是调到一汽的技术管理干部，第一任务就是学习俄语。一时间一汽成了俄语学习的大课堂，无论走到哪里都能听到读俄语的声音，整个一汽形成了浓厚的学习俄语的氛围。

生产准备工作是一项复杂而细致的工程，因为要完成一辆汽车的装备制造，涉及的汽车零部件有上万种，还有大量的生产设备、工艺装备和生产单位，以及配套的工具、卡具、磨具和相关资料。生产准备工作要把这些集中堆放的成千上万套设备，工装定位到一个车间，把工具、卡具、磨具及相关资料定位到每一台设备上，还要使生产所需的水、电、汽、油、路全部配套，稍有闪失就会对整个生产带来不可挽回的影响。为了协调好整个生产准备工作，孟少农请苏联专家和一汽生产准备处的同志一起研究提出了一号表、二号表制度，各个车间根据填写的一号表、二号表的内容，到仓库里领取自己的设备及相关工具、卡具、磨具，然后进行安装调试。一号表、二号表制度的实行，有效控制了生产准备的进程，保证了生产准备工作有序开展。1955 年 11 月，经过建设者们的奋战，上万台设备运转起来，蒸汽、煤气、电力被输送到全厂各个车间。1956 年 3 月 26 日，铸工车间炼出了第一炉铁水。5 月，开始将铸件毛坯送到底盘、发动机等机械加工车间。6 月，复杂的生产准备和辅助部门的生产全部就绪，工具系统制造出了 2 万多种生产汽车所需要的各种工具，13 个基本生产车间经过调整、试车，成功生产出各种汽车零件。7 月 12 日，总装配车间开始试运转。7 月 13 日，一汽总装车间里人头攒动，人们如同过节般兴奋。整装线上随着一个个零部件的组装，一辆解放牌汽车渐渐成型。上午 10 点，中国第一辆解放牌汽车缓缓驶下生产线，孟少农登上新车，点火发动，松开离合器，轻踩油门踏板，随着一声喇叭长鸣，崭新的解放牌汽车平稳启动，在场干部群众的鼓掌声和欢呼声响成一片，不少人手抚汽车，激动得热泪盈眶。几位年轻的女工走上前去，把早已准备好的大红花扎在车头上。那一时刻，不仅是激动人心的一刻，更是改变历史的一刻，它标志着三年建成第一汽车制造厂目标的实现，更标志着我国不能生产汽车历史的结束。

1956 年 7 月 15 日下午，第一汽车制造厂隆重召开祝捷大会，热烈庆祝解放牌汽车诞生，顺利实现了党中央关于三年建成长春汽车厂的指示。一汽的工作由基本建设、生产准备走向开工生产汽车的新阶段。

随着厂区工程和宿舍区工程相继竣工，一汽于 1954 年 11 月成立了验收委员会，建筑工程部直属建筑工程公司成立交工委员会。在承建单位进行自检的基础上开展了部分分项工程验收和中间验收工作。1955 年 4 月，验收方式改为由一汽指定工程管理处为甲方验收代表，直属建筑工程公司指定施工管理处为乙方交工代表，同时还有由长春市人民政府代表以及一汽和直属建筑工程公司的领导参加组成的交工验收委员会，统一领导验收工作。至 1955 年冬全面完成了验收任务。1956 年 4 月，正式签发了各单位工程验收书，并向国家申报验收。1956 年 10 月 6 日，国务院批准成立第一汽车制造厂基本建设工程验收委员会，国家建设委员会副主任孔祥桢为主任委员，吉林省省长栗又文、建工部副部长宋裕和、一机部副部长曹祥仁为副主任委员。10 月 14 日，国家验收委员会批准了第一汽车制造厂基本建设工程鉴定书。

根据鉴定书提供的结果："厂区面积 150 公顷，建筑工程 52 项，建筑面积 382274 平方公尺，其中 10 个主要厂房占 363373 平方公尺，余为动力系统、仓库、运输及管理系统的建筑。厂区电气网络 187736 公尺，铁路专用线 27.9 公里，公路 171953 平方公尺。

"全厂工艺设备 7552 台，其中：金属切削机床 2862 台；锻压设备 529 台；炉子及加热设备 1700 台；起重运输设备 1491 台；木工机械 61 台；余为杂项设备。工艺设备中有 10 吨的模锻锤；3500 吨的机械压床及 26321 公尺的机械化运输带设备和很多专用设备。全厂动力电气设备中：有 24000 千瓦发电能力的热电站一座；每小时生产 5500 立方公尺的煤气发生炉 10 套；每小时生产 6000 立方公尺的空气压缩机 8 套；每小时生产 300 立方公尺制氧设备 3 套；每小时生产 5 立方公尺的乙炔设备一套等共计 352 套、1094 台、1498 件。安装工程共计 33 项。

"宿舍区建筑工程 33 项，建筑面积 320260 平方公尺（包括文化福利设施）。"

竣工工程符合设计所规定的技术条件，全部建筑工程鉴定为良。一汽基本建设工程的验收合格，标志着一汽建厂告一段落。可以说，百废待兴的中国能以三年的时间建成这样一个汽车厂确属壮举。

1956 年 10 月 15 日，一汽隆重举行开工生产典礼。大会会址设在 1 号门外的广场上。参加开工典礼的有国家验收委员会全体委员，部分中央机关、省市委和协作厂的代表，苏联代表团，苏联驻沈阳领事，苏联专家、德国专家，一汽全体职工和家属代表，以及在厂的土建、安装工人共 2 万余人。

上午 9 点半大会正式开始，饶斌厂长致开幕词。国家验收委员会主任委员、国家建设委员会副主任孔祥桢，第一机械工业部部长黄敬，建筑工程部副部长宋裕和，中共吉林省委书记赵林，中共长春市委第一书记宋洁涵，团中央代表杜前，中国第一机械工会副主席马佩勋，汽车工业管理局局长张逢时，厂党委书记赵明新等分别讲话。苏联汽车拖拉机工业部副部长、苏联代表团团长维·亚西里万诺夫，苏联驻沈阳总领事阿依·叶里扎维钦，李哈乔夫汽车厂（原名斯大林汽车厂）厂长阿·克雷洛夫，苏联专家组组长希格乔夫等分别致辞。职工代表王作山等在大会上发言。

大会赠予苏联代表团一辆 000002 号解放牌汽车，答谢苏联政府和人民对一汽的支援。还以一机部的名义分别赠予苏联经济联络局、苏联汽车拖拉机工业部、汽车拖拉机设计院、李哈乔夫汽车厂锦旗一面。

从 1953 年 7 月 15 日第一汽车制造厂破土动工到 1956 年 7 月 13 日总装线上生产出第一辆解放牌汽车，为期整整三年。这三年中，在长春西南部的汽车厂区内不仅进行了大规模的建设工作，而且进行了细致复杂的生产准备工作，这使新建成的工厂能迅速投入生产，充分发挥出国家投资的效益。对于这段历史，孟少农在他撰写的《中国汽车工业的创建》回忆文章中写道："从全国各地调来的干部、工人和技术人员，组成了各车间、处、室；对设计文件进行了翻译、学习、应用；作为甲方代表注视着每天都在变化的工地；验收每一台安装好的设备；抓毛坯、工装、技术文件各方面的进度；等到新车间一建成，就调整、试车、出产品。每天早晨上班前还学习一小时。极大的工作热情浸透了汽车厂的每一寸土地。这是中国汽车工业创建时期的峥嵘岁月。到一九五六年七月十五日止，如果从汽车工业筹备组的工作开始算起，是六年半；如果从设计专家组开始工作算起，是五年半。在这一段时间里，中国用引进技术和设备的办法，从无到有，成功地建设起自己的汽车工业。在当时的历史条件下，这样做法是完全正确的。当时给我们技术支援的，是伟大的马克思主义者斯大林领导下的苏联人民。对此，我们是永远不忘的。"

第二节　与"解放"的情缘

第一汽车制造厂生产的汽车为什么叫"解放"？这一名字是怎么来的？孟少农又是怎样与"解放"结下情缘的？

1953 年下半年，一汽的建设正在紧锣密鼓地进行着，按照中苏双方的协议，斯大林汽车厂开始为中国的新车准备各类模具。按照国际通用的习惯，每一款汽车产品都要有自己的名字，并且要标在车辆最醒目的地方，这就需要将新车的名字刻在模具上。但是中国的新车叫什么名字呢？斯大林汽车厂援建中国一汽办公室的负责人找到正在苏联的一汽副厂长孟少农，提出了新车命名的问题，并要求中方尽快起好名字，不然会影响到苏方的模具制作。孟少农立即将苏方的意见转告给国内。饶斌厂长立即组织召开厂务会进行多次研究，同时也把关于新车命名的问题向一机部报告。一机部除专门开会研究外，还搞了一个车名征集活动，但众说纷纭，一直都定不下来。

为了不因车名的问题而影响整个一汽厂的建设进度，在一次中央政治局会议上，列席会议的段君毅提到新车命名的问题，想听一听中央领导的意见或建议。与会的朱德同志首先讲道，我们的部队叫解放军，我们造的汽车也叫"解放"吧。他的这一建议得到了到会的中央领导包括毛泽东的一致赞同。"解放"的名字就这样定下来了。车名定下来了，段君毅如释重负，回到部里他立即将命名的情况通知到一汽。一汽的领导班子也觉得"解放"这个名字很好。名字定下来了，但谁来为新车书写名字呢？经过反复讨论，决定使用毛泽东为《解放日报》题写的"解放"二字的书写体。字体确定后，中方就将字样提供给苏方，由斯大林汽车厂放大后刻写到汽车车头上的第一套模具上。由党和国家最高领导人为新中国的第一种汽车命名，这是一汽人莫大的荣幸。

1954年，中国在法国巴黎举办了一次新中国第一个五年计划建设展览会，其中就包括了第一汽车制造厂的展项。一汽的展项是由孟少农领导设计制作的。参展的内容包括全厂全景沙盘模型和解放牌汽车全车解剖立体图。全厂全景沙盘模型由孟少农带领团队制作完成，而绘制解放牌汽车全车解剖立体图的任务，孟少农交给了吕彦斌。根据展会的要求，孟少农对这张图高度重视，要求全图以彩色绘制，内部的各个零件全部解剖到，小到活塞环、活塞销等发动机零件以及变速箱、后桥齿轮、传动系统、转向系统、悬挂系统等所有汽车的内部零件应尽可能多地画出来，使参观者对整车结构一目了然。同时，还要求解剖图按系统分别着色，从而使图中汽车的内部零件看起来很逼真。吕彦斌接到任务后，一方面感到孟少农能够把这个任务交给他，是对他极大的信任；另一方面又感到这项工作具有很大的挑战性：一是认为绘制这样一种图，要求非常高，担心作品达不到孟少农的要求；二是认为当时的条件有限，没有样车，只有苏联提供的一套解放牌汽车生产的图纸，感到无从下手。孟少农见此情景，就及时给予他鼓励，并安排他到自己的办公室去画，这样便于及时交流和指导。在孟少农的鼓励下，吕彦斌认为无论如何也要完成好孟少农交给的任务。最后，经过吕彦斌的艰苦努力、潜心研磨和孟少农的精心指导，终于画成了一幅长1.5米的解放牌汽车全车解剖立体图。后来这张图和全厂全景沙盘模型被一并送到巴黎参展。在模型制作和绘图过程中，孟少农的严格要求和精心指导，使这两项作品做到了精益求精。日后听参加展览会的同志讲，展览会上许多外国人觉得这两项作品，特别是解放牌载重车解剖立体图非常新颖，感到不可思议，认为这不是中国人画的，而是苏联援助的。后来经解说员解说后，他们才相信这是出自中国人的手笔，连连称道中国人真了不起。

孟少农在美国福特汽车厂工作过，美国每一种新车开始生产前，都要制作一枚开工纪念章。1955年上半年一汽快要建成了，孟少农认为也需要设计制作一枚纪念章。于是，他又把这个任务交给了设计科的吕彦斌。

吕彦斌回忆："1955 年，一汽的建设正在热火朝天的时候，厂房还没完全盖好，孟厂长便交给我一个任务。他说：'1956 年 7 月 15 日一汽就要正式开工了，你设计一个开工纪念章，到时候给大家一人发一个。'我设计了几个方案，交给他审查。他挑选了一个，说：'你马上到上海去，找到以前刻袁大头的那位老师傅，让他按照图样把纪念章刻出来，你把模子带回来。'我就从沈阳上车，换了几趟车，从天津到上海，找到那位老师傅。师傅姓陶，听我说明来意后，他说：'你要我刻人像没事，刻谁的都行，颧骨、牙齿、眼睛这些我都能满足你的需要，你只要拿相片来就行，但要刻汽车，我可没这本事。'在我的一再恳求下，陶师傅答应了。我在旁边配合他工作，告诉他哪些地方高，哪些地方低，哪些地方是直线，哪些地方用曲线。车厢外部的直线好刻，驾驶室和车头的曲线难度较高，刻了两三次才刻好。就这样，我们干了 20 天。试压满意后，我赶紧坐火车回来，把纪念章交给孟厂长。1956 年 7 月 15 日一汽开工生产，10 月 17 日厂里开大会感谢苏联专家对一汽的支援。在这个大会上，受国务院和周总理的委托，黄敬部长带着锦旗和感谢信来厂慰问专家组，饶斌厂长代表一汽对专家组表示感谢，并送给他们每人一枚镀金的纪念章。后来，一汽又送给职工一人一枚镀铬的纪念章。当时，我也留了几个纪念章，以后下乡时给弄丢了。现在想要，但哪里也找不到，去年在古玩市场看到了一枚，一问要 80 元，结果我这个设计者还要自己花 80 元从古玩市场上买回。"

当年小小的一枚纪念章，不仅是对一汽的形象展示，更是渗透了孟少农对一汽的深厚情感。如今，它已成为承载一汽历史的一个重要载体。

孟少农根据他在国外的工作经历和对商品标志本质属性及主要特征的认识，在一汽正式投产出车不久，就提出要设计一汽的商标，并把这个任务再次交给了吕彦斌。有一天，孟少农找到吕彦斌，并对他说你为咱们一汽厂设计一个标志吧，目的是将这个标志刻印在所有一汽的产品上，以显示是一汽制造的。孟少农说："国外名牌大汽车厂无不有自己的厂标，如福特汽车厂于 1910 年就制定了厂标，至今仍然在使用。诸如车头、发动机缸体、变速箱缸体，甚至连杆螺丝头上都印有厂标。商标越老越值钱，尤其当你成了名牌后，别人一看到你的商标就会相信你这个车的质量，所以商标很重要。"吕彦斌以前没有做过这方面的工作，听完孟少农的介绍和要求后，认为这事非同小可，就问孟少农："你的设计主题思想是什么？"孟少农回答道："只要看起来易懂，能够体现国家民族形式就行。"在孟少农的启发下，吕彦斌逐渐形成了自己的设计理念。吕彦斌认为厂标要有明确的形象，图形简洁、美观大方、容易辨别、容易记忆、寓意深刻、符合产品特性。因此，经过反复思考，他决定采用汉字来表示中国制造，将一汽的"一"字和"汽"字两个字糅合于整体图案中，使之融为一体。图案外形设计为翼形，表示汽车是交通工具，具有动感。他把这一想法与孟少农进行了多次讨论，最后提供了 80 多个方案。经过反复讨论和征求意见，最后由孟少农定方案。一汽的厂标就这样诞生了。

第一汽车制造厂作为新中国的第一个汽车制造厂，在孟少农的具体指导和参与下，1957 年就有了自己的厂标，在中国可以说是老品牌了。1964 年，一汽制定了厂标制作的工厂标准，并标定在有关零件上。1989 年，一汽厂标正式在国家工商局注册，并成为国家著名商标。现如今，一汽生产的汽车的内外零部件仍在使用该厂标。随着一汽的发展和岁月的洗礼，一汽已成为国内家喻户晓和世界认同的知名品牌。

从"解放"二字刻写在一汽汽车车头的第一套模具上到一汽投产纪念章的发行，从一汽厂标的形成到一汽商标的应用，并成为著名商标，无不凝聚着孟少农的心血和智慧。这一切足以证明孟少农对一汽厂怀有的真情及其与"解放"结下的深厚情缘。

第三节　从实际出发，走自己的路

第一汽车制造厂的建成与投产意义重大，它不仅增强了我国国民经济实力，使我国的机械制造综合能力上了一个台阶，而且培养了一大批懂汽车的专业人才，因此，第一汽车制造厂是新中国汽车的摇篮。

由于一汽是苏联援建的项目，主要设计都是由苏联完成的，因此在建厂过程中非常强调贯彻苏联的设计方案，严格执行苏联专家的建议。孟少农作为全厂产品技术的主管，一般情况下也是这样做的，但是在产品设计方面，若发现不合理的地方，并不是盲目照抄照搬，而是坚持从实际出发，求真求实。孟少农知道解放牌汽车是仿照 20 世纪 40 年代的老产品设计的，存在不少缺陷。在一汽投产后的前几年，已有上万辆解放牌汽车销往全国各地，经过客户的实际使用，用户普遍给出解放牌载重车坚固耐用、道路适应性强、爬坡有劲等肯定性意见，但也陆续反映了一些产品结构上的缺陷与问题。于是，孟少农决定组织用户访问组，访问组成员由各车间负责生产的领导和检查处、设计处的技术人员组成。孟少农带队前往用户比较集中的几个省、自治区（包括甘肃、陕西、四川、湖北、内蒙古等），深入交通运输部门访问用户。回厂后孟少农立即组织相关人员对用户反映的问题逐个进行研究分析，最后归纳出产品存在的驾驶室闷热、散热器易沸腾及转向沉重三大缺陷，并写了解放牌汽车质量调查报告。孟少农立即组织设计处提出改进措施，加紧通过实验定型，并促其早日投入生产，以消除产品的缺陷。这项工作在孟少农亲自挂帅下，产品很快得到了改进，解放牌汽车的质量得到进一步提高，获得了用户好评。

在一汽建成初期，孟少农就综观世界汽车工业的发展趋势，深刻了解世界汽车工业的发展状况，以及苏联汽车工业的来历和当时的水平。他怀着强烈的愿望坚持自主设计新型汽车，率直地提出不能死抱着苏联的一本经来念。他特别强调："一定要在掌握解放牌载重车生产的基础上，迅速组织改型设计，学会自行设计新型汽车。"于是，在解放牌汽车投产后不久，他就开始考虑新产品的开发工作了。1956 年 11 月，孟少农到设计处谈他对产品开发的设想，认真听取设计处技术人员的意见，在此基础上形成了关于一汽产品开发完善的方案设计，并要求设计处尽快形成规划。孟少农提出要制定 1957 年到 1962 年解放牌汽车改进计划和设计新的汽车品种，包括从解放牌派生的自卸车、牵引车以及解放牌汽车配套用的挂车。

孟少农深知要实现一汽产品开发的系列化，不断推陈出新，关键要做好两件事：一是要有一支基本功扎实、主动献身祖国汽车工业的工程技术队伍；二是要搭建能让工程技术人员发挥作用的平台。于是，他就着重从这两方面突破。实际上对于一汽技术人才队伍建设，孟少农独具战略眼光，早在 1953 年第一批由一汽派到苏联斯大林汽车厂进行工厂设计实习的 8 名同志到苏联后，一汽的工程设计工作已接近尾声，于是，这批人被安排到工具厂实习。孟少农来到苏联后，认为汽车工厂建设中包括正式投产后产品是龙头，苏联的产品图纸等技术文件将于 1954 年初提供给一汽，随即就要开展大量的翻译和消化吸收工作，没有熟悉产品技术文件、机械管理方面的人是不行的。于是，孟少农向苏方提出，在他们 8 个人当中至少要安排一个人到产品设计部门实习。苏方接受了孟少农的建议，把学机械专业，力学、数学基础比较好的刘经传改为产品设计的实习生。刘经传没有辜负孟少农的期望，实习结束回国后，在孟少农的具体指导下，承担起介绍苏联的文件管理情况和经验、帮助同志们翻译图纸的工作，对当时设计处的产品设计文件工作能够顺利展开和消化吸收苏联技术起到了良好的作用。刘经传因此进入一汽的产品设计队伍，并逐渐成长为一名优秀的产品设计工程师和一汽总设计师。

为了实现自行设计和产品多样化的目标，孟少农从建立健全产品设计机构入手，多方汇聚产品设计人才。在孟少农的建议下，厂领导对技术部门的人员做了一次比较大的调整，从生产准备和生产部门调来了 30 多名人员充实产品设计处的各技术室。设计处的领导也全部改组，原来的两名非技术人员处长被调往厂外，任命新的处领导班子，领导班子成员全部都是由搞技术工作的人员组成。随着产品设计人员的增加，产品设计工作室不够用了，在资金并不充裕的情况下，他大胆主张在原来工程设计大楼的基础上加层，暂解燃眉之急。孟少农知道开发多系列、多品种的车型，汽车试验场是不可或缺的设施。由于苏联斯大林汽车厂没有汽车试验场，因此在一汽设计时也就没有考虑试验场的项目。孟少农用发展的眼光审时度势，提出一汽要建设自己的试验场。当时谁都没有见过试验场是什么样子的，连到苏联实习过的同志因苏联厂也没有，都不知道该如何设计。孟少农根据欧美试验场的情况，结合一汽厂的具体条件，亲自设计了一条长 5 公里的试车跑道。孟少农向同志们讲，试验场的功能与设施有很多，但受到地形和资金的限制，目前只能先完成能做性能试验的直线跑道。在孟少农的组织和指挥下，多方人员不辞辛苦，日夜倒班，停人不停设备，终于在 1959 年初建成了一条长龙式的跑道，工程质量不仅百分之百合格，而且还节省了大量资金。一汽汽车试验场跑道是我国第一条试验跑道，它为后来我国汽车试验场的建设提供了直接的经验。

孟少农在重视开发解放牌派生汽车的同时，对一汽的轿车开发也极为关注。当时，根据我国的国情，很多人认为我国经济发展还比较落后，制造业也很落后，汽车工业也还很幼小，轿车开发为时尚早。但是，孟少农对此有独到见解。他认为，从西方汽车工业发展的历程来看，对轿车的开发我们必须早做准备，积累经验，锻炼队伍。他的想法得到了饶斌厂长的支持，后来机械工业部也赞同了他的设想和规划。① 毛泽东也曾经讲过汽车工业，在中央政治局扩大会议上说，什么时候能坐上自己生产的小轿车就好了。② 为了贯彻落实毛泽东的讲话，第一机械工业部经过酝酿，决定开始设计、试制轿车工作。1957年，一汽正式接到第一机械工业部下达的试制小轿车的任务。此时，孟少农生病住进了吉林省省立医院，他在病房里仍然坚持工作，制订方案并绘出设想草图。为了争取时间，就把厂里的设计人员请到医院一起研究讨论。当时第一机械工业部和中央领导都很支持一汽的试制项目，并专程从北京运了三辆样车到长春。一汽正式展开了我国第一款小轿车的试制工作。

试制小轿车是一项全新并具有挑战性的工作，究竟从何入手？孟少农向厂部和党委提出了"从节约出发，由简到繁，循序渐进"的构想。厂里很支持孟少农的构想，先是按照捷克斯洛伐克的太脱拉小轿车那样的规格设计出了一辆功率大约 40 马力的小型轿车。后来考虑到私人购车短期内不能实现，当时更多的用户是公有单位，同时也考虑到中央提出的瞄准中级轿车的要求，很快又把开发轿车的工作思路调整到满足公用的中级轿车上来。对于开发一款什么样的轿车，当时在设计思想上并不统一，有人提出照搬国外样车，以减少试制风险，大多数人主张自行设计，但缺乏经验，面临很大的困难。孟少农综合了大家的意见，提出"多做比较分析，适度模仿与改造，有自己的特点"的设计理念。按照这一理念，孟少农带领设计团队，以第一机械工业部提供的三辆样车

① 张矛:《饶斌传记》，华文出版社 2003 年版。
②《共和国词典 1945～1962》,《半月谈·新中国 60 年经典》特刊。

为参照，开始了研究设计工作。孟少农非常重视轿车的造型和设计工作，在设计、试制东风牌轿车的过程中，孟少农亲自确定东风牌轿车的设计原则，要求底盘和车身的设计参照"西姆卡"，发动机设计参照"奔驰190"，车身外形要体现民族特色和风格，并亲自确定前标为金龙，后灯则为宫灯。设计团队在孟少农的带领下，按照苏联汽车设计程序做油泥模型，绘制总布置图、各种跳动图，然后绘制总成图、零件图。整个工作进展很快，用了不到半年时间就完成了设计图纸并投入试制。为了加快试制进程，全厂设计人员、工艺人员和生产工人"三结合"，共同努力奋斗，夜以继日，到1958年5月上旬就完成了我国第一辆东风牌轿车的试制。1958年5月12日，第一辆东风牌小轿车开进中南海，向党的八大二次会议献礼。八大二次会议期间，每天下午东风牌小轿车都开到怀仁堂，代表们休息时总是围着车子高兴地问这问那，有的还坐上去转两圈，他们称赞小轿车不但样式美观，而且坐着也很舒适。5月16日下午，朱德副主席和彭真市长一同来到东风轿车旁，仔细地观看，笑盈盈地说："我们制的车子很好。"① 他们上了车，朱德笑容满面，好像是"坐上了自己的车，感到特别愉快、舒适"。21日下午，毛泽东和林伯渠副委员长来到车旁，同在车旁守候的一汽职工握手。毛泽东和林伯渠仔细端详着车子的外观，然后一同上车，东风轿车在美丽的花园里转了两圈。毛泽东和林伯渠下车后，毛泽东对围在周围的代表们说："我坐了我们自己制造的小汽车了。"② 22日和23日下午，刘少奇和周恩来也在百忙之中抽暇看了东风轿车，他们都点头表示满意。为此，毛泽东在八大二次会议的总结报告中专门表扬了汽车工人的干劲。

东风牌轿车从设计到试制，一切都比较顺利，正当一汽准备开始生产准备、投入工装设计和制造时，国家对汽车生产政策做出了重大调整。东风牌轿车在北京受检后，第一机械工业部汽车局及有关部门研究我国汽车生产政策并提出我们社会主义国家主要是解决大众交通工具，搞好公共交通就好了，多开些线路，四通八达，方便生产生活，小汽车主要是领导机关和接待外宾用的，所以当前需要解决高级轿车的生产问题。与此同时，中央决定1959年10月1日在天安门广场举行集会和阅兵，庆祝中华人民共和国成立10周年。为满

①② 张矛：《饶斌传记》，华文出版社2003年版。

足国庆节检阅和接待外宾的需要，中央对第一机械工业部提出要加快试制我国自己的高级轿车的要求。1958 年下半年，第一机械工业部把这个任务下达给一汽。一汽接到任务后，为了集中精力保障高级轿车的试制工作顺利进行，不得不放弃东风牌轿车的生产准备，一直到后来东风牌轿车也没有正式投产，这给孟少农留下了又一个遗憾。

孟少农作为试制高级轿车的技术总负责人，深感责任重大，不能有丝毫懈怠。在厂部和党委的领导下，他马上行动，组织队伍，带领设计人员夜以继日地工作，他不仅在重大技术问题上拍板定案，而且在具体的设计工作中也身体力行，为轿车生产奠定了技术基础。

设计工作从何处入手，起初出现了不同的意见。最早是从长春汽车拖拉机学院（后来的吉林工业大学，现已并入吉林大学）借来一辆 1956 年型的克莱斯勒作为样车，开展群众性的设计活动，仅用了一个多月的时间就试制出一台样车。后来又弄到了一辆 1957 年型的三排座凯迪拉克高级轿车，一辆 1957 年型的两排座林肯高级轿车，大家的目标都集中在 1956 年型的克莱斯勒和这两辆新样车上。就在这时，孟少农提出了一个出乎人们预料的方案，他说轿车的高级程度，不光看车子大小，供领导人乘坐的轿车也不是越大越好，优良的设计，应该是有合适的宽敞度，而更重要的是优良的性能，乘坐舒适，可靠耐用。他还具体提出把当时东风轿车采用的发动机改成 V8 发动机，这样设计而成的轿车，其内部尺寸得到扩展，既可以满足领导人使用，又符合轿车的发展趋势，必要时还可以加长，改为三排座，专供中央首长乘坐。但是受到对客观事物认识局限性的影响和当时条件的限制，孟少农的这一方案没能成为事实。尽管这样，他仍然以大局为重，以旺盛精力和聪明才智，干劲十足地带领一汽的设计人员开展工作，依然对高级轿车从总体设计到每个总成零部件的设计都认真细想，精心指导。

设计、试制高级轿车，技术难度大，要经过多方努力才有可能逐一解决技术难题。针对设计和试制中存在的难点和质量问题，孟少农和设计人员、工艺人员一起深入研究，按业务流程组成了 28 个攻关队，并选定强有力的技术骨干分头负责，集中精力开展技术攻关。如对发动机的活塞、活塞环、轴承、挺杆和凸轮轴选择，后桥齿轮的加工工艺，动力转向性能和漏油缺陷等，组织技术力量认真加以研究。对于协作产品中存在的问题，孟少农则派人到协作厂去一起组织相应的攻关，如制动器真空加力膜片、门锁、雨刷、刹车轮管等存在的问题。全厂攻关队在孟少农的带领下，用短短几个月的时间就攻克了红旗高级轿车几个关键的问题。1958 年 8 月 1 日，中国第一批红旗牌高级轿车试制成功。1959 年 9 月 24 日，20 辆红旗高级轿车送到北京，其中有 2 辆红旗敞篷检阅车供国庆阅兵时使用，完成了国庆 10 周年检阅和接待外宾的任务。

孟少农总是以时不我待的精神对待自己的工作，坚持从实际出发，走自己的路，尤其是在产品的研发上更是思维超前。1956 年解放牌汽车调试完成并投产后不久，便开始谋划解放牌载重车的改进型和派生汽车车型；1957 年初解放牌汽车的生产工作比较稳定后，他又开始谋划一汽的轿车产品；1958 年根据部队的要求开始试制军用越野车，经过一年时间的试验就投入了生产；1962 年又把设计解放牌下一代换型车的项目提上日程。从 1956 年一汽生产出第一辆解放牌载货汽车到 1965 年孟少农调离一汽，不到 10 年时间，一汽从一个工业基础薄弱、依靠别国援助建成、只能生产单一载货汽车的汽车厂，发展成了生产载货汽车、军用越野车和轿车三个系列品种和 30 多种变型专用车的工厂，孟少农功不可没。孟少农在一汽辛勤耕耘十余载，为一汽在 20 世纪 50 年代出汽车、出人才、出经验作出了巨大贡献。

第五章　为中国汽车工业发展"把脉问诊"

1965 年 4 月，孟少农离开了为之奋斗了 12 个春秋的第一汽车制造厂，调到中国汽车工业公司总工程师室任技术负责人和总工程师，负责全汽车行业的技术工作。实际上，早在 1964 年 8 月孟少农就受国家计划委员会的委托，着手制定我国汽车工业发展远景规划，从那时起他的工作重点已经开始转移到全国汽车工业技术宏观管理上，开始对我国整个汽车工业的发展通盘考虑。

第一节　行千里，调研汽车企业

1964 年底，周恩来在三届全国人大一次会议上正式提出实现"四个现代化"的宏伟目标，并确定了分两步走实现现代化的设想。随后，全国各行各业根据中央的部署，开始着手制定第三个五年计划。孟少农受国家计划委员会的委托，为制定我国汽车工业发展规划做前期准备工作。

为了摸清中国汽车工业的家底，掌握更多企业的情况，年近半百的孟少农带领几位比较年轻的同志开展全国范围内的考察调研。他们风尘仆仆，顶烈日，冒酷暑，跋山涉水，从西北到西南，从东南再到中南，行程数千公里，调查了 40 多个工厂，召开了几十个座谈会。每到一处孟少农都要做实地考察，倾听细问，一丝不苟，为获得和掌握大量第一手资料不辞劳苦。

1964年10月上旬考察组到达广东，在广东忙碌几天后，就剩下梅县汽车配件厂最后一个访问点，广东省计委的同志考虑到孟少农一行十分辛苦，就决定把梅县汽车配件厂的领导叫到广州来汇报情况。当广东省计委的同志把这一决定告知孟少农时，被他婉言谢绝了。孟少农说："我们是来实地考察的，不到实地去看，等于没有完成任务。"见此情景，广东省计委的同志也不好再说什么，同时，又建议抽调一辆吉普车送他们去。孟少农却又说："让我们坐你们的长途汽车去，这样也好实际体验一下。"广东省计委的同志无奈，只好给他们买了4张长途汽车票，并派了一位同志陪同，以防路上碰到困难。次日清晨5点他们每人只喝了一碗粥就上车了。他们乘坐的长途汽车是美国道奇车改装的，公路又是砂石路，一路上尘烟滚滚，颠簸得很厉害。他问随行人员："我们搞汽车的，坐上这种车感觉如何？"同行的几位同志相互对视了一会儿，没有讲任何话。车行至中午，他们只在路边的小店简单地吃了点饭又继续前行，直到晚上9点半才到达梅县。刚住进招待所放下行李，还没来得及喝口水，孟少农就急忙要和在那里等候已久的汽车配件厂领导谈工作，当服务员送来汤粉时，他们才突然想起还没有吃晚饭。

1964年10月中旬，孟少农一行结束了在广东省的考察，到达杭州。原计划在杭州用一周的时间整理资料和稍作休息。1964年10月16日，我国第一颗原子弹爆炸成功，当孟少农听到这一喜讯时，顿时进一步激发了他的工作热情。于是，他决定把在杭州的时间压缩到4天，取消一切游玩和休息时间。在接下来的4天里，他足不出户，接连熬了两个通宵修改调研报告。当随行的同志劝他休息时，他既严肃又带有歉意地对同志们说："咱们得抓紧时间，原子弹都爆炸了，我们得和原子弹赛跑。"

历时三个月的调研考察，使孟少农对中国汽车工业的现状有了更多更清晰的认识。他在调研报告中既肯定了全国汽车工业蓬勃发展的好形势，又指出了汽车企业自身体系盲目求全，影响产品质量和经济效益等问题。孟少农在分析形势和总结当时国内外汽车行业发展经验的基础上，大胆提出了中国汽车工业必须走专业化、协作大生产的道路。这次考察调研是对我国汽车工业发展现状所进行的一次比较全面的"把脉问诊"，所形成的调研报告为我国 1965 年制定汽车行业规划和后来二汽的产品设计奠定了坚实的基础。

孟少农视野开阔，善于透过"形"而把握"势"。他非常重视研究世界汽车工业发展的共同规律，他极不赞成企业大而全、小而全，极不赞成汽车厂按吨位分工生产，认为这些做法不利于企业在竞争条件下生存和发展。他不仅关注国际汽车行业发展的动向或趋势，而且善于从中国国情出发，正确把握和利用他在调研考察中所取得的成果，多视角、多维度地认识中国的汽车企业，密切关注我国的道路、桥梁通过能力，汽油、机油的质量水平，人民群众对汽车的认知程度，以及职工对汽车的维护保养状况。因此，他绝不盲目追求脱离中国国情的"先进"，绝不认为全盘照搬国外的东西才算是"起飞"。他始终坚持实事求是，一切从实际出发，认为再好的东西也必须经过适应国情的改造，才能发挥应有的作用。

第二节　阐述汽车工业发展路径

1964 年国家计划委员会委托孟少农牵头开展全国汽车企业调研和着手制定我国汽车工业第三个五年规划。在此之前，孟少农将理论与实践相结合，对我国汽车工业的发展做了深入思考，并向有关部门提出了很好的建议。1964 年 1 月 3 日孟少农执笔起草了《关于我国汽车工业长远规划的建议》。

具体来说，《关于我国汽车工业长远规划的建议》分为两部分，分别是方针原则问题和具体规划。《建议》指出："汽车工业当前在我国是短线，基础尚未打好，局面尚未形成，品种数量满足不了国家的需要。急起直追，向前发展，是今后一个时期的迫切任务。"

在谈到我国汽车工业发展方针原则的问题时，孟少农讲道，在发展方针原则问题方面，包括了三个问题，即发展方向、前进道路和如何走法。针对"发展方向"问题，孟少农讲："长期以来，我们在汽车工业上学习苏联，以苏联的方向为方向，因此为辨明今后我们的方向，有必要研究一下苏联的情况。……它有两个特点：（1）点状布局——以高尔基和李哈乔夫两个高度综合性的大厂为核心，有若干厂与其单线串联，还有几个独立的厂；总地［的］说，协作背景很弱。（2）各厂'按车型专业化'——各类汽车，以及各类主要部件，基本没有从小到大的纵的系列关系，各个横断型谱进行分工（生产一类或数类车的一个型）。"这种点状布局和按车型专业化的组织形式不利于汽车品种的发展，不利于生产能力的提高，不利于技术的进步。

孟少农强调，"以上这几点认识，是从长春厂投产七年多来的实践中逐渐体会到的。看来，苏联也有这种认识，并正力图改变局面。但是，他们的工业早已成形，小脚放大，已经比较困难了。对于我国来说，汽车工业正处于发展的前夕，处于历史上的转折点，这是作长治久安之计的最好时机。不应等背上很大的包袱以后再来改弦更张。具体的发展方向可以如下"。

（1）改变建设综合性大厂的作［做］法，首先抓汽车工业协作网的建设。这个网应按全国一盘棋的原则，以大中小厂相结合的方式，通过对现有的汽车行业各厂调整、巩固、充实、提高而形成。

…………

（2）由于全国地区辽阔，现有基础不同，在整个汽车网的建立过程中，应当首先形成几个地区性的生产基地。首先在东北，通过改造，组成以长春汽车厂为中心的中吨位以上载重车的生产基地。在华东，可以组织第二个基地，生产小吨位载重车。然后，逐步在中原和其他地区组织新的基地。

…………

（3）工业网中的技术后方应采取集中与分散相结合的形式。产品设计和工艺工作不能脱离生产实践，因此，主要力量和工作应当放在厂里。产品设计和工艺的发展研究工作应当结合起来，设立在比较大的生产基地内，其中某些单位，在某些工作方面，可以起全国中心的作用。

…………

总的方针是：组成协作网，为多品种生产和提高生产力提供条件；分散布局，但照顾生产方便的需要；重点放在生产第一线，但加强技术后方。

针对"前进道路"问题，孟少农提到：

有了方向，还必须选择具体的前进道路。还是依靠外援，还是自力更生？怎样才是自力更生的道路？怎样才是多快好省的道路？这个问题已摆在汽车工业面前。

长春厂走的是依靠外援、全面输入技术的道路。当时的条件可能这样做，也只能这样做。现在条件已经不同了。向资本主义国家买制造权，作为解决个别技术关键的办法是可行的，但是作为一个工业向前发展的基本道路，则将付出高昂的代价，受制于人，而且不能真正解决问题。国际垄断资产阶级宁肯卖汽车，不会轻易地出卖技术；即使卖技术，也不会拿出先进货色，更不会不保留一手；即使一个资本家卖，他的协作零部件的制造权他也不能卖，而汽车上这类东西多是带有关键性的；即使这些问题都能花钱解决，在把外国东西搬来中国后，还有在实现过程中必然会出现的疑难、缺陷，还有把那套东西与中国工业条件、原材料条件相适应的困难，还必须训练出成千上万的人来掌握那套东西。移植外国工业，从来不只是一个金钱代价问题；长春厂的道路是可一而不可再的。何况，既有成套的技术在长春，以此为基础，举一反三，所需作［做］的努力，虽然或许要大一些，但完全能达到目的。这样做是不是慢一些呢？也不一定。买技术也不是一个简单迅速的事；自力更生，艰苦努力，对于队伍的成长是更快的。而且，不经过这一考验，就不能使我们走上独立发展的道路，追赶先进水平。这条路，迟走不如早走。更重要的是，只有经过在现有基础上自力更生发展的过程，将来形成的工业才能成为自己的整体，才能在产品系列化起来，而不致陷于像苏联汽车工业那样内部矛盾重重的局面。

说自力更生向前发展为可能，不是没有根据的。1958年，全国曾大搞汽车试制，出来很多礼品；其中大部分虽然由于力量分散未能坚持下来，但至少已有南京的跃进牌、上海的三轮车、长春的红旗三种投入生产，还有几种即将投入生产。这一段的实践证明，自己设计试制汽车、自己把它投入生产，虽然工作很复杂、很艰巨，究竟是可能的。"大跃进"中曾有不少正面的经验，足以指出今后前进的道路，它们是：

（1）三结合，依靠群众的设计试制路线；

（2）学习国外样品，但自己动脑筋，根据自己的条件，选择产品设计；

（3）通过试制、试验发现问题，集中力量突击解决问题，锲而不舍，反复试验，从实践中提高产品质量；

（4）通过有适量生产准备的小批试生产，从实地生产、实地使用中去进一步考验设计、过质量关，以求肯定图纸、工艺和材料，投入正式生产准备；

（5）由小到大，由土到洋，利用旧厂房旧设备，组织协作，搞技术革新，解决初期的生产条件；在此基础上，逐步扩大生产。

…………

走这条道路，绝不排斥进口外国技术和取得国内先进单位的支援。

针对"如何走法"问题，孟少农讲："走自力更生的道路，也还有不同的做法。我们的人力物力有限，而产品设计、工艺装备、设备供应，各方面工作量都很大，条件不齐备，矛盾很多。如何向前走呢？"孟少农通过对过去几年发展汽车工业的经验教训的比较，提出一个汽车厂基建上马应该具备下列条件：

（1）企业的产品已经通过使用考验，肯定了设计图纸；

（2）产品的制造工艺已经通过试生产落实，其所需要的设备也能够供应；

（3）企业人员的培训工作已经先行，能赶上开工的需要；

（4）已经有了能够有效地支援这个企业开工的技术基地。

这些条件，必须经过相当大量的工作才能具备。谁来做这些工作呢？……应当着重先抓两方面：一方面抓老基地的锻炼培养；另一方面，抓新产品新技术的发展工作。在力量储蓄充足后，建设工作就可以高速进行，并迅速收到效果。

…………

考虑到当前国内只有长春一个较完整的基地，而整个汽车工业的发展支援任务十分沉重，当前最重要的一步是建立和培养第二个基地。要使第二基地迅速形成，必须选择条件最成熟的地区，这就是华东的上海、南京一线。那里已有若干汽车生产厂，包括制造三轮车的上海汽车厂与制造跃进牌 2.5 吨载重车的南京汽车厂。这个地区具有成熟的协作网，有大批老技工和技术人员，技术水平较高，物质基础也良好。如果把本行业（包括配附件）的各厂组织起来，调整分工，加以少量填平补齐工作，把 3 吨以下载重车的生产任务全部交给他们，给以［予］必要的支援，则很快就会成长壮大起来。这样，轻吨位载重车可能以最少的投资、最迅速地大量生产出来。国内有了两个可用的技术基地，汽车工业的局面就活了。

由以上内容可见，孟少农在大量调查研究、国际比较和国情分析的基础上，对我国汽车工业发展方向问题、前进道路问题、如何走法的问题，都做了详细的阐述，对指导我国汽车工业发展具有非常重大的现实和历史意义。

在谈到我国汽车工业发展的具体规划时，孟少农提出，"这个具体规划建议的期限是从 1964 年到 1980 年，共 17 年。提出这个期限是因为把我国汽车工业建成强大完整的体系，完成工业的整个创业阶段，估计需要这样长的时间"。

具体规划分为总目标和三个发展阶段。

Ⅰ.1980 年的目标

到 1980 年，中国汽车工业网将全面形成和巩固；产品的品种、数量都应能满足国家的需要；产品和工厂生产的技术水平将初步赶上世界先进水平。

从 1964 年的现状出发，估计以长春厂为核心的东北基地大概将以下列速度发展：1964—1966 三年，调整组织、整顿技术、试制新产品，提高产量到四万三千。1967—1970 四年，组织新产品的小批试生产，引进并研究新技术，完成长春厂产品的扩散计划。1971—1972，完成五吨新型载重车及五吨越野车的生产准备，将其投入大量生产，并随即组织其派生型和变型车的生产，这样，就完成组织、产品和生产装备的翻新过程，把技术上原是移植来的厂变为完全我国的联合企业。到 1975 年，这个成形了的基地的产量将稳步上升到十万辆。

华东基地估计需要两年进行组织调整和规划，再加五年进行填平补齐、技术整顿和发展品种的工作，到 1970 年，它的两个主要品种的产量将能超过一万辆。它的产品和技术装备的翻新估计要排在东北基地后面约三年，到 1975 年完成。到那时，由于装备水平提高，年产量将可达到五万辆。

其它［他］华北、中原、西南等地区的发展将再晚于华东约两三年。到 1975 年，这些地区的总产量将可达到五万辆（其中一部分是用东北和华东基地零部件装配的）。

因此，1975 年的产量估计可达二十万辆。

这个产量主要是靠调整现有企业组成协作网，充实提高，填平补齐得来的。基本建设投资不大，主要用于后五年。

到 1975 年，汽车工业已经积蓄了相当的力量，技术准备工作已经成熟，国家农业已经大体过关，工业水平已经提高，因此，可以用较高的速度发展，进行较大的基本建设，并追赶世界水平。估计到1980年，汽车品种可以齐全，年产量达到一百万辆。

从1956年第一汽车厂投入生产，到1980年达到年产一百万辆，共用二十五年。相应的年限，日本是1937到1962年，共二十五年；美国是1896到1916年，共二十年。从二十万上升到一百万的期间，我国是五年，日本是四年，美国是五年。比较起来，上述的发展速度是完全可能的。

钢、石油、公路的发展速度应当与其相适应。

实现最后一个飞跃的主要措施是：

（1）年产五十万辆各型汽车，以武汉为中心的中原基地的建成。这个地区居于国家的地理中心，拥有必要的交通条件（铁路、公路，特别是沿江沿湖的水运，其条件与美国由支［芝］加哥至巴法［布法］罗的大湖区相似），动力条件（长江三峡水电、沅水五强溪水电）、资源条件、农业条件和人力条件，适用的厂址很多，可以疏散布置。因此，在这里建一个大基地，以它为全国汽车工业网的重心是合宜的。

（2）东北、华东两个老基地进一步提高，产量各达到十五万辆。

（3）华北、西南等地区的汽车生产，经过扩建和提高，达到二十万辆。

这样，我国的汽车产量就将由现在的世界第二十位上升到第七位或第八位，我国现代化的完整汽车工业体系的创业阶段就可以说完成了。

Ⅱ.措施和步骤

（1）第一期（1964—1970），共七年

这一时期是组织建设、技术改造和力量储备的时期。首先要改变过去汽车工业的分散局面（假设组成全国的托拉斯）；组织全国一盘棋的协作网，深入调查研究、全面规划；调整生产协作关系；对各厂进行技术整顿，作［做］必要的填平补齐，使其向专业化方向发展。在此基础上，积极开展技术革新，比学赶帮，大抓产品质量过关和

新产品发展工作，研究和引进部分新技术；组织强有力的技术后方，并为下一期的发展准备干部。

…………

（2）第二期（1971—1975），共五年

这一时期是巩固和加强全国协作系统、革新技术、增加品种、扩大生产力，并适当扩建的时期。扩建的规模还不大，着重新基地（特别是中原）的初步布局布置和老基地中薄弱环节的补充。在产品方面，东北将以新的四—十吨载重车系列代替老品种，缩短与世界先进水平的差距，满足许多用车部门对较重车型的要求；华东将积极准备新产品系列的生产，并于期末将其实现。各专业厂将加紧由土到洋，由低水平到高水平的革新过程。

…………

本时期终了时，全国共约年产汽车二十万辆，车的品种规格将能初步满足国家的需要。

（3）第三期（1976—1980），共五年

这一时期是一个飞跃发展，在品种、数量、技术水平各方面初步追上世界先进水平，完成创业工作的时期。

两个老基地将着重提高技术，赶世界水平，年产量将各达到十五万，并增加品种。

中原五十万辆的基地将建成，生产载重车和公共汽车型谱上的全部车型，其技术水平将为当时的世界先进水平，并于期终达到设计生产能力。

华北的轿车生产将要翻新，产量提高到十万。

西南、西北边远地区将建立装配厂，由中原等地区供应零部件，装配本地区所需的车辆。

加在一起，全国总产量将达到一百万辆。品种将进一步充实，质量进一步提高，除自用外，并将有相当数量出口，支援友好国家。

这个时期对汽车工业的科学研究工作将要加强，从基本理论到

每种附件的发展，都要展开工作，为今后攀登新的世界高峰作［做］
准备。

孟少农在《建议》的最后特别强调：这一个规划建议"仅是一个初步的设
想，仅有轮廓，内容还需进行大量的调查研究工作，加以修正和充实"。尽管
是一个初步设想或轮廓，但足以看出孟少农对世界汽车工业现状的了解和对汽
车工业未来的发展所做的预判，都是建立在调查研究和科学分析的基础上。他
所提出的我国汽车工业长远发展规划的建议，对加速我国汽车工业的发展和赶
超世界汽车工业的先进水平，具有重要的指导意义。

在完成《关于我国汽车工业长远规划的建议》的起草任务后，为了从理论
和实践的结合上进一步阐明他在规划建议中所提到的一些重要思想和观点，孟
少农于 1964 年 7 月 27 日又完成了《论我国汽车工业的前进道路（提纲）》学
术文章的撰写任务。

文章以提纲条目的形式出现，共 22 条，近 7000 字。全文大致可以分为四
个部分。

第一部分，在肯定成绩、正视问题的基础上，提出如何明确自己的前进道
路问题。

文章指出："在汽车工业建设的初期，我们主要是学习苏联汽车工业的经
验。从这些年的实践中，我们认识到一个严重的办工业的根本性问题：今后是
沿着苏联汽车工业的道路继续走下去呢？还是应当很好地用批判的眼光考察一
下这条道路，并在总结我们自己的经验以及世界各国的经验的基础上，定出我
们自己的前进道路呢？"并特别强调，"在发展的转折点上，这个问题尤其重
要；因为此时失之毫厘，可能造成将来差之千里"。

第二部分，用比较研究的方法，对苏联、美国、联邦德国、日本等汽车生
产大国，以及我国汽车工业建立初期所选择的发展道路进行了比较分析，从而
概括出了世界汽车工业体系的特征。具体如下。

"1.产品：品种多，变化快，其基础是零部件、重要总成的高度标准化、
系列化、通用化。

"2.生产组织：以专业化和高度协作为基础，做到既是大量生产，又具有弹性和适应性，既能降低生产成本，又能满足多品种和品种经常变化的要求。

"3.工业布局：大、中、小厂组成复杂的协作网，既分散，又能保证高效率的生产。"

第三部分，依据世界汽车工业体系特征的要求，提出中国汽车工业要健康发展所必须选择的路径。

（1）采用产品系列化、工厂专业化、全国一盘棋的方针。文章强调："在三个方针中，全国一盘棋是最根本的方针……抓全国一盘棋的工业网……才能根本解决建设汽车工业的问题。"

（2）在具体工作中，贯彻产品系列化是当时最迫切的措施。文章指出："发展产品是需要一定时间的，一般不少于五年。产品工作不先行，整个工业的发展不能不受到妨碍。……在当前的关键时刻，善于利用这三个条件，在短期内建立我国自己的汽车品种体系是可能的。"

（3）要建立自己的汽车体系，不能不在独立自主的原则下进行产品设计工作。文章指出："长期以来，对于如何搞汽车设计、如何处理产品设计中独立自主方针与仿效学习外国样本的关系，一直存在着争论，不解决这个问题，就无法贯彻独立自主的产品政策。……必须把具体设计工作中的学习仿效与指导方针中的独立思考结合起来。换句话说，在汽车设计中，必须在战略上善于独立思考，而在战术上善于学习仿效。"

（4）建立自己的汽车产品系列，有战略问题也有战术问题。文章指出："在这个体系中安排哪些系列，系列中先搞哪些车型，这些车型应该瞄准何种水平等都属于战略范围。每个具体车型选择什么型式，选择何种现有车型为参考或样本，对其作何种改变等，是属于战术范围的问题。必须把这两种范围的问题划清，从而采取适应的处理方针：一方面敢于斗争，敢于胜利，高瞻远瞩，瞄准长远方向；另一方面缜密地从事准备，稳妥地处理具体问题，这样才能收到长远与当前相结合，先进性与可靠性相结合的效果。"

（5）10～15年内我国汽车产品体系的初步设想。文章指出："我们一定要坚持以零部件总成标准化、系列化、通用化为基础的，按车类划分的由大及小的系列，而不要苏联那种没有三化基础的由基本型引出变型的所谓系列。"未来 10～15 年内我国汽车产品体系的初步设想是：载重车系列、越野车系列、小客车系列、公共汽车系列。为建立这些车的系列，需要安排好主要零部件总成布局与生产。

第四部分，提出了建立中南汽车基地（即过去的二汽）的初步设想。

孟少农提出建立中南汽车基地的初步设想，是基于国家经济和国防建设的需要。一是从汽车工业布局上考虑。1956 年和 1960 年二汽两次下马，但从汽车工业布局上考虑，中南地区非常有必要发展汽车工业。二是试办汽车托拉斯的需要。三年困难时期，刘少奇曾倡导要建立托拉斯，进行生产关系和上层建筑的调整，改革以经济手段管理企业，减少行政干预和官僚主义。经过充分酝酿，1964 年作为托拉斯试办阶段，首批试办单位就包括了汽车工业公司。汽车工业公司下面除以一汽为主导的长春汽车分公司外，还包括第二汽车厂拟组建的长江汽车分公司。由于二汽项目下马，因此就提出了中南汽车基地的概念。可以说，建设中南汽车基地在一定意义上是满足建立汽车托拉斯的需要。三是从国家安全上考虑。20 世纪 60 年代初中期，中国领导人认为国家安全环境十分恶劣，各项经济建设也受此研判的影响，三线建设被提上日程。三线建设有两个原则：（1）工厂必须避开建在东部沿海发达的一线地区；（2）在三线建设工厂时，厂房要分散，靠山隐蔽，以避免遭受敌袭。实际上，中南汽车基地正是把这两个原则作为最主要的选址与布局依据。

孟少农提出的建立中南汽车基地的初步设想包括以下几方面。

"（1）这个基地由众多的中、小型专业厂，加少量大型厂组成，分散于中南地区的二线以内的地区。

"（2）这个基地将形成全国汽车工业网的重心，现有的沿海一线各厂以及建设中的西南汽车公司将与其结合，成为完整的一体。东北的长春厂，由于历史条件，具有较大独立性，但也将与其协作配合。

"（3）基地的基层由第十八条所列的各种总成部件制造厂及锻铸、冲压件厂组成，其生产能力除供应本基地装车外，尚可满足除东北外的各厂的大部分需要。

"（4）基地将装成除非公路重型载重车以外的各类车，但不与沿海各厂的品种重复。其生产能力在1980年瞄准50万～70万辆。

"（5）基地的建设主要依靠现有全国汽车行业的力量及机械工业有关部门的支援。……

"（6）在中南基地建立的第一批工厂为：A.汽车装备厂……B.基层专业厂……C.铸、锻、冲压件厂……这些厂可以由小到大，由半土到先进，逐渐成长。"

文章最后强调，在建立上述产品体系和工业体系的同时，还须解决设备制造问题、先进技术引进问题、全行业技术后方的加强问题、人员的准备培养问题等。而着手的第一件事，则是解决体制问题。

应该讲，文章是在充分了解世界汽车工业发展规律的基础上形成的；是在对中国国情认识和理解的基础上形成的；是对《关于我国汽车工业长远规划的建议》的完善和深化。孟少农在文章的最后特别说道："以上是一个简略的轮廓，代表我们一部分同志的想法，提出供参考。"因此，可以说文章反映了当时国内一批关注汽车工业发展的同志的共识，是集体智慧的结晶。

1965年1月，孟少农又从专业技术的角度，对建立汽车工业技术后方作了深入的思考，并形成了《关于建设汽车工业技术后方的意见（草稿）》。

《意见》包括五个部分。

第一，技术后方的内容。

孟少农在《意见》里提出，汽车工业技术后方包括：（1）产品的研究、设计、试制、试验、鉴定部门；（2）工艺和材料的试验、研究部门；（3）工艺装备和专用设备的设计、制造部门；（4）设备的修配、调整部门；（5）计量检定和仪表修理部门；（6）工厂设计部门；（7）技术情报、技术服务和综合性技术部门。

"这些部门构成从技术上支援生产第一线的力量，对于汽车工业的生产和扩大再生产，是不可缺少的手段。"

孟少农在分析和总结我国在汽车工业技术后方建设上存在的不足和与世界先进水平的差距后，特别强调："我国汽车工业的技术后方现在很薄弱。过去一段的经验证明这个薄弱的环节是发展品种、提高产量、提高产品质量、提高劳动生产率的严重障碍，更是汽车工业发展和扩大的严重障碍。在我们当前整顿现生产和为进一步发展生产准备条件的工作中，它是必须首先抓的环节。"

第二，技术后方的任务问题。

孟少农指出："摆在汽车工业当前的任务可以分为两个方面：一、整顿和调整现生产——包括汽车和备件两部分；二、发展新生产——'三五'期内主要是建设中南和西南基地，设计试制一系列的新汽车及其总成，并在新基地内将其投入生产。这些任务都需要由技术后方支援和承担，与此同时，技术后方还担负着加强与扩大自己的任务。技术后方完成这些任务的好坏，是全行业发展顺利与否的关键。由此可见，技术后方负责的任务是艰巨的。"

孟少农特别强调："汽车工业技术后方所面临的局面是边扩大、边巩固、边打硬仗。在这样的局面下，从前由国外搬来的一套框框和办法是不行了。要解决问题，需要革命。这个革命要包含两个方面：一是体制上的革命，一是工作方法上的革命；两者的共同基础是思想上的革命。

"体制上的革命，要扭转过去技术后方的分散、无计划、不相联系的局面，在发展和扩大各后方单位的同时，组织起全国一盘棋的全行业技术后方体系，形成真正能担负起严重任务的力量。

"工作方法上的革命，要解决过去许多技术单位不能面向生产、面向群众、面向基层的偏向，突破外国搬来的框框，认真总结和发扬许多单位的成功经验，把鼓足干劲、力争上游、多快好省的精神贯彻到工作中去。

"这样，我们才能通过今后这一阶段的整顿生产和生产准备的任务，建立起一支能解决问题的、有强大生命力的技术后方，并且为汽车工业在下一阶段的大步前进创造好条件。"

第三，技术后方的体制问题。

孟少农指出："技术后方可以配属于各工厂，可以配属于汽车行业以内，也可以有一部分配属于国家其它［他］工业以内。对于这个后方的各部门所部署的位置也不尽相同。与产品生产过程联系越密切、越经常的部门，应当距离基层越近。随着国民经济的发展，技术后方的部署也会发生相应的变化。"

孟少农还从第一汽车厂的综合性后方布置存在的不合理性出发，提出了在今后一个时期内技术后方在具体部署上应遵循的方针。

第四，技术后方的建设和组织方针。

孟少农指出："在我们建设汽车工业的技术后方时应当贯彻自力更生、勤俭建国的精神，应当很好地总结过去正反两方面的经验，从当前的实际情况出发，向着能适应整个工业发展需要、富有生命力的目标前进。"为此，《意见》强调必须解决好三个方面的问题。

一是依靠谁的问题。

孟少农在《意见》中指出：建设汽车工业的技术后方，必须贯彻自力更生、立足国内的方针。"发扬勤俭办企业的精神，依靠自己的力量，搞'土'一些的技术后方，比较更能符合我们的汽车工业发展的需要，更能把工作做好。这种'土'是结合实际的表现，经过这种'土'的阶段，才能发展出真正高水平的技术后方。"

孟少农特别强调：当前建设汽车工业的技术后方，老技术基地是我们依靠的主要对象。"老基地是出经验、出人材〔才〕的来源，即使它今天还有所不足，但是它的作用是巨大的。在发展新基地时，必须重视老基地，并对其作必要的调整充实和加强。广大的现生产厂也是我们依靠的对象。……从这些工厂中积累起来的许多技术经验，应当认真地由行将建设的技术后方继承下来。总之自力更生、奋发图强的精神，是完全应当在我们建设技术后方的工作里体现出来的。"

二是组织原则问题。

《意见》指出，每一个技术单位如何组织，每一个工厂的技术部门如何组织，是直接影响这些单位和部门工作效率的重要问题。

孟少农在分析苏联汽车工业技术后方建设所存在的弊端后提出，"（我们）必须从根本上解决：废弃不按产品专业化而按学科分工的方法。我们将要组织专业化的工厂，在这个前提之下，我们就应当按着组织'一竿子插到底'式的技术部门，并建立与其相适应的工作制度——废弃机械绝对的分工，将互相制约、互相监督的工作关系，改为主动上门、密切配合的工作关系；将烦琐的工

作程序改为'三结合'、责任制、革命化的工作程序，这是今后我们工作中的
课题"。

三是工作作风问题。

孟少农提出："我们有很好的好作风的榜样：解放军、大庆。在我们的行
业中也有这样的例子，如上海的一些厂。在每个厂中都有较好的单位。我们需
要的是那种主动、认真、联系实际、三面向的作风。在社会主义教育运动深
入、群众思想觉悟大大提高的基础上，我们执行正确的组织方针，从而在我们
的技术后方树立起良好的工作作风，是有把握的。"

第五，初步草案。

初步草案对汽车工业技术后方（1965—1970年）的建设工作提出了具体方
案，并分两个阶段组织实施。

1. 1965—1967年三年中，初步建立汽车工业技术后方的基层及专业单位
的核心，以配合全行业的技术整顿，并为扩大汽车工业、建设中南基地创造
条件。

孟少农在草案中提出，这一阶段的主要任务包括：（1）在各产品生产厂中，
结合专业化方向，建立和加强与生产密切联系的技术部门。（2）在具备条件的
专业厂中，设置地区性或全行业性的专业工艺和材料研究部门、试制和中间生
产车间、专业工具（如锻模、压铸模等）生产车间、专业设备制造修理车间。
（3）在各分公司内，结合所生产的产品，建立专业性的产品研究所（室）、地
区性的设备大修厂、地区性的精密仪表修理和计量检定站、地区性的技术情报
和技术服务中心。（4）在全行业范围内建立综合性的基础研究单位、专业性的
工艺装备设备厂、专业性的特种设备厂、专门工艺和材料研究所（室）、全行
业的技术情报和技术服务中心、工厂设计机构。

2. 1968—1970年三年中，进一步加强前三年建立起来的技术单位，补充空
白和加强薄弱环节，建成汽车工业的技术后方体系。

孟少农在草案中提出："在这一时期中，应新建一批单位，加强并提高基
层的工作水平，重点加强专业产品研究所，加强各后方专业工厂，扩大其品
种、提高其技术水平和生产能力，适当扩大全行业的综合性基础研究单位，并

加强整个技术后方体系的集中领导。"

应该讲《关于建设汽车工业技术后方的意见（草稿）》是孟少农又一次站在全局的高度，利用技术分析的方法，为我国汽车工业健康发展建言献策。

1965年2月，孟少农继在1964年提出建立中南汽车基地的初步设想后，又专门写了《关于中南汽车工业基地的规划草案（草稿）》。

《草案》包括：（1）二、三线汽车工业规划草案的说明；（2）产品系列表；（3）二、三线汽车工业各厂规划表（附注）；（4）西北、西南、中南各老厂利用方案；（5）1965年结合CA-30迁建应进行的建厂工作；（6）1965年应抓事项。其核心内容是《草案》的第一部分，即二、三线汽车工业规划草案的说明。

——《草案》编制的原则。孟少农提出了三条：（1）贯彻执行产品系列化、工厂规范化的方针。做到后来者居上，将来在水平、效率上能超越世界先进国家。（2）平战结合。照顾到平时生产的便利，保证战时不打嗝。（3）自力更生、土洋结合，在设备、技术力量各方面立足于国内，充分发挥老厂作用。

——布局思想。（1）沿海，由东北到华东一线，现在已构成一套生产。准备在二、三线，以洞庭湖西地区为核心，连接西北、西南，组织第二套生产。一旦有事，沿海生产遭到破坏，后方生产不会受影响（将北方、南方组成两个网的做法，一旦有事，沿海遭到破坏，两个网都受影响，是不安全的）。（2）凡重要环节（毛坯厂、主要总成厂）一旦受到破坏，需要较长时间方能恢复的，除隐蔽外，均分设两套，摆在不同的地区内，以保证安全。整个系统的安全，依靠疏散于广大的后方得以保证。（3）汽车装配厂分设四处：武汉及洞庭湖西地区、西安、成都、贵阳。其产量大体相当于各地区的需要量。（4）中南（洞庭湖西）地区组织一个纵横各200—300公里的协作生产基地。一般的厂设置于常德、津市、宜都一线，较重要的厂向西进入山区。基地对外联系依靠川汉铁路及长江、洞庭湖，内部主要依靠公路。

——产品系列。（1）基本完整，以较少数成系列的总成组成多数汽车品种（除重型车外，计有35种主要车型：1.5吨到8吨载重车、1吨到5吨军用越野车、三种长途公共汽车、两种轿车及其变型、十余种特种车）。沿海的轻型车及吉普车生产不变。（2）成套搬，对象为美国的万国或道奇，视样车能否搞到而定。如搞不到样车，则按总成选择样机也可。（3）柴油机系列，原为科委国家重点项目，已有一定工作基础。（4）产品技术水平达到60年代初期，与我国生产、使用、维修条件能适应。

——瞄准目标。（1）1965年定方案，从事建设准备及现有老厂调整工作。（2）1966年下半年开始过渡性生产（2.5吨越野车，从长春迁去）。（3）1970年生产5万辆。（4）1975年达到生产30万辆能力。

孟少农完成《关于中南汽车工业基地的规划草案（草稿）》后，长春汽车研究所根据中汽公司提出的汽车工业技术政策和规划所确定的原则，结合孟少农提出的规划草案，经过三个多月的讨论和分析，提出《中南基地汽车及其部件产品系列方案（草案）》。这个《草案》经过不断优化和打磨，逐步得到完善，成为我国第一个比较完整的轻中型汽车系列方案。方案后来不仅成为二汽产品设计与试验的重要导向，同时对优化中国汽车工业产品设计与布局发挥着重要的指导作用，孟少农在其中功不可没。

20世纪60年代初期，一汽的生产逐步稳定和走上正轨。从那时起，孟少农就把工作重心逐渐转移到如何加快中国汽车工业的发展上来，特别是在参加广州科技大会以后，他那种干大事的愿望表现得更加迫切。

1962年2月15日至3月10日，国家科委在广州召开全国科学技术工作会议。孟少农应周恩来总理、陈毅副总理的邀请参加了这次会议。广州会议的主题是研究讨论1963—1972年科学技术发展规划制定的有关问题，科学院建议借此会议进一步了解贯彻《关于自然科学研究机构当前工作的十四条意见（草案）》（即"科学十四条"）的情况，听取科学家的意见。聂荣臻决定给会议再加一个主题：进一步贯彻"科学十四条"，突出调整与知识分子的关系。会议期间，聂荣臻请周恩来、陈毅先后在会上着重讲了知识分子问题。周恩来在会上的讲话中指出，十二年来"我国大多数知识分子已有了根本的转变和极大的进步"。后来陈毅受周恩来嘱托，作了为知识分子"脱帽加冕"的讲话。他说：你们是人民的科学家，社会主义的科学家，无产阶级的科学家，是革命的知识分子，应该取消"资产阶级知识分子"的帽子，今天我给你们行"脱帽礼"。广大科学家对此欣欣鼓舞，反响强烈。主人翁的责任感大大提高。孟少农表达了自己激动的心情，他说："中国汽车年产不到 100 万辆，我不见马克思。"

这次大会结束后，孟少农带着激动的心情回到了一汽，继续领导全厂的技术工作，带领工程技术人员开始了解放牌换代汽车 CA-140 产品设计的攻关工作。与此同时，孟少农还被第一机械工业部、国家科委聘为十年（1963—1972年）科学技术发展规划审查人，开始从宏观上思考中国科学技术和汽车工业的发展问题。特别是在 1964 年接受国家计划委员会的委托，着手制定"三五"汽车工业发展规划。他在广泛调查研究的基础上，就中国汽车工业发展的重大问题提出了一系列意见、建议或方案。这些意见、建议或方案，坚持实事求是的思想，从实际出发，从中国国情出发，比较全面和深刻地阐述了中国汽车工业发展上的一系列重大问题。孟少农以专家的身份，从技术的角度对如何加快中国汽车工业的发展做了可行性分析。但由于国内外形势的变化，直接影响到这些意见、建议和方案的实施，从而也影响了中国汽车工业的健康发展。

第三节　见证和参与二汽早期的筹建

1964 年，中共中央在制定第三个国民经济五年发展计划时，根据经济发展和国防建设的需要，要求在中国南部再建一个汽车制造厂。中央经过酝酿，决定抽调饶斌筹办这件事。1964 年底饶斌接到调令，从南京回到北京，开始筹办第二汽车厂。1965 年 4 月，孟少农调到中国汽车工业公司，到任后不久汽车工业公司内就组建了一个二汽筹备组，筹备组的办公地点就设在孟少农的办公室。饶斌到任后就以汽车工业公司二汽筹备组为依托，从第一机械工业部汽车工业公司抽调一些同志组建了一个大的筹备组，孟少农也是最早介入二汽筹建的技术负责人。

早在 1953 年建设一汽初期，毛泽东就表示同意一机部部长黄敬的意见，认为中国这么大，"要建设第二汽车厂"[①]。1953 年 7 月，二汽筹备处正式成立。年末，中共中央决定二汽由湖北省包建，并调湖北省委第一副书记刘西尧负责

①　张矛：《饶斌传记》，华文出版社 2003 年版。

筹建。与一汽一样，二汽的初次创建规划选择了移植苏式体系的模式，计划由苏联高尔基汽车厂援建。1955 年 7 月，苏联汽车拖拉机设计院编制的中国第二汽车制造厂初步设计文件确定："中国第二汽车制造厂拟引进高尔基、莫洛托夫汽车厂产品，生产嘎斯汽车，年产 10 万辆。其中，嘎斯 51 型 2.5 吨载货汽车 6 万辆；军用越野车 2 万辆，其中嘎斯 63 型四轮越野车和带绞盘的嘎斯 63A 型共 1500 辆。嘎斯 69 型军用指挥车 5000 辆。预留'伏尔加'型小轿车 2 万—4 万辆，总计 12 万辆。预定 1957 年开工建设，1959 年至 1960 年建成投产。"从这个规划中可见，二汽的计划规模比一汽要大得多。1956 年资金紧张，汽油也紧张，苏联方面不愿意再背"中国包袱"，二汽就下马了。前期所取得的产品资料（嘎斯 51 型载货车）由汽车局交给南京汽车制造厂。南京汽车制造厂 1958 年出了产品，这便是国内的跃进牌汽车。

　　1959 年，有的领导又提出建设二汽的问题。1958 年秋天，中国人民志愿军回国，在考虑部队安排时，毛泽东提出调一个师到江南去建设第二汽车厂。李富春副总理提议："长江流域就湖南没有大工业，二汽就建在湖南吧。"于是，一机部决定由一汽先组织一个筹备组，由一汽党委副书记方劼挂帅，孟少农也在其中。1959 年，孟少农曾两次去湖南选厂址，经过反复研究和对比，厂址最后定在常德一个被遗弃的战争时期的飞机场。1960 年 4 月 9 日，一机部请求国家计委和建委审批二汽厂址。1960 年 4 月 30 日，第一机械工业部批复同意筹建二汽，但没过多久，突然又通知二汽不建了，二汽第二次下马。这是孟少农第二次参加二汽的筹备工作。

　　1961 年 1 月，党的八届九中全会决定对国民经济实行"调整、巩固、充实、提高"八字方针，国民经济开始转入调整的新轨道。到 1964 年，国民经济调整取得了巨大成就。随着国民经济的好转，二汽的建设再次提上了议事日程。

　　再次启动二汽的筹建工作，首先要明确建厂的指导思想。于是，饶斌多次与郭力、孟少农、胡亮、陈祖涛等同志一起研讨。这些同志都是建设一汽的功臣和领导，他们对于怎样建设汽车厂有着切身体会。经过多次研讨，在总结建设一汽经验的基础上，提出主要依靠自己的力量建设一个专业化、系列化的现代汽车制造厂，生产 1～8 吨的各种汽车，年产 10 万辆，将来还可以翻一番，达到远景目标 20 万辆。建设方法是聚机械行业和汽车行业之宝，用老厂包建新厂的方法进行设计和建设。他们在讨论二汽的建厂方针时，认为一汽单一品种的生产方针曾导致生产红旗轿车和越野车时都需要另外建立生产基地，因此不可取。他们也认为成套引进的办法在 1965 年国内外的形势下不可能，但可参考汽车工业发达国家的经验，搞专业化生产，搞产品系列化生产，以提高汽车的数量和质量。总之，要立足于国内的先进经验，要敢于赶超世界先进水平，走出一条自力更生的道路。这些建厂的指导思想、原则和方法，大都在孟少农 1964 年的调研报告中有所反映。由此可以看出，孟少农对世界汽车工业发展趋势和对中国汽车工业发展现状、发展愿景的认识和把握是准确的，而且具有很强的前瞻性。

20 世纪 60 年代中期，第二汽车制造厂决定在三线建设。关于三线建设，毛泽东做出过一系列指示，包括"靠山、分散、隐蔽""大分散，小集中""靠山、近水、扎大营"等。为了贯彻毛泽东的一系列指示，参与工厂设计的单位，在具体的选址和布局上提出了三个方案：一是进大山钻深洞的方案；二是拖长秧瓜藤式的方案；三是孟少农提出的蛛网式的方案（即以总成和总装配为中心，分片建厂）。孟少农提出蛛网式方案，基于二汽是大型汽车企业，是大量流水生产的工厂，总体布局和专业厂的设计必须考虑生产对象、工艺流程、生产组织、经济效益等的特点和要求。工厂总体布局必须相对集中，不宜太分散，否则建设时间太长，投资太大，既不能争取时间备战，也不经济。孟少农关于工厂选址与布局的想法得到了许多同志的认同。这些想法在后来二汽厂的选址和工厂设计中起到了积极的导向作用。

1965 年 12 月 21 日，第一机械工业部决定正式组建成立第二汽车制造厂筹备处。筹备处由饶斌、齐杭、李子政、张庆梓、陈祖涛 5 人组成领导小组，饶斌、齐杭负责全面工作。筹备处成立后，整个筹备工作分布在 5 个战场：第一战场是长春，搞包建，提供人才；第二战场以南京为中心，搞产品；第三战场是上海，搞"四新"（新工艺、新装备、新材料、新产品）和承包；第四战场是武汉地区，搞附配件；第五战场是十堰，建设基地。孟少农当时虽然没有直接参与二汽筹备处工作，但是他作为中国汽车工业公司技术负责人，仍然参与了二汽筹备工作的宏观协调，并承担产品设计方案和技术路线的制定工作。

二汽筹备处正式成立后工作日益复杂，需要在北京建立办事组。1966 年 3 月，二汽北京办事组成立，中国汽车工业公司给了两间办公室。办事组为二汽的产品、设备、基建等方面做了一些工作，与有关方面进行联系，保证各项工作顺利完成。因为办事组的办公室与孟少农的办公室很近，所以办事组的同志经常与孟少农交流二汽筹备的进展情况，有时候还请他出面帮忙在一机部或相关部门协调一些事情。实际上，在筹建二汽的工作过程中，孟少农经常与以饶斌为首的二汽筹备领导小组交换意见，而且筹备领导小组也充分相信孟少农的技术能力和学术水平，在一些重大的技术问题上都要听取孟少农的意见，特别是遇到一些重大技术问题时，还要请孟少农帮助解决。

孟少农特别关注和重视二汽产品设计及试制工作。1966 年 2 月 23 日，二汽筹备处在南京汽车制造厂召开中型汽车系列化会议，讨论二汽的产品问题，特邀孟少农参加会议，孟少农在会上发表了关于中国汽车产品系列化的意见。孟少农特别强调中国汽车产品一定要走产品系列化、多品种的道路，并指出这是对建设第一汽车制造厂经验的总结，也是世界汽车工业发展走向。不走产品系列化、多品种这条路，就无法解决大量生产和多品种的矛盾，就无法改变中国汽车工业落后的局面。在意见中孟少农还具体谈到了二汽的产品布局和开发问题。他讲到国家决定二汽产品的序列是"以军为主，先军后民"。在这一原则下，二汽的主导产品是两吨半越野车，产品设计要立足于满足部队的需要，同时还要注重民用产品的开发，这是二汽持续发展的需要，而且民用产品要更加丰富，多品种。孟少农还特别强调，在产品设计中还要研究使用什么样的发动机的问题。孟少农的讲话给了与会者很大的启发，也为后续二汽产品开发提供了技术路线。

南京会议之后，为加快推进二汽产品试制工作，孟少农亲临产品试制一线长春蹲点，一边指导产品试制工作，一边进行了大量的调查研究。在此基础上，孟少农于 1966 年 10 月向中国汽车工业公司的领导提交了《对当前二汽产品试制工作的几点意见》的报告。

《意见》首先总结分析了前一阶段产品设计工作的情况，并指出："二汽的产品采取了自力更生，走中国自己道路的方针，在过去一年半时间内，取得了比较显著的成绩，目前基地内的建设准备工作已在开始，产品试制工作必须加紧走在前面，以为建厂工作提供条件。"

《意见》认为："从当前情况看，二汽的产品工作，在过去一阶段并不是一帆风顺的，现在还不能说已经打好了基础，今后满足建厂要求还不那么乐观。不这样估计，以为问题已经不大了，因而放松这方面的工作，那就会给二汽建设带来巨大的困难。"

《意见》认为："应当肯定：破除迷信，打破洋框框，进行系列化产品的自行设计，设计队伍突出政治，人员下专业厂进行群众性的设计，设计与使用及生产密切结合，废除烦琐的设计程序，改革设计试制试验的工作方法，实行全行业广泛协作的试制，等等，一系列已执行的方针是正确的、符合设计革命化的精神和中央历来的指示的。今后还应当继续执行，并且还要加以发展，走出我国汽车工业自己的道路来。现有的问题，主要来源于缺乏经验，也有思想认识、工作作风、工作组织的问题。它们是发展中的矛盾，应当从工作中去解决。"

孟少农根据他在长春蹲点得到的初步认识，就二汽产品设计工作提出了四个方面的问题。

第一，独立设计问题。

二汽产品设计工作如何展开，其间经历了反复。1965 年 1 月在长春召开的规划会议，决定二汽产品以"万国"汽车系列为样本进行设计。当时的指导思想是"仿创结合，以仿为主"。为此，决定引进成系列的样品，在样品未到前先按原有的 1956 年产品"万国"S162 型进行第一轮试制。1965 年 9 月在南京召开的总结会议，根据国家需要，决定先抓军用车，首先是两吨 6×6 越野车。但"万国"系列中没有这种样品，也没有引进其他适当样品的可能，因此决定以二战中出的道奇 6×6 为主要参考，进行独立设计。

孟少农在报告中讲道："比较头两轮的做法，在根本方针上有了重大的发展：从仿造某一种车型，转向吸收外国产品优点的独立设计；从搬整套外国产品系列，转到海阔天空不受拘束的自选系列。这是在实践中逐步解放思想，逐步认识客观事物的结果，也是贯彻主席思想到具体工作中去的结果。应当肯定，这一发展为正确地奠定二汽产品的基础起了促进作用。"

孟少农对二汽产品设计工作的指导思想由"仿创结合，以仿为主"转向独立设计给予了充分肯定，但同时他也指出了这一方针的转变带来的问题。

第一个问题是影响了进度，不能像预想那样一轮试制基本肯定图纸，并立即据此进行建厂的设计工作。

第二个问题是打破了洋框框，就出现了许多方案之争。从具体结构、材料、工艺直到整个系列的安排，都涌现出许多不同意见。发动机 8 缸与 6 缸之争、驱动桥系列之争、球墨铸铁应用范围之争、越野车独立悬挂与非独立悬挂两种方案、驾驶室多种方案，是几个较大的例子。这些多方案的出现，有其客观原因：客观上存在着多种可能性，我们未经过实践，不能预先肯定某些可能和排除某些可能。但也有其主观因素：思想、领导、组织等方面的问题。

第三个问题是工作中出现的技术性错误和缺点比较多。2 吨越野车上就出现了 3.5 吨卡车不曾出的问题；桥壳在冲击下发生弯曲。V8 发动机的问题也比直列 6 缸多。有些技术性的错误是由于缺乏经验所致，也有的是思想方法、工作方法的问题。例如桥壳弯曲的问题，就是主观地拿普通载重车的数据用于越野车所致。

在正视问题的同时，孟少农用辩证的观点来看待这些问题。"一方面，应当承认这些错误不好，一旦发现，马上采取严肃认真的措施，将其消除。另一方面，这些错误也没有什么可怕的，只要及时改正，并不妨碍我们工作前进。而且，这些反面的经验可以使我们今后避免更大的错误，避免更大的损失。无论如何，迄今为止出现的技术性错误与取得的成绩相比，是次要的，可以消除的……根本的方针和方向应该肯定，不怀疑，不动摇，鼓舞士气，继续前进。"

第二，设计工作的组织和领导问题。

关于设计工作的组织和领导问题，孟少农特别强调把设计权交给二汽的专业厂自己（也就是筹建和包建单位），把设计基层组织安排好。应当把专业厂的筹建人员组织起来，以抓产品为其第一项任务，把专业的设计人员集中过去，原来承担试制的车间（或厂）及包建厂，即作为他们进行试制工作的阵地。孟少农还建议，在解决设计系统的基层组织问题的同时，也必须抓设计试制工作的领导。必须有一个强有力的领导核心，然后分散在各专业厂的设计试制工作才能集中起来，互相配合，指向统一的目标。要特别重视设计队伍建设问题，而且现在的设计队伍在数量上和质量上都远远不能适应工作的需要。这个问题必须由公司下决心大力补充才能解决。

第三，试制定型问题。

孟少农认为："二汽必须在最短时间内建成并投入生产，其产品又是在很短时间内由经验不足的队伍设计出来的。国家投资很大，全国大力支援。在这种情况下，如何使产品在建厂各项工作全面展开之前臻于成熟，是需要严肃对待的问题。工厂设计、设备选择、工艺装备和专用设备的设计制造，都是根据产品图纸进行的。产品如果在工作展开后发生动摇，其后果是严重的。战略上我们应当藐视这个困难，但是在战术上绝不可以。必须深思熟虑，把一切工作放在落实的基础上，才能立于不败之地。"

孟少农认为，"在时间上，二汽产品工作约比建厂工作领先两年。但是这两年已经快过去了。从总的说，各有关方面对产品工作是重视的，但是抓得不够紧、不够有力。在这两年快过去的时候，既没有全盘系列产品的设计，仅有的两型车和两型发动机，也还未接近成熟"。

怎样才能加快二汽产品设计和试制工作，孟少农提出了四个方面的意见。

（1）仅有的两个车型（2吨6×6越野车、3.5吨卡车）和其装用的两个发动机（694和5公升V8），作为二汽系列产品的出发点，应当按最近的改进过的设计（十月中出图）肯定下来，不再作原则性的变动。各方面可能还有种种不同的意见（包括"枪毙"设计方案），这是难免的。意见可以保留下来，也可以做一定量的工作，为以后的改进作准备。但是应当强调：汽车产品是发展的，又是在一定时间内相对稳定的，任何设计不可能完美无缺。现有这点东西是我们两年中拿到的唯一成果，实践证实它们基本上是可用的，现在绝对没有推倒重来的必要和可能。在这一点上应当十分坚定。

（2）在基本肯定的前提下，应当力求于1967年把这两个产品定型。要定型,必须消除它们实际存在的重大缺陷。定型不是开会表决,而是发现缺陷,认识缺陷,改正缺陷。需要进行大规模的实践,实践规模越大,定的就越准、越快。靠少数人,小手小脚,就不能迅速达到这个目的。为此,孟少农建议:"1967年在全行业范围内安排较大数量的成批试制,拿出三至五百辆样车来,交给使用部门使用;这样,发动全国有关方面的广大群众来参加定型工作,我们是能够在定型上打个歼灭战的。"

(3)两年来的实践证明,个别产品的设计与系列化、标准化、通用化的要求之间是有矛盾的。过去先抓个别产品,把系列化问题甩在一边,然后再抓系列化,个别产品的设计就发生动摇。为此,孟少农建议:"1967年必须在抓已有两个产品定型的同时,抓二汽的全面系列方案。首先,要定下各级基本车型的参数,作出总布置方案,取得使用部门的同意。其次,各专业厂把主要总成的系列方案做出来,提到全国有关使用部门去研究,以便经过酝酿加以肯定。最后,采取在有总成系列的基础上,设计试制少数基本车型,争取两三年内把系列铺开。"

(4)"两年来设计试制工作与使用部门的结合还很不够。即使有所结合,也只是下面的个别点上,没有全面调查了解,也没有与各领导机关交换过意见。鉴于北汽吉普车定型过程的曲折,这种结合已经不能再拖延,不然可能出现对产品迅速定型不利的局面。"

第四,几个具体问题。

孟少农在《报告》中对越野车的独立悬挂方案问题、多种燃料发动机问题、先进性问题、整车设计的组织问题和汽车工业公司如何抓的问题等几个具体问题都做了分析,并提出了处理意见。特别是对汽车工业公司如何抓的问题,孟少农认为:"公司对二汽产品试制工作比较放手,这是好的一面,但缺点是领导不够。没有妨碍工作,但也没有起多大作用。"于是孟少农建议:"今后进入建厂时期,对产品的要求迫切起来;有许多方针性、原则性、全国性的问题,总公司责无旁贷地应当事先加以研究,及时予以解决。既不应当越俎代庖,也不应当只管最后签字。建议公司党委对此加以考虑。"

孟少农是中国最早提出中国汽车工业必须走专业化协作大生产的道路,在产品上要多品种系列化的主张的人。二汽从筹备建设初期就是按照这一理念展开产品布局的，在车型上除主攻军用车外，还积极开发民用车。在发动机的选择上除采用技术比较成熟的直列 6 缸机外，还积极开发 V8 发动机，但在开发 V8 发动机的过程中，并不是一帆风顺。直到 1967 年，经过多轮试验，V8 发动机与平头车布置上存在着较大的矛盾。于是二汽就委托支德瑜到汽车工业公司找孟少农总工程师帮助解决这些问题。孟少农在听取二汽同志的情况介绍后，经过考虑，提出了几个解决问题的方案。二汽接下来就是按照孟少农提出的技术方案开展试制工作。后因"文革"的干扰，试制工作的进展还是满足不了产品开发的需要，再加上当时国家急需两吨半越野车，在 V8 发动机装车有困难的情况下，决定先上直列 6 缸机。一方面满足装车需要；另一方面装直列 6 缸机为 V8 发动机赢得更多的准备时间，V8 发动机装车的工作因此放缓。直到孟少农离开汽车工业公司总工程师室，V8 发动机也没有实现装车。

孟少农既是二汽早期建设的见证者，也是参与者。他和饶斌、郭力、胡亮、齐杭、李子政、张庆梓、陈祖涛等一批二汽早期的筹建者们所形成的建厂指导思想、建厂方针以及产品技术路线，对二汽后期的建设与发展起到了重要的指导作用。孟少农也因此与二汽建立了深厚的感情。

第六章　艰难岁月

正当我国克服了国民经济的严重困难，完成经济调整任务，开始执行发展国民经济第三个五年计划，中国汽车工业加快追赶世界先进水平的时候，1966年，"文化大革命"开始了。

第一节　接受审查

1966年5月，中央政治局扩大会议通过"五一六通知"，指出："混进党里、政府里、军队里和各种文化界的资产阶级代表人物，是一批反革命的修正主义分子，一旦时机成熟，他们就会要夺取政权，由无产阶级专政变为资产阶级专政。"8月，党的八届十一中全会通过《中国共产党中央委员会关于无产阶级文化大革命的决定》，指出："这次运动的重点，是整党内那些走资本主义道路的当权派。"这两次会议的召开，标志着"文化大革命"的全面发动。

对于这场突如其来的运动，孟少农没有任何思想准备，而且他认为自己一直是搞技术工作的，是技术干部，满脑子想的都是汽车工业发展的事情，"文化大革命"与自己没有多大关系，但事情的发展却超出他的预料。由于孟少农一直从事技术和技术管理工作，"文革"初期并没有涉及他的具体问题。突然，有一天一群红卫兵走进他的办公室，拿他在长春一汽工作说事，要他交代问题。孟少农稍加考虑便回答道："建设一汽是中央的决定，我在一汽的工作都是在一汽党委和厂部领导下进行的，没有什么问题要交代。要说有问题，就是我的工作方法，有时比较简单，伤害了一些同志。"后来，红卫兵又多次要孟少农交代问题，而得到的是同样的答案。一段时间过去了，红卫兵也确实没有查出孟少农什么问题，因为从新中国成立到"文革"这一阶段，孟少农一直是心无二用，专心致志地从事汽车技术工作。后来红卫兵又打听到孟少农在去西南联大复学的过程中，曾在国民党机械化200师接受过培训，还留校工作过，认定他有历史问题，要求孟少农交代所谓的"历史问题"。关于参加国民党机械化200师、接受培训和留校任教的这段历史，孟少农在1954年全党范围的整党运动中，已经通过了组织的审查，所谓"历史问题"很快就查清了。

从1967年到1968年，孟少农一直在接受组织的审查，其间他还经受了一次疾病的考验。1968年7月4日中午，孟少农偶然发现颈右前部、喉线之下有一硬块，比银杏果稍小。很快他就到了反帝医院就诊，先是在耳鼻喉科检查，认定内部没有什么问题，就转外科。外科建议他到合同医院割除，后来他去了复兴医院的外科。经医生检查后认定，大概是甲状腺肿瘤，建议他尽快住院动手术。从医院回来后，他跟同事讲了他在医院就诊的情况，并一起讨论是做手术还是保守治疗，结果也没有取得一致意见。第二天，孟少农并没有马上回到复兴医院住院，而是到了日坛医院。日坛医院的诊断与昨天两家医院相同，建议要切除，说一般甲状腺瘤切除效果良好，切后做病理检查，如有恶性变化也不要紧，早期治疗效果也是不错的。从日坛医院回来后，孟少农就把病情向"文革"领导小组报告。晚上有几位同志听说孟少农生病了，于是就来宿舍看望他，并关心地说道，得病不要有负担，先按照医嘱去切除，然后，使用中医治疗。同志们的关心，使孟少农非常感动。看望他的同志走了以后，孟少农整个晚上都在考虑，到底去哪家医院住院做手术，最后决定还是去复兴医院住院，如果去了别的医院，切除后有问题就不好处理了。

1968年7月6日上午9点，孟少农到达复兴医院，住在二楼外科152病床。护士告诉他："切除甲状腺瘤后，至少需要斜睡24小时，可你的床是不可支斜的床，过两天才能换。"为了尽早手术，孟少农回答道："那我自己克服一下吧。"7月10日上午8点40分，孟少农被推进手术室，手术一共进行了一个半小时，很顺利，切除的肿瘤约小拇指节大。大夫说肿瘤长在甲状腺软骨上，标本要送到协和医院做病理检查，等结果出来以后，再决定下一步的治疗方案。

孟少农术后恢复得很快，7月16日下午正式出院。离开医院前大夫告诉他，约10日后来看病理结果。7月27日上午他去医院问病理检查结果，大夫说结果已经出来，是结节性甲状腺瘤，良性，不过可能甲状腺里还有，以后还会长，由于是良性的，让他不要害怕。听医生说结果是良性的，孟少农悬挂着的心也就平静下来了。

回到单位后，孟少农一边吃药治疗，一边继续接受审查。正常的工作秩序被打乱了，他总工程师室的工作也被中断了。孟少农每天的工作就是参加政治学习、写审查材料、读书、看报。1968年11月26日，孟少农被送进隔离室，接受隔离审查。在这种情形下，他依旧心静如镜，对生活充满乐观，唯一让他焦虑的是不能从事正常工作，不能从事他的汽车事业。

1969年1月3日，汽车局召开大会，宣布孟少农解除隔离。

1969年4月14日，汽车局宣布孟少农参加整党建党运动。6月18日至28日，他被安排去昌平参加了10天的夏收劳动。从昌平回到局里后，继续参加整党建党的学习活动。8月23日下午，党小组召开会议，会议的主要内容就是听取孟少农个人的思想检查。在小组会上，孟少农全面总结了参加整党建党运动以来，自己思想上的收获，以及今后怎样更好地学习进步，做好本职工作。参加小组会的同志们认为，孟少农的检查深刻，思想认识到位，今后的努力方向明确。于是小组决定"解放"其审查对象，并报党支部批准。8月27日下午，汽车局召开大会，宣布汽车局下放到"五七干校"的人员名单，孟少农也被列入其中。1969年9月，孟少农到第一机械工业部江西奉新"五七干校"劳动学习，从此，他结束了在汽车局的工作。

第二节 下放江西奉新"五七干校"

1969 年第一机械工业部在江西奉新筹办成立"五七干校"，1969 年 9 月，孟少农作为较早被下放到干校劳动的人员到了江西奉新。

1969 年 9 月 12 日晚，孟少农等 30 余人乘坐 45 次列车离京赴赣。离开北京时他一切从简，自己拎着一个柳条箱，箱子里除了简单的生活用品外，占据绝大部分空间的仍然是那些专业技术书籍。在北京上车时，大家都坐的是硬座，9 月 13 日列车过济南，有了 4 张硬卧，领队就安排孟少农上午睡四五个小时。一路上列车非常拥挤，沿途上的许多人都是无座，孟少农他们坐的 2 号车厢在行李车之次，拥挤的程度要好一些。但到了南京后，因 13 日是星期六，很多上海人都要回上海过周末，所以列车更加拥挤，晚上 9 点列车到达上海，拥挤程度才略有改善。第二天上午列车到达江西鹰潭，由于在鹰潭要换乘汽车到南昌，所以当日就在鹰潭休息了一天，住进了鹰潭饭店。9 月 15 日早上，从鹰潭乘车去南昌，中午在南昌换乘去奉新的车，又经过两个多小时的颠簸，终于到达奉新。进入奉新县城时有群众夹道欢迎。

孟少农来到干校后，被分配到七连二排一班（一班大多是中汽公司下放来的老干部、老局长，其中包括郭力等），当时的连指导员和泉山是汽车局财务处处长，班长陈光祖是汽车局的工作人员。9 月 16 日下午，干校校部开大会，欢迎新战士，会议结束后，干校的同志还表演了文艺节目。晚上，奉新县剧团进行了专场演出。

当时的"五七干校"，名曰"干校"，实则是让干部参加劳动的地方。尽管如此，孟少农仍以一个普通劳动者的身份，积极参加生产劳动，而且具有很强的动手能力和丰富的劳动经验，提篮撒种、耕地、插秧、收割，样样在行。奉新水稻田比较多，那时大家都赤着脚在水田里插秧，常常被蚂蟥吸住。最初许多同志惊吓地跳了起来，着急地用力往外拔蚂蟥，可怎么也拔不出来。郭力和孟少农告诉大家，被蚂蟥吸住后，不能用力硬往外拔，而是要用手掌用力拍打，多拍打几下，再往外拔就容易多了。同志们照着他们的方法，的确收到了很好的效果。

"五七干校"采用半军事化的管理，白天种稻、拔草、放牛、收割、上山扛竹子、打柴火。繁重的体力劳动对于像孟少农这样的老同志来说是一种考验。陈光祖担任一班班长时，连指导员和泉山跟他谈过一次话，叮嘱他，这个班都是中汽公司的老局长、老干部，其中包括郭力、孟少农等同志在内。告诉陈光祖，他的主要任务就是把老同志照顾好，既要让他们参加劳动和学习，但也不能把他们搞得太累。于是，当遇到上山扛竹子、打柴火这样的重体力活时，陈光祖总是让郭力、孟少农等老同志就不要去了，但郭力、孟少农他们仍然坚持与大家一起干。大家在"五七干校"除了参加劳动外，还要参加政治学习，劳动学习之余孟少农也经常与大家聚在一起，看各种过期的报纸、下棋、打扑克、聊天，偶尔也跟同志们交流劳动体会。夜深人静时，他就悄悄地搞自己的学术研究，依然时刻关注着国内外汽车工业发展的情况。

在"五七干校"，除了劳动和学习外，还有许多事情给孟少农留下了深刻的印象和记忆。

1969 年 10 月 14 日，干校"战斗"宣传栏里，突然贴出了一张"孟少农在干什么？"的大字报。贴大字报的原因是孟少农 10 月 4 日、5 日，分别到干校附近的村子（斗口、后田、坑里、青树）里游玩，有些同志就借题发挥，认为孟少农动机不纯，行为可疑。于是，就提出了"孟少农在干什么？"的问题。大字报出来以后，干校营、连领导先后找孟少农谈话，要他正确认识大字报的事情。10 月 15 日，孟少农就贴出了一张"诚恳接受批判"的大字报，这事情也就算过去了。

1969 年 11 月，干校根据上级要求，开始开展整党工作。11 月 18 日，先是以连队为单位，开展整党动员。28 日，在校部召开大会，对干校整党进行全面动员部署。随后各连分别召开会议，组织学习整党的政策要求，并交流每个人对整党工作的认识。12 月 6 日，干校成立整党学习班，孟少农被分配到学习班的第四组。由此开始以连队为单位的帮学活动，通过早班会和晚上的讲用会，对指定对象开展定向帮助。

12月29日晚，整党学习班召开班会，讨论孟少农的情况，并一致同意恢复孟少农的组织生活。12月31日，连党政领导小组正式公布孟少农恢复组织生活。在下午召开的连临时支部成立大会上，孟少农和此次恢复组织生活的全体党员进行了宣誓。晚饭后，校部举行了文艺会演，8点开始组织收听元旦社论，听完社论后，校毛泽东思想宣传队又赶回表演，表演一直到深夜11点40分才结束。零时，1970年元旦的钟声敲响，大家高呼"迎接伟大的70年代"。

在干校，孟少农有过两次探亲的经历，其中的曲折与艰辛，也给他留下了深刻的印象。

1970年1月20日，孟少农开始了他在干校期间的第一次探亲。这次探亲他首先往南到湖南桃源，看望儿子和小女儿，然后再往北到北京和长春，看望大女儿和夫人李彦杰。早晨，他们一行三位同志赶到校部，准备一早乘车到南昌，但因车的油路被冻冰阻，直到11点才离开干校。下午1点多到达南昌一机部的转运站，下午去火车站买293次凌晨去长沙的票，当晚住在南昌第三招待所。

1月21日，孟少农凌晨乘火车离开南昌前往长沙，到达长沙新站已是晚上10点半。出站后乘坐公共汽车到长沙东站招待所，东站招待所只接待外调人员，其他人员一律不予接待。孟少农与招待所的工作人员交谈后，工作人员将他介绍到东牌楼少年之家。等孟少农把一切安顿好，上床睡觉时已过了深夜12点。

1月22日，早晨起床后孟少农就到了长沙西站，排队购买当日去常德的车票时，车站广播里突然传来告知："当天前往常德的车票已售完，只有25日的票。"听到广播后，孟少农一时间有些发蒙，孟少农想当日没有票，在这里住上三天，光吃住消费不说，自己的探亲假也可能被耽误。正当他着急无门时，从远处走过来一位军人，说要退当日8点到常德的车票一张，孟少农就买下了去常德的那张票。下午到达常德南站后，孟少农立即过河，去常德北站买去桃源的车票。去桃源的车一天有三班，但当天的票已经售完，于是孟少农就到售票窗口，向工作人员讲明了自己是远道而来的，而且探亲假有限，希望能够给予照顾，结果就卖给了他一张第二天的站票。孟少农当晚住在常德大旅社。

1月23日，孟少农早上7点离开常德，8点半到达桃源，下车后很快就找到了上边街36号妹妹少琴家，见到了分别已久的儿子小顾（孟顾）和小女儿小沅（孟沅）。孟少农在桃源总共待了三天时间，在那个交通并不发达的年代，探亲是一件很艰难的事情，探亲假大部分要消耗在路上。孟少农非常内疚，在桃源待的时间太少，与儿子、女儿相聚的时间太短。因此，孟少农在桃源期间，尽量抽出时间陪儿子和女儿聊天、逛街，而且还走访和参观了小顾的学校——桃源"五七"二校。

1月26日，孟少农踏上了北上的路程。离开桃源时，弟弟、妹妹及小顾、小沅等家人到车站送行。下午抵达常德，住常德大酒店，只有一张行铺。随后就到了轮渡码头，购27日往长沙的船票，但船票已售完，28日的票必须等到27日才能售。随后他又过河到了常德南站，从一青年工人手中买到28日往长沙的票一张，这样才放心地回到了常德大酒店。

1月28日，孟少农早上乘车离开常德，中午到达长沙，随即到车站去买票，买到29日6次车票，随后到蔡锷中路找到一家"永向东"旅馆，住大房间。接着给在北京的大女儿小运（孟运）发电报，告知到北京的时间。29日他乘6次列车离开长沙到北京。6次列车是经过长沙的过路车，上车后，车内十分拥挤，只有站的地儿。有一位湖北郧县青年在贵州电厂工作，要在汉口下车，孟少农遂与青年约好，等到汉口时候补他的座位。所以，从汉口起孟少农才有座位坐下。到达郑州时靠窗户的那位旅客下车，孟少农又移到靠窗户的座位坐下，这时才感觉到一路的辛苦和劳累有所缓解。1月30日早晨，孟少农到达北京，住弟弟少康家。早饭后去车站买票，买到31日59次去长春的下铺，随后就赶往通县去找小运。在42路支线起点候车室，两位女青年问孟少农到通县去找谁，孟少农回答道找孟运，她们说是同房住的，孟运在四连，学习很好。中午到了孟运所在的工厂，孟运的师父出来接他，说孟运早晨回去拿东西去了。然后孟运的师父就招待孟少农吃午饭，饭后就在孟运师父处休息等候。等到下午5点孟运回来，与父亲谈了片刻后，约定2月14日等他从长春返回北京时再见面相谈。随后孟少农就乘车回市里。31日上午，孟少农去西单在电报大楼给夫人李彦杰发了一份电报，告知到达长春的时间。下午乘 59 次列车离开北京，2 月 1 日上午到达长春，同事维克来接站，这时才知道夫人李彦杰生病在床。

回到长春家里，很快就迎来了春节。春节期间，除了陪伴和照顾夫人，孟少农四天未出门，只是在家里接待来访的一些老同事和朋友。正月初五过后，连续两天陪夫人李彦杰分别到了吉林医科大学附属医院和吉林市中医院看病，但均无结果。眼看探亲假就要到了，孟少农得按时返回干校，于是他就买了 13 日上午 60 次赴京的火车票。满打满算孟少农在长春待了 12 天，陪了夫人 12 天，此时离开，心里略有安慰。

2 月 13 日上午，孟少农启程南下，14 日凌晨到达北京，去少康家，然后到前门买了 15 日到汉口的车票。由于在北京只停留一天时间，因此别的事情也没做，只是在街上给夫人、儿子和女儿买了一些日用品给他们寄去。2 月 15 日乘 37 次列车离京赴汉，16 日早上抵达汉口车站，下车后就直奔码头去买船票，买到 18 日去九江的四等舱票，然后找了一家旅馆住下。下午去了弟弟少陵家，当晚就留宿在少陵家。17 日早饭后，少陵一家陪他游玩了中山公园，一起去照了相，中午在冠生园吃午饭，下午就回旅馆休息。18 日早上乘坐东方红 7 号轮船离开武汉。由于买的是四等舱票，28 个人睡一个大通间，在船上吃了两餐饭，晚上到达九江。当日九江正下着雨，上岸后坐三轮车到火车站，买了 19 日到南昌的火车票，当日晚住九江大旅社。

2 月 19 日早晨，孟少农乘车离开九江，接近中午时到达南昌。出站后就到了一机部转运站，转运站里已有 10 余人在候车回干校，但因当天没有车，转运站就介绍孟少农到江西医学院接待站住宿。住宿的地方是一个实验室，全屋住了 36 个人，因没有固定的床，大家都睡在化验桌上。20 日早上吃完早饭后，又回到了转运站，这时已经有 40 多人在候车回干校，但上午仍然没有车，转运站的同志就联系租一辆公共汽车。原以为租车按单程计算，结果对方坚持要按双程计算，所以车也没有租成。下午 3 点多钟，校部开来一辆大公共汽车，40 多人挤在一辆车上，晚 7 点回到干校，孟少农就这样结束了他的这次探亲之旅。此次探亲，从奉新到湖南桃源再到长春，来回几千公里，一路颠簸劳累，但能与亲人见面，孟少农仍感到安慰和幸福。

1970 年 12 月 26 日，孟少农踏上了他在干校的第二次探亲之旅。同样是探亲，却有着与第一次探亲不一样的感受和体验。探亲过程中的所见所闻，从一个侧面也反映出当时的社会背景和人们的生活态度及生活方式。

26 日上午，孟少农乘班车离开干校，下午到达南昌。乘坐晚 49 次列车离开南昌，27 日凌晨抵达株洲，换乘 304 次列车，上午到达长沙。同行的一人告知车站前有西站汽车售票处，在西站正巧碰到一个退 28 号常德票的人，随即将票买下。

28 日早晨 8 点发车，行至 12 点时，前方道路堵塞，原因是雨天路滑，上坡急转弯处，有一军用"华沙"车越过中心线半车，与迎面开过来的公共汽车相遇，公共汽车急刹车并往右打方向盘，"华沙"车没有刹车，造成左侧相撞。通知常德公路市政鉴定所来处理，直到下午 2 点道路才复通，因此事停驶的近百辆车辆复行，至傍晚到达常德。

到达常德后准备买次日到桃源的车票，只见常德南站的公告上面写着"去桃源的票，预售两日，29、30 日的票已售完"。车站工作人员劝导旅客坐船。于是孟少农就过河到了常德大酒店，登记接受一走廊行铺，将提包寄存，然后去了北站。北站已关门，车站有若干去桃源的旅客，告诉他有常—桃轮船通行。接下来孟少农又到了轮船码头，售票处也已关门。有一长沙小姑娘告诉他晚上 7 点卖票，于是，孟少农找到一家小饭店吃晚饭。饭后到码头排队，买 29 日到桃源的船票。

当日孟少农走了很多路，腿脚非常疲倦。孟少农本想晚饭后回饭店好好休息，可晚饭后饭店民兵连举行防空演习，要求全体旅客下地下室，演习结束后，接着召开控诉"美帝苏修"大会，上床时已是凌晨。

尽管前一天晚上睡得很晚，但因要赶 29 日的早班船，孟少农还是起得很早。吃完早点赶到了码头，人不多，7 点半登船即开。船为双头，两层，船号"韶山 211"。船装有两台六缸柴油机，实际上是两只船的船体装在一个甲板上。中午到达桃源，小顾、小沅及少琴来接。因这次回桃源只有一天的时间，第二天要带小顾、小沅一起回长春，在桃源只来得及吃两餐饭，但要分别去弟弟和妹妹家吃，只好轮流着吃。30 日早晨起床后，少华及小顾到码头买船票，少琴、少华全家来送。小顾、小沅的行李共两件，一头衣服，一头两床被，由孟少农挑，手提包及背包等由小顾挑。11 点 35 分开船，下午 2 点半到达常德，在码头买好第二天一早到长沙的船票，然后到常德大酒店，住的依然是大行铺。由于第二天上船的时间很早，于是孟少农就要求孩子们当晚早点睡，明早早起。

31 日凌晨 2 点半起床，3 点到达码头，4 点登船启航。所乘的船为老式船，木条凳，一层底舱，一层顶舱，低矮而拥挤，远不如常—桃线上的新船。孟少农他们三人坐在底舱夹部，什么也看不见，小顾、小沅要求出去玩儿，孟少农答应让小顾出去，自己带着小沅。船行至途中，触滩搁浅了，耽误了一会儿时间，晚上 9 点多在长沙码头登岸。上岸后三人挑起行李至火车站，排队买卧铺者共 14 人，孟少农排队登记买到了 16 次最后一张卧铺（下铺），买的是 1 月 2 日到长春的通票，需要在北京改签。把行李托运后，到湖南旅馆找到一个大通铺，带小顾及小沅各吃了一碗面，至午夜 12 点才上床休息。

1971 年 1 月 1 日，元旦。清晨，三人 6 点半起床，收拾好东西后，离开了旅馆，先存提包，吃早饭，去火车站买了 7 点 40 分去韶山的票，接着去车站排队，上车时已无座位，车上全是萍乡某中学的学生，承他们让座，孟少农一行才有座位。过了一会儿车上播报"两报一刊"元旦社论，播了好几遍。10 点半到韶山，下火车上公共汽车到韶山冲，瞻仰了毛主席的旧居，三人照了一张合影（寄到长春据说要一个月）。然后去食堂吃午饭，又去纪念品商店买了一个提包和钢笔、本子等，从纪念品商店出来又去了陈列馆参观，到陈列馆时恰巧遇上到韶山参观的越南代表团，两旁有群众夹道欢迎。参观完陈列馆已到了下午 2 点半，于是就启程往回返。在火车站候车室看了服务员文艺节目。4 点 40 分开始登车，晚上 7 点返回长沙吃晚饭，晚 9 时余收拾就寝。

1 月 2 日，早上 6 点起床，孟少农给小沅编了小辫儿，梳洗完后，6 点 50 分离开旅社去吃早饭。8 点上车，下午 3 到 4 点列车里开展政治学习，晚上到郑州后，同组 11 号上铺下车，随后，请列车员补了一张票，小顾、小沅睡 12 号下铺，孟少农就改睡到 11 号上铺，睡至清晨 6 点。

3 日上午 9 点，列车到达北京，下车后先到售票处签 59 次列车，有 3 个座位，然后将两个提包寄存，去吃早点。早饭后孟少农就带着小顾、小沅到西单，给小沅买棉鞋，给小顾买手套、袜子，配眼镜架。回到王府井已 12 点，在北京烤鸭店吃烤鸭，然后到百货大楼和东风市场买食品，出来时已过下午 2 点，慌忙中记错了火车的时间，以为火车是下午 2 点 25 分的，实际上是下午 3 点 25 分，连忙快跑了近 30 米才醒过神来。到站领取行李，收拾后进站，车厢里很空，他们 3 人坐了 4 个座位。经过一夜的颠簸，清晨小顾和小沅醒来后显得十分兴奋，因为他们很快就要见到久别的母亲了。

1 月 4 日上午，列车准时到达长春车站，张华及李子正来接站，回到家，李彦杰已经为丈夫和孩子们准备好了午餐。因小顾和小沅很久没有见到母亲了，见面后，小顾和小沅甚是高兴和开心，母亲也激动地流下了幸福的泪水。午饭席间，一家四口交流甚欢，不知不觉吃了一个多小时。在休探亲假期间，孟少农主要是陪伴家人，经常下厨做饭，陪儿子和女儿逛公园、照相，陪夫人去了一次医院；其次就是读书学习，又仔细阅读了一遍元旦社论；接待朋友和同事的来访也占用了他一定的时间。亲人相聚，时间总是过得那么快，一转眼，探亲假的大部分时间已经过去，孟少农又将做回程的准备。

1 月 30 日，大年初四，孟少农买了 31 日上午 11 点 28 分开往北京的 60 次列车车票，并开始收拾行李。这次就他一个人离开长春，两个孩子就留在了长春，一来考虑夫人的身体不太好，需要有人陪伴和照顾，两个孩子虽然年龄还小，但也能起到一定的作用，多少能减轻夫人的一些负担；二来考虑到桃源老家相比长春来讲还是比较艰苦的，回到长春可以改善一下孩子们的生活环境，同时也可以减轻老家亲人们的负担。

1 月 31 日，吃完早饭后，由小顾及张华等送站。列车离开长春，车上旅客不算多，还有少量硬座。2 月 1 日凌晨列车到达北京，出站后孟少农马上到售票口签 2 日的 37 次车票，然后去了弟弟少康家。早饭后略微休息，就去了一机部汽车局。在汽车局，见到了胡亮、陈杰华、张兴叶、郭良楠、吴资丰、陈雷、于泳、唐昌钦、赵光、刘焕及史传训等同志，并进行了简单的交流，询问了汽车局的一些情况。下午到西单王府井，买了一些日用品、食品和药品。

晚上住在弟弟少康家。

2月2日上午，乘37次列车离开北京。列车经过一夜的行驶，于3日早上抵达汉口。出站后孟少农马上到码头去买船票，正好遇到有加班开往南京的昆仑号，就买了一张到九江的四等舱票。从售票大厅出来，把行李寄存后，就乘坐轮渡到了武昌广埠屯弟弟少陵家，并在少陵家略微休息，吃午饭，下午陪弟媳去买东西。因到九江的轮船码头在汉口，所以买完东西后，就与弟弟的家人告了别，在汉口码头吃了晚饭就上船。当晚乘坐的昆仑号，船系川江用的，所以船上的装备不错，当晚在船上休息还算好。

2月4日早晨，轮船到达九江码头，孟少农下船后迅速赶到火车站售票大厅，本想赶早班车到南昌去，可是到那一看，时间已经来不及了，就改买了下午394次列车。买完票寄存好行李，就到市内闲步。九江市东西长南北狭，北为大江，南为南门湖，远望去是庐山，车站在九江西站。孟少农在江边小坐，买了些小物品，然后吃午饭，再回车站。2点多开始排队进站，上车后没有座位，只能站着，过两站至沙河，有人下车才有一座位。晚7点到达南昌站，出站后在车站吃了碗面条，然后到一机部转运站。到转运站后，不巧遇上干校小学教师在南昌参观，转运站全部住满。经转运站介绍，又到了南昌第三招待所住，当晚11个人住一大房间。2月5日下午有车，傍晚返回抵达干校，结束了这次探亲之旅。

在奉新"五七干校"时，孟少农已经患有严重的疾病，但他仍以坚强的毅力，克服心理和生理上的压力，始终充满着革命的乐观主义精神。1970年11月下旬，干校的"秋收战役"打响了。为此，校部专门开了动员大会，要求全干校的干部和学员鼓足干劲，力争上游，多快好省地完成秋收任务。为配合干校的秋收，10月24日，孟少农还作了一首打油诗：

为了革命多打粮，五七战士斗志昂；
天连五岭银锄落，喜看稻埂变三光！
披荆斩棘战田间，老将挥锄走在前；
修理地球夺丰产，那管腿上关节炎！

荷铲列队田间行，脚下泥软稻苗青；

移稻开渠排积水，条条水渠通北京。

绿肥播种在金秋，水稻明年保丰收；

革命种子辛勤撒，红花开遍五大洲。

打油诗充分体现了孟少农参加秋收的激动心情和良好的精神状态。

1971 年 5 月 28 日傍晚，党支部书记邹就正通知孟少农，部里可能准备调他去陕汽，过几日走。孟少农对突如其来的工作调动，毫无思想准备，但他内心想，如果能继续从事汽车工业工作，无论到哪儿，都是愿意的。但一周过去，组织上并没有找他正式谈话，孟少农也不便去问情况。

1971 年 6 月 5 日，正好是一个休息日。一大早连长孙有余让班长通知孟少农去办公室谈话。孟少农到办公室后，孙有余直奔主题，开始了双方的交谈。

孙有余说："正式通知你，部里要调你到陕汽工作，今天算是正式征求你的意见，是否去？若去，还有什么困难，都一起讲出来。"

孟少农回答："我服从组织安排，可以去。"

孙有余又问："你知道那边的情况吗？"

孟少农答："不是太了解。"

孙有余说："没关系，你可以先到部里了解一下情况。"

孟少农问："大概什么时间走？"

孙有余答："很快，你从现在起就开始做准备。"

谈话最后孙有余还向孟少农征求他对干校和连的意见，希望他在走之前能够把这些意见或建议留下来。

6 月 5 日的谈话后，孟少农就开始准备工作调动的事情。连里知道了孟少农即将调离干校，去陕汽任职，不少同志向他询问情况，问候、交流。班排也在准备为孟少农召开座谈会和欢送会。

6 月 14 日上午，支部书记邹就正主持了一个小型座谈会，向大家表达了对孟少农回归汽车工业岗位感到高兴的心情。同时，希望在离开干校前，孟少农能够把对干校和连的意见留下来，以便进一步把工作做好。会上，同志们也表达了和孟少农一起工作、学习、生活的感受，以及对他未来工作的希望和建议。王昭华满怀深情地说："在一起机会难得，过去觉得你高不可攀，来后还可以接近。你能刻苦锻炼，精神饱满，变化很大。但仍要防骄破满，做好与群众的结合……要克服容易钻到技术里出不来的现象。希望你能成为好领导和好的技术干部。"

6 月 15 日晚饭后，一排、二排的全体同志召开会议，正式欢送孟少农赴陕汽工作。欢送会上，同志们你一言我一语，气氛非常热烈。大家充分肯定了孟少农在"五七干校"劳动学习所取得的成绩，同时对他未来的工作提出了殷切希望。有老同志讲："1952 年汽车组成立时就认识，现在变化很大，希望继续走'五七道路'。"有年轻同志说："认识你很早，但你认识我们很晚，希望到了新的岗位以后更好发挥作用，保持谦虚谨慎的作风。"还有同志提出："希望在新的岗位上继续发扬'五七作风'，坚决贯彻毛主席革命路线，推车要抬头看路，与群众打成一片，把企业的技术工作做好，搞好'三结合'。"还有的同志说："三线建设困难很大，希望在新的岗位上，你能成为学习马列的带头人，捍卫毛主席革命路线的带头人，有机会还来干校看看。"还有人说："老孟走了，舍不得，从孟总到老孟，以后再做孟总，地位变了，联系群众的作风不能变。"

支部书记邹就正做了总结发言。他讲老孟离开干校，仍然走"五七道路"，希望汽车局 65 人都这样欢送一次，希望孟少农在新的岗位上取得更大的成绩。

会议最后，孟少农也做了表态性发言。他说通过干校的劳动、学习和生活，自己感到变化很大。原因是按毛主席的"五七指示"办事，收获很大。要继续发扬好作风，继续前进。大家提了好些希望，一定要想到自己的工作不是单纯做技术工作，要首先突出政治，保持坚定正确的政治方向和艰苦朴素的工作作风，在新的工作岗位上，努力把工作做好。也希望同志们在他离开干校以后，仍然多关心多帮助。

欢送会在齐唱《大海航行靠舵手》和《我们走在"五七"道路上》的歌声中结束。

1971 年 6 月 17 日，早晨 6 点，同宿舍的同志们帮孟少农把行李装上小拖拉机送去校部。到达校部时，二排的全体同志和支部书记邹就正已在此集结为他送行。上午 8 点汽车开动，随着汽车远去，孟少农也结束了他在奉新"五七干校"一年零九个月的劳动生活。

第七章　艰苦奋斗在五丈原麦李西沟

　　孟少农于 1971 年 6 月 17 日离开"五七干校",6 月 19 日下午到达北京,出站后随即坐上出租车到一机部汽车组报到。在部门口,碰见吴资平,因当时部传达室尚未办公,便从后门进了大楼。在汽车组与严济民、陈雷、胡亮及吴忠良等见面。严济民与孟少农进行了简单的交谈,并告知他到干部组开具介绍信。在干部组与李焕章见了面,李焕章告诉他:"陕汽任务很紧,原来陈子良在,现拟组织一个班子,有王进仁、陈子良、你、郝明山和赵永豪五人,还剩王进仁尚未谈话,陈子良现在在北京。你去了以后主要是搞技术,大概要明年出车。建议你走之前与汽车组谈谈情况再走。"随后,孟少农开完介绍信,被安排到洋房店单身宿舍,住在北楼 115 号,因行李当天未到,当晚便借用铺盖。

　　因急于了解陕汽的情况,孟少农当日晚饭后就去了陈子良家。陈子良比较详细地给他介绍了陕汽的情况。陕汽的厂址在蔡家坡渭河南岸,新建公路桥连接南北,工厂在五丈原下的一条沟中,沟中尚有一省办小兵工厂。厂区的布局,从沟外到沟里依次是铸工车间、生活区、发动机车间、底盘车间、工具车间、机修车间、车身车间、总装车间,铸工车间在最外面,总装车间在最里面。厂房约 10 万平方米,加生活区 18 万平方米,已盖完一部分,生活区明年完工,设备年底可安装完 400 台。全厂 1800 人,大部分来自北京汽车制造厂,南京汽车厂包建发动机，军管人员来自21军。产品1970年出了"政治车"一辆，1971年出质量车，计划8辆，可能只能出4辆。车辆载重准备采取两者折中方案组织生产，但意见分歧不少。当时孟少农在北京还有几件事要办，分别是6月22日陪胡亮去看样车、汇报协作安排、看工业展览会、谈组合机床，大约6月底前可同路去陕汽。

6月21日上午，跟胡亮约好了到部里谈产品问题。孟少农到部里后，胡亮去了民族饭店开会，即找张兴业谈。张介绍陕汽产品：采用6130型柴油发动机、功率210马力、扭矩HP84kg·m/s^2。要求中央充气，载重5吨，牵引6—5吨，车身强度要高。规模：年产1000辆，齿轮及锻件在陕西齿轮厂生产；油泵油嘴在汉中生产；标准件、电机等有些尚未安排布点，要抓紧定方案，抓紧车子定型。发动机动力搞大一些，搞一些组合机床，剩下的问题再听听胡亮的意见。

孟少农在北京的几天工作，使他对陕汽的基本情况有了初步了解。离京赴陕还有几天，于是他利用间隙，6月24日乘59次列车离京，回了长春一趟，看望妻子和孩子。7月4日，孟少农返回北京，到单身宿舍放下行李后，随即去找陈子良商量走的时间，初步商定7—8日走。第二天他又去部里与赵乃林谈5吨越野车试制情况。随后几天，他都在做赴陕的各项准备（购买生活用品、打包行李、托运行李）。原来打算买8日的票离京，但8日的票已售完，加之随去的郝明山因病发烧，故延迟了几天才走。1971年7月11日，孟少农正式离开了一机部汽车局，赴陕西汽车制造厂任职。

第一节　建设陕西汽车制造厂

1966年以前，中国重型汽车生产厂只有济南汽车厂，但年产量不足千辆，军用重型越野车更是空白。当时，解放军炮兵部队重型火炮的牵引车有两种：一种是60式履带牵引车，另一种是进口的轮式越野车。使用履带车牵引轮式火炮，既无法发挥履带式车辆的越野优势，速度又赶不上在公路上行驶的汽车，而且对路面的破坏也很严重。进口车辆价格昂贵，国内又缺少零配件，不能适应战备的需要。要解决我国缺少军用越野车这一问题，必须立足于自力更生。

汽车是重要的军事后勤装备，也是重要的三线建设项目。根据国家对三线建设的安排，第二汽车制造厂重新上马。1964 年 10 月，根据国家三线建设委员会、国防科委、一机部汽车局的安排，拟定在西北地区和西南地区各建设一个越野车生产基地。其中，西北地区安排在陕西，西南地区安排在重庆。中央做出这样的决定和安排，是出于国家经济建设、国防建设的迫切需求，同时，也是为了完善国内重型汽车生产的布局。

1966 年，三线建设进入高潮。正在这时，位于北京的新都机械厂（隶属公安部）仿照捷克斯洛伐克太脱拉型汽车，试制出 5 吨越野车，新都机械厂因此进入了有关部门的视野。为了加快陕西汽车制造厂的建设，一机部决定将新都机械厂生产越野车及汽车配件的设备、人员迁往陕西，建设 5 吨越野车生产基地，并开始筹建陕西汽车制造厂。1966 年 2 月，一机部和国家计委下发《关于新都机械厂迁建西北地区的通知》。同时决定陕西汽车制造厂采取以老厂包建新厂的形式建设。决定以北京汽车制造厂为主，从南京汽车制造厂、杭州汽车发动机厂、济南汽车制造厂、北京汽车齿轮厂和长春汽车研究所各抽调部分技术力量组建陕西汽车制造厂。

1967 年 7 月，第三次全国越野车规划会议在北京西郊的香山召开。这次会议极为重要，我国已研制成功中程导弹，需要为导弹配备重型越野汽车。一机部部长段君毅、一机部一办负责人都出席了会议。一机部负责汽车生产的是汽车局，一办负责大型主战武器生产，一办出席会议，说明这次会议的重型越野车不光是一款汽车，而且是大型主战武器。解放军总参谋部、国家计委、第二炮兵部队以及第一汽车制造厂、重庆重型汽车厂、济南汽车制造厂，都派代表参加了会议。会上，第二炮兵部队代表发言讲道："我国中程战略导弹已经研制成功，但与之相匹配的 8×8 独立悬挂导弹运载车辆却没有动静，有弹无车形不成战斗力，总不能让战士们拉着导弹跑吧。"代表的发言再次证明加快生产重型越野车的重要性和紧迫性。1968 年 2 月，来自四个方面的人员聚集陕西。陕西汽车制造厂因也属于三线建设项目，厂址选择的原则是靠山近水扎大营。经过一番艰难的选址工作，1968 年 4 月 11 日，陕西汽车制造厂厂址定在陕西省岐山县渭河南岸的麦李西沟。

第二节　生活中的"背水一战"

1971 年 7 月，孟少农奉命调到陕西汽车制造厂工作。在接到调令那一刻，他为能重归中国汽车工业队伍而喜出望外，无比激动。于是他急忙收拾行装，提起他那早已显得陈旧的柳条箱，很快启程到了陕西汽车制造厂报到，并被任命为陕西汽车制造厂革委会副主任、生产指挥组副组长，全面负责技术工作。

国家建设陕西汽车制造厂，不仅是经济发展的需要，更是国防建设的需要。陕西汽车制造厂当时的产品定位主要是生产部队急需的重型越野炮车。1968 年 5 月，北京汽车制造厂在设计科成立了 5 吨越野车设计组。6 月，设计组和国防科委十二院组建联合调查小组，深入解放军炮兵部队广泛征求部队对炮车的设计意见。最后，调查小组综合多方因素，选择了苏联的乌拉尔 375、法国的小戴高乐、捷克斯洛伐克的太脱拉为参考车型，初步确定了 5 吨越野车的基本设计要求和整车设计方案。该方案是建立在充分利用国内汽车工业已有技术力量的基础上，发动机选用杭州汽车发动机厂的 6130 型柴油发动机；变速器、分动器及后桥主被动齿轮委托北京汽车齿轮厂设计试制；参考黄河牌汽车的结构设计气液式双片离合器，采用黄河牌传动轴、万向节和单管路气制动。同时，该方案也充分考虑了进口越野车的设计，前桥在太脱拉 138 的基础上做了部分修改，中后桥则参考乌拉尔的结构，并在长春汽车研究所的协助下设计出贯通桥。转向器则参考法国的 GBC 结构。总体上看，陕西汽车制造厂的初期产品设计走的是一条自主研发的道路。

1968 年 12 月 30 日，延安 SX-250 第一辆样车在北京汽车制造厂试制成功。经过检验测试，并由炮兵部队将其与法国 GBC8Mt 和苏联乌拉尔 375 型汽车做了对比试验，认为其主要性能可以满足部队的战术要求。但是，车辆高、大、重，发动机冒烟，加速性不好，部队要求加以改进。于是企业进行了第二轮改进设计，将重点放在减轻自重方面。经过第二轮改进设计，整车的重量虽然减少了，但又出现了主体零件强度弱、车辆的抗碰撞能力大打折扣、各个零部件的质量都有所下降的问题。此外，驾驶室造型也变得复杂，结果不令人满意。1970年8月，又开始第三轮设计。1970年9月，按照新方案开始试制，年底装出一辆样车，但投入15000公里试车后，又暴露出不少新的问题。面对如此境地，陕汽人并没有气馁，而是干劲十足，决定再试。然而，承担包建陕西汽车厂的两个主要汽车厂——北京汽车制造厂和南京汽车制造厂，都是生产轻型汽车的企业，对设计重型汽车缺乏经验。因此，陕西汽车制造厂主打产品的试制颇为曲折，耗时很久。

延安SX-250型载重越野车经过几轮改进试验，仍不能完全达到部队的使用要求，产品一直都定不了型。当时传言要下马的陕西汽车制造厂急缺有经验的技术领导干部组织产品开发、技术攻关和生产准备工作。在这举步维艰的时刻，时任厂领导的陈子良从筹建一汽开始就在孟少农的领导下工作，对他非常熟悉和了解。于是，他向组织提出调孟少农到陕汽工作，帮助解决产品存在的技术问题。就这样，在上级部门的协调下，孟少农到了陕西汽车制造厂。

陕西汽车制造厂地处岐山县五丈原的麦李西沟，是"文革"开始后新建的三线工厂。建厂初期的陕西汽车制造厂分布在长长的山沟里，地处偏僻，交通不便，生活条件极为艰苦，工作上困难重重。当孟少农接到调令时，他也曾思考过是只身一人去呢，还是带着全家去。很多人都劝他说："最好你自己去，家属就不要去了，以便将来有什么变化还有个退路。"孟少农经过反复思考，有了自己的主意。他把全家人召集在一起，讲了他的想法，他决定把全家人都带到陕汽去。他语重心长地对全家人讲："我这样做就是不为自己留下退路，不管事业如何困难，不管生活如何艰苦，我们只能前进，不能后退，我们必须和陕汽共兴衰，共存亡。"就这样，孟少农带领全家"背水一战"来到了陕汽。

孟少农到陕汽时，工厂破土动工才一年多。生产阵地虽然已经基本建成，但是生活条件十分艰苦。整个工厂只建了四栋单身宿舍，许多职工和家属只得租用民房，不少青年工人还住在车间或芦席棚。先于家属到达陕汽的孟少农就同陈子良和郝明山三人合住在厂办公楼底层门厅旁的一间房内，而且是一室多用，既当宿舍，又当办公室和会议室。他每天和职工一样到食堂排队打饭。

不久，孟少农的夫人带着两个孩子也来到了荒凉的五丈原麦李西沟。那时还没有家属宿舍，一家人到来时就住在一间半很小的平房里。全家行李倒是简单，只是孟少农带来的技术类书籍太多，屋里根本放不下，只好一箱一箱地垒起来，每次使用时都得下一番功夫搬动。那时公家也没有配备家具，孟少农就自己动手做小饭桌和小板凳。

地处山沟的陕汽在基建阶段长期没有蔬菜供应，直到1975年李先念副总理批示，责成陕西省解决蔬菜供应问题后才拨给了300亩农田作为工厂的蔬菜基地。在此之前的五六年时间里，大部分的食品和蔬菜均是靠外供。当时二三十岁的年轻人都是"长途赶集"往返四五十里路采购蔬菜，冒着被收购的风险采购鸡蛋；为给孩子买一瓶牛奶而排队等上一两个小时；为买粮、买煤跑二十来里路；为购买每人每月半斤定量供应的猪肉而彻夜排队。孟少农到陕汽工作时肾病已经很严重了，就是在这样的情况下，他带着身体有病的爱人和两个未成年的孩子在陕汽生活着，从未叫过苦，以饱满的乐观主义精神克服重重困难，做了他所能做的一切。陕汽职工称赞孟少农是扎根三线的典范，他在陕汽度过的日日夜夜是其一生中最为艰苦的阶段。

孟少农的威望和人们对他的崇敬，就是从他率先垂范、身教重于言教中建立起来的。他在家庭生活中这一段"背水一战"的佳话至今已成为一种宝贵的精神资源，滋润着陕汽这片沃土。

第三节　攻克产品难关

孟少农到陕汽工作时，陕汽仍处在军管时期，厂里的机构只有政工组、生产组、后勤组。除生产组有少量的技术人员外，大部分技术干部都在车间劳动，根本谈不上技术管理和技术工作流程。SX-250型5吨越野车虽已经过几轮样车的试制与试验，但仍然存在着不少重大质量问题，如何解决？孟少农提出了"严试验，缓定型""试验要充分暴露薄弱环节"的方针。孟少农认为解决技术问题，第一要件是要有一支过硬的技术队伍。建好、带好、用好这支队伍，才是企业走出困境的首选。当时陕汽没有设计科，全部产品设计人员分散在各个车间，与工艺人员一起分到各个工段从事设计工作，因而厂里要想商定设计方案的修改和结构的改进，都必须经过各个车间甚至各个工段领导的同意，厂里的技术设计工作受生产管理和工艺人员的制约非常严重。这样一种工作体制机制与产品设计工作的整体性、协调性很不适应。在一次部分设计人员座谈会上，孟少农很激动地说出了自己的心里话，他说："我最近一个多月来反复思考，认真查阅马列经典著作，找出了一点根据，就是列宁说的，'无产阶级之所以有力量就在于集中'，今天我们搞产品设计，要使一个产品完美、适用，也必须集中，目前这种分散状态是无法搞好设计的。"听完孟少农这番话，在座的与会人员都兴奋起来了，个个点头表示赞成，并说他们早就希望有这一天了。在孟少农的建议和坚持下，1972年陕汽正式成立设计科和技术工作组（下设产品设计组、工艺设计组、工厂设计组和组合机床设计组）。设计科成立后，立即全面进行了产品设计的大修改，对SX-250型5吨越野车第四轮样车的试制和顺利通过定型试验发挥了关键性的作用。

在解决了大部分工程技术人员归位问题后，紧接着孟少农又在厂领导的支持下，开始整顿工厂生产秩序和规范技术工作程序。首先从技术层面上抓产品图纸的完善，抓产品质量攻关；其次针对前三轮产品试制的结果进行解剖、分析、研究、梳理问题。1972年4月，陕汽举行了5吨车设计试验座谈会，孟少农邀请了国内数位汽车专家为SX-250"会诊"，共总结出离合器烧裂、使用寿命短、变速箱不好挂挡、容易跳挡、加速性不好等6大问题，以及141个小问题。针对问题，孟少农组织设计人员逐一制定攻关方案，开展了为期一年多的产品攻关活动。随着工作的推进，原存在于5吨越野车中的一些技术难点和问题被一个个攻破或解决了。1973年12月，陕汽生产出了符合设计图样要求的延安SX-250型载重越野车样车。1974年底，顺利通过产品鉴定定型，按时投产。1975年，延安SX-250型载重越野车正式量产和装备部队，并成为国产军用越野车的佼佼者和全国最好的车型之一，很受部队欢迎。1978年8月，此项目获得全国科学技术大会科技成果奖，并成为中国第一批出口的军车。

第四节　为陕汽"军转民"打下基础

孟少农善于学习，思想具有前瞻性，思考问题具有战略眼光。他时刻把握世界汽车工业的发展动向，紧跟其发展趋势，不失时机地提出一些关于汽车工业发展的长远思考。陕汽的主打产品是军用越野车（军品），孟少农则从国际汽车工业发展的实践中认识到一个汽车厂光靠军用产品是不行的，必须有一个自己当家的民用产品，只有这样才能保证企业的可持续发展。他反复宣传，陕汽是军用车生产厂，保证完成军用车生产任务理所当然，但军车总有一天会饱和，要减少订货，要换型。一个企业不能仅仅靠军品生产，必须走军民结合的道路，不能搞以军代民，而应该以民养军，产品设计必须先行。因此，在 SX-250 型 5 吨越野车正式投产后，他就向厂里提出要组织力量研究开发一款民用汽车产品。厂领导班子很支持孟少农这一想法，于是，1975 年底，由孟少农牵头，组织了一个技术班子，开始了新一代军民两用车的设计开发工作。设计要求按当时欧洲刚刚兴起的平头翻转驾驶室，发动机的功率为 240 马力到 260马力，投产日期为 80 年代初期，生产纲领规定年生产 3000 ～ 5000 辆。

1976 年初，孟少农就正式下达给设计科着手设计民用重型车（12 吨～ 15吨）。设计一款重吨位的载重车，对当时陕汽的设计科来讲是一个全新的任务，面临着很大的挑战，一时间很难提出一个完整的设计思路和找到设计的切入点。于是，孟少农向设计人员提出了三个方面的基本要求和设计思路，很快帮助设计人员打开了工作局面。这三个方面的要求：一是以陕汽现有的基本产品作为切入点。由于陕汽的基本产品延安 SX-250 型载重越野车是 6×6 的三轴汽车，因此民用汽车宜从 6×4 二轴汽车起步。二是"从大厂造小车，小厂造大车"的观点出发，设计一款大吨位的载重车，作为设计工作的切入点。为什么这么说呢？孟少农解释道："因为小车需求量大，要大批量流水生产，适于大厂生产，而大车需求量小，变形多，采用通用设备加工装生产，易于小厂制造。对于陕汽这样规模的工厂，为避免与大厂的竞争，我们的车型应选大的为好。"三是设计原则既要与延安 SX-250 型载重越野车保持最大的通用性，同时要有尽可能高的技术性和合理性，体现出新车的优势和特点。

在孟少农的直接组织和具体指导下，1975 年至 1976 年，陕汽完成了新的15 吨 6×4 型民用载重汽车——160 型汽车的大部分设计工作。遗憾的是，由于该车型基本上是一个全新车型，试制和形成批量生产能力的技术改造费用相当高，因此不容易落实。就这样，这款民用产品未能进入产品试制和产品定型阶段。1978 年，陕汽另搞了一个和 SX-250 型载重越野车基本相同的车型，由于该车型起点低，把许多在搞 160 型汽车时经过科学分析已经被否定的结构又搬了出来，因此在试制、试验中频频出问题。它在原设计上的根本缺陷，决定了它始终未能成为陕汽的拳头民用产品。20 世纪 80 年代初开始，陕汽面临军转民的紧迫形势，苦于没有产品储备，企业陷入困境。曾担任陕汽第一任厂长的陈子良十分感慨地说："我们当时如果沿着老孟的路走下去就好了，把 160搞上去，陕汽就不会这么困难。"

一款倾注了孟少农心血和智慧的民用产品——160 型载重车，由于种种原因未能进行试制，而只能作为技术储备资料入档。但他组织的设计班子设计了从总布局到总成部件的蓝图，为陕汽民用汽车的开发和生产奠定了良好的基础。

孟少农在陕汽工作期间，为建设一支过硬的设计队伍倾注了大量的心血，而且为改善技术人员的工作条件和他们的知识更新做了大量创造性的工作。为了给工程技术人员提供良好的工作条件与环境，在他的建议和主导下，厂里建起了技术研发大楼。为了帮助工程技术人员更新知识和培养后备人才，他主持建设了陕西汽车制造厂职工大学，并亲自兼任校长。他这种强烈的事业心和高度的责任感得到了陕汽职工的高度赞誉。

孟少农从 1971 年 7 月调入陕西汽车制造厂到 1977 年 12 月离开陕西汽车制造厂调入二汽，虽然在陕汽工作只有 6 年的时间，但给每一个陕汽人都留下了深刻的印象和美好的回忆，以至于后来许多到二汽出差的陕汽员工都要去拜访他。孟少农也时刻关注着陕汽的发展，1986 年正当陕汽遇到困难时，孟少农再次亲临陕汽，给陕汽人以鼓励。他跟陕汽的领导说："树上最好的两只鸟，也比不上手里的一只鸟，不要轻易放过已经取得的成果。"正是有了孟少农的鼓励与鞭策，陕汽人的步伐才那么坚定，如今的陕汽已经成为中国汽车工业战线上的佼佼者。

第八章　临危受命　转战二汽

20 世纪 60 年代中期，在要准备打仗和"备战、备荒、为人民"的口号下，第二汽车制造厂决定在三线建设。二汽的厂址经过在湖北、湖南、四川、贵州、陕西、山西等省选择，最终定在鄂西北的十堰。1967 年 4 月 1 日，在红卫炉子沟隆重举行二汽开工典礼，正式拉开了建设第二汽车制造厂的序幕。

第一节　出"政治车"产品质量留下隐患

二汽是在"文革"这个特殊的年代开工建设的，因此，多次受到"左"的干扰和破坏。1967 年 4 月 1 日，二汽正式开工，但从总体上看，工厂建设并未展开，仍处在施工准备阶段。

为了给大规模施工创造条件，1969 年 1 月 15 日开始架设丹东线和建设张湾变电站。经过各方努力，4 月 29 日工程竣工，并一次试送电成功，这为二汽的建设奠定了基础。1969 年 5 月 15 日，经国务院批准，由武汉军区和一机部主持，在二汽建设现场召开了关于二汽新设备试制生产部署和工厂设计会议（简称 5·15 会议）。全国 22 个省、市 180 多个厂（所）的 611 名代表到会，武汉军区副司令员孔庆德、一机部副部长沈鸿到会指导。会议的主要任务是：落实二汽所需新设备的试制和生产任务；审定二汽各专业厂工艺设计及总平面布置；确定了二汽工厂设计中的一些原则。会议持续了 10 天。1969 年 9 月，二汽开始大规模施工建设，包括专业厂、厂区公路以及专业厂际的供电、供水等一批项目陆续开工，当年完成投资 4052.9 万元。

1970 年，全厂的厂房还处在土建施工阶段，设备还没有开始安装调试，在不具备出车的条件下，二汽被指示加快出车速度，要求 1970 年"五一"出 100辆车，"十一"出 500 辆车，届时到武汉参加庆祝游行。

为了完成此任务，二汽正常的施工进度被打断，在不具备生产条件的情况下，二汽人只好手工加工零部件，找代用配件凑合装车。

1970 年至 1972 年，二汽虽然生产了近 200 辆汽车，但质量很差，用户给这批车子编了一个顺口溜："看上去龇牙咧嘴，走起来摇头摆尾，停下来漏油漏水"，极大地影响了二汽产品的声誉。1972 年 12 月 27 日，湖北省委决定成立中国共产党第二汽车制造厂临时委员会。12 月 30 日，湖北省委再次决定撤销第二汽车制造厂建设总指挥部，"三支两军"（解放军在"文革"中执行支左、支农、支工、军训、军管任务的部队的简称）人员返回部队，按独立业务系统建立工厂管理体制。至此，二汽建设开始步入正轨。

第二节 领导和指挥"背水一战"战役

为了扭转由出"政治车"等造成的困难局面，从 1973 年起，二汽采取了一系列措施，加强施工管理，加速二汽建设，把耽误的时间抢回来。1973 年1 月，二汽临时党委在机构整顿调整中，相继成立了工程处、工厂设计处、基建材料处、基建设备处、修建处和运输工程处；重编《关于扩大初步设计》文件，狠抓工程质量和施工准备；调整了项目建设程序，对重点建设项目采取集中力量打"歼灭战"的方法进行。4 月 16 日至 5 月 6 日，湖北省委在武汉召开二汽建设座谈会。5 月 18 日，湖北省委决定成立中共建设二汽现场领导小组，饶斌任组长，统一领导和指挥二汽建设现场各方面的工作。7 月 12 日，国家建委、国家计委批准了二汽扩大初步设计方案。7月28日至8月3日，根据国务院副总理李先念等负责同志的指示，国家计委、一机部在北京召开二汽工程质量和加速建设问题座谈会，李先念等中央领导接见了饶斌等参加座谈会的代表。两次座谈会后，二汽对1972年底以前施工的各项工程继续进行了复查，针对存在的问题，通过多种方案的反复研究，有针对性地解决了二汽在施工建设中存在的质量问题。

从1973年起，在饶斌的带领下，一方面重点解决工程建设质量问题，另一方面着手解决产品质量问题。到1977年底，二汽基本建成生产2.5吨军用越野车的能力，二汽的生产纲领规定年产10万辆，其中2.5吨、3.5吨的军用车就占了4.5万辆。这个纲领是在当时"要准备打仗"的特殊环境与条件下制定的，所以在建设过程中，二汽也是全力以赴，首先解决部队急需的2.5吨军车。但到了20世纪70年代末，潜在的战争阴云渐渐散去，国家对军费的投入也有所减少，1978年部队只订购了1000辆2.5吨越野车。当时市场上5吨民用车销售紧俏，但二汽的生产能力尚未形成，小批量生产的5吨民用车存在很多技术和质量问题。1977年10月6日，中央任命饶斌为第一机械工业部副部长、党组成员。对于这一任命，饶斌毫无思想准备，他本想能继续留在二汽，直到把二汽建成。在这个关键的时间节点上，当时二汽党委也希望饶斌在二汽再干一段时间。于是就由黄正夏代表二汽党委向中央反映这一要求，最后经李先念同意，饶斌仍兼任二汽党委书记。

对于兼任二汽党委书记，饶斌深刻感到这是组织、领导和二汽职工对自己的信任，自己必须在有限的时间里帮助二汽解决一些影响企业发展的重大问题。他决定从两个方面入手：一是抓紧解决5吨民用车存在的技术和质量问题；二是从二汽长远发展出发，必须加强对技术工作的领导。而解决这两个问题都需要一位技术领军人物，于是他想起了远在陕汽工作的孟少农（饶斌和孟少农都是一汽元老，他俩又是搭档），在这困难时刻得请他出山。考虑成熟后，饶斌就向中央反映，希望调陕汽厂的孟少农来二汽工作。正好这年秋天孟少农来二汽参观，听到这一消息后，他就找了一些熟悉的同志谈话以了解情况。经过一番调研和交流，孟少农了解到二汽的产品存在着许多质量问题，一直不能形成量产，国家投资 20 多个亿建起来的汽车阵地不能发挥作用，长期下去会给国家造成巨大损失。于是他下定决心，若组织需要，他愿意为二汽分担责任。在饶斌的再三请求下，经第一机械工业部协调，1977 年底孟少农正式调入第二汽车制造厂任第一副厂长兼总工程师。

孟少农在陕汽工作时就非常关心二汽，差不多每年都要来二汽协助工作。1976 年春节期间，孟少农放弃难得的几天休息时间，匆匆忙忙赶到二汽，为越野车"诊断"，提出许多宝贵意见和建议，对二汽很有帮助。其实，饶斌早就想说服孟少农来二汽工作，但当时陕汽正面临着产品攻关和新型载重车的试制工作，孟少农一时还难以从陕汽脱开身，所以一直到 1977 年底才正式调入二汽。

其实孟少农没到二汽工作之前就已经对二汽的情况有所了解，特别是在技术问题上，饶斌经常与他交流，所以到二汽之后，孟少农很快就进入了角色。孟少农正式开展工作，首先碰到的一个棘手的大问题就是对解决 5 吨载重车存在严重技术问题所采取的技术路线进行决策。这个车型在孟少农到二汽之前已经试制了五轮，存在着 200 多种质量问题，不合格零件多达 9300 多个。如果继续新一轮的试验需要花费大量的时间，这样会影响整个二汽生产能力的提升；如果对产品进行改进设计，就得报废 1000 多套工业设备，这样会给国家造成极大的浪费。问题摆在了孟少农面前，如何找到一个两全其美的办法？孟少农经过充分调查研究和深思熟虑，果断地提出不需要推倒重来，但问题到了非解决不可的地步，他主张动员全厂力量"背水一战"攻下难关。

孟少农很快就把解决问题的想法形成了一个完整的方案，上报给二汽党委。二汽党委全力支持孟少农的主张，于是"背水一战"的决策很快就定了下来。二汽总厂按照孟少农的想法和要求成立了攻关指挥部，由孟少农任总指挥。为了使"背水一战"的口号变成全厂职工的实际行动，二汽党委专门召开了动员会，会上党委还专门安排孟少农作动员讲话。在动员会上，孟少农慷慨激昂地讲道："二汽到了生死存亡的关头，要么上去，要么垮台，就像当年韩信在井陉口和强大的二十万赵兵作战一样，背水一战，没有退路，只能取胜。我相信二汽几万精兵一定能像当年韩信一样以弱胜强，化险为夷。"孟少农震撼人心的讲话，鼓舞和激励了全厂干部职工。随后一场轰轰烈烈的技术攻关活动在全厂展开。

为了争取时间，1978 年元旦、春节期间，孟少农与会战的职工一样放弃了休息时间，日夜奋战。他不仅对 64 个关键项目在技术上研究对策，而且承担起全厂攻关的总调度工作，牢牢抓住各个关键环节。由于长时间忙碌、劳累，孟少农的痛风病时常发作。剧烈的疼痛限制了他的活动，他就把负责攻关的骨干请到家里研究问题，有时来的人多，连阳台、走廊、书房里都坐满了人。孟少农忍着剧痛与大家一起研究解决问题。即使在病重住院期间孟少农也要定期听汇报，尽全力指导攻关工作。他那种不畏艰难、吃苦耐劳、勇于担当的精神，感动着二汽的每一位职工。

在孟少农的指挥和带领下，经过半年多的努力攻关，质量攻关取得了超乎预料的结果，"背水一战"取得了全面胜利。

1979 年初，中国发起对越自卫反击战。在前线，二汽生产的东风汽车执行的都是战斗突击和物资抢运任务，但没有一辆车出质量事故。曾有一辆 2 吨半的越野车从山崖上摔下来，滚了几个跟头，摔到山下，驾驶室被摔变形了，但战士们照样开着跑。东风车优越的性能给战士们留下了深刻的印象，被战士们誉为"英雄车""功臣车"。总后勤部的一位领导说："你们的车真好，马力大，跑得快，拉得多，战士们都喜欢你们的车，你们的车在哪里，我们的指挥部总在哪里。"二汽东风车的口碑从此树立，二汽人的自信心也从此树立起来了。

第三节　筹建技术中心

1979 年初，国民经济进入调整时期，国家对二汽的投入大量减少，在二汽财政极端困难的情况下，孟少农勇挑重担，从 1980 年到 1983 年，他领导完成了 5 吨车生产能力形成的重点配套工程、二汽第三个基本车型——3 吨半越野车的生产准备工程和二汽技术中心的筹建。

关于创建二汽技术中心，孟少农由陕汽调入二汽后不久就提出来了。孟少农根据自己在美国汽车厂的实践经验和在一汽、陕汽工作的体会，深刻认识到缺乏远见必然会给企业带来忙乱、使企业陷入困境。企业要立于不败之地，最重要的是要有产品和人才储备。而建设技术中心，正是进行产品开发和储备人才的最好平台。应该讲建设技术中心对当时的二汽来说是一个现实而具有前瞻性的建议，建议得到了二汽决策层的一致肯定，并得到了时任厂长黄正夏的全力支持。总厂决定组建技术中心的工作由孟少农负责，并安排时任二汽科委主任唐振生作为助手，协助他工作。

1980 年 1 月，中央决定将二汽正式列入缓建项目。为了使二汽建设不停滞，1980 年 1 月 25 日二汽再次向中央上报《关于自筹资金，量入为出，分期续建二汽的请求报告》。3 月 11 日李先念副总理主持会议，余秋里、王震、方毅、姚依林、谷牧、薄一波、姬鹏飞、康世恩副总理出席，一个项目由 9 位副总理"同堂会审"，这在国务院是没有先例的。3 月 22 日国务院以国发〔1980〕（68）号文件正式批复了二汽的续建报告。由于二汽领导班子一致同意支持孟少农关于建立技术中心的建议，因此在安排二汽续建项目时，将技术中心建设项目也列了进去。随着国务院的批复下达，建立技术中心的工作正式提上了议事日程。当时根据有关资料介绍和对二汽现实情况的具体分析，建设技术中心估算大约要 6000 万元。由于自筹资金有限，如果把 6000 万元项目全部列上去，没有那么多钱；如果不列上去，又怕将来上项目时遇到一些障碍和困难。怎么办？这时正在北京修改报告的黄正夏通过长途电话与孟少农商量："项目以列上为好，是否先只写 1500 万元，可以参照中国科学院的办法，先投资一部分用于土建，以后再从工艺和工装项目下每年充实仪器设备，咱们算是个君子协定好不好？"孟少农听后喜出望外，连说："可行！可行！可行！"技术中心能被列入二汽续建项目出乎孟少农的意料。这样在资金没有到位的情况下，孟少农便指派工作人员和建筑公司通融，想用打欠条的方式使项目开工。后来，由黄正夏厂长向建筑公司经理作了口头承诺，技术中心由此进入正式筹备阶段。

技术中心被列入二汽续建项目后，孟少农带领筹建团队马上行动起来，组建机构、汇聚人员、开展前期各项准备工作。孟少农还根据二汽总厂的要求提出了筹建技术中心的 5 项重点工作：（1）尽快将技术中心的建设方案报国家计委等部门批准；（2）总结建设长春汽车研究所的经验与教训，确立国内领先的目标；（3）参照欧美汽车设计中心，引进关键技术设备；（4）选址、征地、土建、设备成龙配套，逐步到位；（5）抓紧酝酿领导班子及单位划转事宜。1980年 11 月 22 日完成了技术中心的设想和方案，明确筹建工作按产品处、工艺处、基础技术室三条线来推进。

1981 年 6 月 27 日，二汽总厂根据第一机械工业部汽车总局（80）汽字 86 号文件《关于抓紧建设第二汽车制造厂技术中心的函》的精神，决定成立技术中心筹建组，筹建组在总厂副厂长兼总工程师孟少农的领导下开展工作。为了加快推进技术中心的建设步伐，在孟少农的建议下，总厂又进一步明确了技术中心筹建组全权负责技术中心及其下属单位的基建、筹建工作，并按照技术中心筹备办公室、技术中心基建组、技术中心产品会战指挥部、技术中心试制工厂、技术中心试车场 5 个单元来推进工作。总厂同时决定技术中心的财务单列，并独立开户，由筹建组统一管理。上述一系列措施，极大地加快了技术中心的建设步伐。1983 年初技术中心基本建成，3 月 3 日二汽总厂正式下文，成立第二汽车制造厂技术中心。4 月 1 日技术中心召开成立大会，黄正夏厂长、孟少农副厂长到会祝贺。新建成的技术中心是一个融材料、工艺、基础技术为一体，具有强大开发能力的机构。它的成立突破了"小集中，大分散"的管理体制，形成了"大集中，小分散"的产品开发格局，使二汽的产品开发工作进入了一个崭新的阶段。技术中心的建成也是孟少农退出二汽一线领导岗位之前，为二汽事业发展历史写下的最为浓墨重彩的一笔。

如今的技术中心（东风汽车工程研究院）经过 40 多年的发展，已具备开发军、中、轻、重、客、农、微、轿、电全方位宽系列汽车产品的能力，特别是在商用车研发方面独具特色，研发成果最集中的体现是东风牌汽车。技术中心作为二汽（东风汽车公司）核心竞争力的主要部分，为二汽（东风汽车公司）建设国际级汽车公司争得了发展的主动权，奠定了坚实的品牌、技术、人才基础。

第四节　不断为企业发展注入动力

孟少农一生致力于中国汽车工业的发展，不论是在一汽、陕汽，还是在二汽，他都把自身的命运与企业的命运紧紧联系在一起，并为企业的可持续发展不懈地努力与奋斗，赢得了人们的赞誉和崇敬。

1981 年，我国经济建设调整力度进一步加大，二汽产品陷入滞销困境，为渡过难关，孟少农不失时机地提出以东风车为主体，开发节油车，提高经济性和市场竞争力。为此，他提出了 75 项改进技术措施，包括将发动机压缩比由 6.75 提高到 7.0、采用子午线轮胎、加长转向垂臂、换用省油化油器等。这些措施实施后汽车的节油效果非常明显，很受用户欢迎。与此同时，孟少农还根据市场调查情况，投入了很多精力，以极大的工作热情组织设计和生产变型车。他强调：“产品要跟着市场走，市场需要什么车，我们就搞什么车。”在设计和生产变型车的过程中，孟少农不仅从技术上指导，还亲自组织指挥试制。到 1982 年底，二汽东风 5 吨系列改装车达到 53 种，变型车达到 42 种，在很大程度上帮助二汽扭转了东风汽车滞销的局面。

发动机是汽车的“心脏”，对提高汽车的品质具有不可替代的作用。孟少农历来都非常重视汽车发动机的研制与开发。在一汽领导东风牌和红旗轿车的设计和试制过程中，成功试制出 V8 发动机，后来为了提高老解放牌卡车的马力和其他性能，又组织自主开发了 6102 型发动机（虽然这款发动机在一汽未能生产，但后来经过改进成为二汽 EQ140 型汽车的发动机）。在陕汽，孟少农对杭发 6130 型柴油发动机精心改造，使该款发动机的性能越来越好。在二汽，孟少农仍然抓住发动机质量不放。1978 年底，在“背水一战”产品攻关取得决定性胜利，二汽正全力扩大产能，提高经济效益的节骨眼上，有一天，发动机厂传来消息说试车时发动机冒蓝烟。生产调度会上所有人都忧心忡忡，孟少农却不慌不忙，他告诉与会人员，冒蓝烟说明是机油系统的问题，可以解决。孟少农很快带着技术人员到了现场，在他的指导下，问题发动机被拆卸开来，所有零件被一个一个地对照图样逐个检查，最后技术人员发现发动机进排气顶杆边上一个叫"摇臂"的小零件出了问题。"摇臂"上有一个负责机油供给的凸包叫驼峰，这个驼峰只有半个绿豆大，经测量，它的尺寸比图样小了半毫米，导致发动机工作时机油供应过多，就出现了烧机油冒蓝烟的情况。经过现场改进，问题得到了解决。这件事让孟少农感到发动机质量问题成了影响产品质量的难题，必须认真对待，加以解决。

孟少农是二汽独立开发研制 EQ6110 型柴油发动机和 EQ6105 型汽油发动机的组织者，这两款发动机的主要参数均由他提出。这两款发动机被相关机构评价为国内领先水平、国际中上水平。其中 EQ6105 型汽油发动机通过与英国里卡图公司合作改进，取得圆满成功，供 3 吨半越野车使用。EQ6110 型柴油发动机主要用于 8 吨以上的载重车。

孟少农工作作风扎实，经常深入一线与工程技术人员和工人们打成一片。他吃苦耐劳、率先垂范、身体力行，处处体现了一个共产党员的崇高品质。同志们赞扬他说："他像一台开足马力的发动机，不断为企业发展提供动力。"他连续两次被湖北省委、湖北省人民政府授予"特等劳动模范"称号，1985 年荣获全国五一劳动奖章，并被评为全国优秀科技工作者。

第五节　兴学重教育人才

孟少农在从事汽车工业一生的实践中，始终认为要保证汽车工业的可持续发展，从业人员的素质是重要条件之一，市场竞争归根结底是人才的竞争。他在二汽一次党委扩大会议上讲道："我担心最终拖二汽发展后腿的，不是资金，不是设备，而是人才问题。"因此他主张要舍得投入，办好企业自己的学校。1978 年二汽党委任命孟少农兼任二汽职工大学校长，从此，他又把二汽的技术教育和人才培养作为一项重要的工作，倾注了大量的精力。

在担任二汽职工大学校长期间，他带领学校领导班子不断完善学校的顶层设计，明确办学指导思想和发展定位。他明确提出学校的发展一定要紧扣二汽的发展，学校的立足点一定要紧紧依托二汽，学校的教学一定要理论联系实际，特别是要紧密联系二汽生产和管理一线的实际。孟少农对学生的培养目标也提出了明确要求：学生既要有技术理论知识，又要有实际动手能力；既能从事技术研究，又能独立解决生产实践中的具体问题。为实现这一人才培养目标，他领导学校进行了一系列教学改革：一是积极推进产学结合，开展预分配合作教育；二是职工大学的专业要根据企业的需要而设置，可以突破国家专业目录所规定的范围；三是根据二汽打入国际市场的需要，加强外向型人才特别是销售、外贸及涉外技术经济人才的培养，同时还要重视对在职工程技术人员外语水平的提高；四是加强师资队伍建设，孟少农明确要求职工大学要建设一支专兼结合的"双师型"教师队伍，为此，他带头到学校上课，并要求总厂总师室的同志和各专业厂的总师，都要主动到学校承担教学任务或指导学生的毕业设计。正是在孟少农的组织领导下，二汽职工大学办成了全国一流的职工大学。

孟少农还善于从战略高度谋划布局二汽的教育。1978年，刚到二汽不久的孟少农看到企业技术人员青黄不接，特别是随着科技的发展，尤其是电子技术的发展，机械制造技术已经历了一个根本性的变革，原来机械工人只是简单的体力劳动者，但在当时已转变为更接近于手脑并用、有专门知识的技术人员了，如何加强对企业知识水平较低、没有掌握现代技术的工人的培养是工厂的责任。于是他向二汽总部提出要创办二汽科技大学的建议。1979年二汽正式向第一机械工业部和教育部申报成立湖北汽车工业学院。申办报告呈报上去后，他又带领学校领导班子认真做好教育部专家组进校实地考察的准备工作。1983年6月，经国务院批准正式成立湖北汽车工业学院，这是全国第一所以汽车命名的大学。孟少农作为湖北汽车工业学院的首任院长，主持了湖北汽车工业学院成立初期的行政工作，为湖北汽车工业学院尽快走上正轨，实现当年审批当年招生的目标奠定了坚实的基础。

1985年他根据自己几十年从事汽车技术工作积累的经验，提出要为湖北汽车工业学院汽车专业的学生开设"汽车设计方法论"这门课。这是孟少农首创、当时国内外无人讲过的一门新课，是一门从宏观角度来研究汽车设计的思想方法与工作方法的课程。他为了讲好这门课，阅读了大量中外有关资料和书籍，并结合自己的工作经历和实践经验，写出了长达十几万字的讲义。从1985年开始，孟少农正式在湖北汽车工业学院为汽车专业的学生讲授"汽车设计方法论"课程。孟少农作为全国知名的汽车专家，他在湖北汽车工业学院为学生讲课和自编讲义的消息不胫而走，国内许多院校纷纷来函或托人转达希望能得到一本讲义。孟少农得知这一消息后告诉他的助教："这门课我刚开始讲，讲义还有许多不完善的地方，当下还不适合向外推广，等完善后再说。"当时学校也考虑到孟少农身体不好，每次站着讲两节课很累，想把它录制成电视片，让他在演播室里讲，也被孟少农谢绝了。他讲道："这门课还不完善，还没有到上电视的时候，另外我在教室里讲课，与学生面对面地交流，这样便于了解学生的情况，有利于我改进教学。"孟少农这种一丝不苟、严谨治学的精神，为我们每一位教育工作者树立了榜样。

孟少农在湖北汽车工业学院为三届汽车专业的学生讲了"汽车设计方法论"课程，在教学过程中他不断丰富教学内容，不断修改和完善教材讲义，使这门全新的课程逐步完善和成熟起来。1987年12月中旬，也就是孟少农到北京中日友好医院接受治疗的前一个星期，他还抱病到学校为学生授课，这是他为湖北汽车工业学院学生讲的最后一节课。孟少农住进北京中日友好医院不到一个月时间，1988年1月15日下午1时17分，他的心脏停止了跳动，就这样匆匆离开了他的亲人和一生酷爱的汽车工业事业。在他离世4年后，《汽车设计方法论》由机械工业出版社正式出版。

第六节　老树春深更著花

1977年底，正值二汽建设最艰难的时刻，已经62岁的孟少农临危受命，调入二汽。一般情况下，到了这个年龄或退休或退居二线，而孟少农为了祖国汽车工业迎难而上，勇敢地挑起了更重的担子，担任二汽第一副厂长兼总工程师，并在这个岗位上辛勤工作了5年。1983年初退出一线工作岗位，担任东风汽车工业联营公司副董事长、二汽科学技术委员会主任、二汽咨询委员会主任。孟少农虽然工作在二线，但用他自己的话讲"我是三线的年龄，二线的工作，一线的思想"，他仍以饱满的热情不断探索、不断追求和不断学习。

孟少农退居二线后，逐渐把工作重点转移到二汽的联营事业，筹划我国轿车、轻型车和二汽的长远发展上，并为此做了大量富有成效和开拓性的工作。

东风汽车工业联营公司筹建于 1978 年初，是根据邓小平关于汽车工业可以试行生产协作试点的指示而开始的。为了搞好试点工作，二汽党委做了深入的研究，认为组织横向经济联合生产既能体现以大带小，又能以小促大，符合改革的方针。同时也认为二汽在建设中得到了全国人民的支援，现在已初具规模，应为汽车工业的改组与发展作出贡献。饶斌对汽车工业的改组和设想做了详尽的考虑，提出以二汽为主体，以"东风"产品为调整产品的方向，使地方厂在二汽的支持、扶持下走专业化发展之路。

1980 年 7 月，邓小平视察第二汽车制造厂。当厂领导汇报到二汽根据指示准备筹建多种联合体时，邓小平指出："保护竞争，促进联合，应当这样搞，否则不能打破'小而全'，二汽这样的大厂应当作为中心，带动几个省搞专业化协作，把专业公司组织起来。"[1]

1980 年冬，二汽根据邓小平关于以汽车工业为试点搞专业化大协作，组织专业公司的指示精神和相关省、区主管部门意见以及有关的生产条件，首先与杭州汽车厂、广州汽车厂、汉阳汽车制配厂（后改名为汉阳特种汽车制造厂）、云南汽车厂、贵州汽车厂、柳州汽车厂、新疆第二汽车配件厂（后改为新疆汽车厂）、重庆汽车厂等 8 个省、区、市的汽车厂进行联合，组成生产东风汽车的首批联合体，形成联营的雏形。1981 年，以主体厂二汽为核心，由 9 家厂联合组建的东风汽车工业联营公司正式成立。

东风汽车工业联营公司是我国汽车行业第一家按照自愿、平等、协商、互利的原则，自愿联合，互有服务，互相依存，协调提高的横向经济联合体，也

---

[1] 戴新慧、汪向东主编：《第二汽车制造厂志（1969—1983）》，东风汽车公司史志办公室编印，2001 年。

是我国第一家汽车工业联营公司。它标志着我国汽车工业已进入了改革、联合、发展、振兴的新时期。1983 年 4 月，经中国汽车工业公司批准，成立东风汽车工业联营公司董事会，孟少农被任命为首届董事会副董事长、党组成员。在新的岗位上，孟少农充分发挥自身的专业技术优势，大力从技术上促进二汽走上联合联营的发展道路。

孟少农根据联营公司的发展要求，并借鉴国外的经验，积极推进联营公司的联合改组，优化联营公司的区域布局。在合理分工、各有侧重、相互配套、发展专业化的协作生产的原则指导下，推进实现联合体内部汽车生产的专业化和联合化。到 1985 年底，主体厂二汽向联营厂扩散了近千种汽车零部件，形成年产 9.1 万辆汽车生产能力。建立了以云南汽车厂、柳州汽车厂为核心的西南高原车——5 吨柴油车生产阵地，以杭州汽车厂、南京汽车改装总厂为核心的华东 T 型大客车底盘和东风 142 型牵引专用车底盘的生产阵地，以郑州汽车厂为主导，由湖南、云南联营厂参加的 3 吨轻型载重车生产阵地，以及分布在全国几大区域的专用汽车改装阵地和零配件配套产品生产阵地，形成了一个强大的专业化生产协作网。

为了保证联营厂的可持续发展，在孟少农的组织指导下，充分利用主体厂的技术力量和联营厂的已有设备，进行东风汽车系列产品的开发工作。先后组织指导主体厂二汽与杭州汽车厂共同设计试制大客车底盘，与四川建筑机械厂等单位联合设计试制军用装甲运输车，与衡山汽车制配厂等单位共同试制 3 吨半越野车平头驾驶室，与郑州汽车厂等单位联合设计试制 3 吨柴油车，与云南汽车厂、贵州汽车厂联合试制高原车。一改过去从总成到整车由一家单独设计、试制为多家联合、优势互补、按专业化分工发展新产品，大大缩短了新产品的设计、试制和投产周期，满足了国内外市场的需求，获得了良好的社会效益和经济效益。

孟少农极为重视我国轿车工业的创建和发展，他力求通过发展轿车生产来提高我国整个工业生产技术水平。早在 20 世纪 50 年代，他在一汽就着手创建我国轿车工业，为一汽轿车生产建立了基地、培养了人才，在二汽他也多次谈及早开发轿车和轻型车的设想，他曾说国外的经验是："小厂搞大车，而大厂搞小车，我们也应该这样干。"

从新中国成立到改革开放以前，国民经济现状和老百姓的经济收入决定了老百姓对轿车的需求几乎没有，同时对轿车属性的认识偏差也使老百姓认为轿车可望而不可即。

20 世纪 80 年代，中国经济发展发生了深刻变化，老百姓对轿车的根本属性也有了新的认识。轿车既是高档消费品，也是代步工具。由于对轿车的根本属性有了新的认识，老百姓对轿车的需求也有了很大的变化，一些人的购车欲望更是强烈，而当时国内的轿车绝大部分都是进口的，一时间发不发展我国自己的轿车工业成为舆论的焦点。1982 年孟少农在中国科学院一次会议上，用大量实例陈述汽车工业应成为我国支柱产业和我国应当大力抓紧发展轿车生产而不能迟疑的观点。

1983 年退居二线的他仍勤奋擘画着发展我国轿车和轻型车的蓝图。他曾向国家和二汽呼吁："不建设一个高水平、大产量的轿车厂，就势必跟不上人民生活水平提高的需要，就不能立足于世界汽车工业之林，为此，必须做好超前期的准备工作。"他为二汽规划发展小轿车的初步设想得到了国务院领导的原则同意。

建立中国轿车工业是孟少农晚年最为关注的一件事。他曾说："搞小轿车，就是为每一户居民用 1 万元人民币能买到一部优质汽车而努力！"他还跟身边的工作人员谈到自己的抱负："到了公元 2000 年时，我国如果不能生产 200 万辆优质汽车，死不瞑目。"

1984 年 7 月 15 日，孟少农正式向二汽领导提交了《关于在武汉制造轿车的可行性初步分析》的报告。报告对建厂目标、生产规模、建厂规模、需要投资额做了科学的分析，特别是对如何实现建厂目标提出了可能采取的四个方面的建厂方针和技术路线。这是二汽第一个完整的关于发展轿车工业的技术报告，对二汽布局轿车工业起到了很好的先行引领作用，也为二汽后来向国家申请轿车项目立项打下了基础。

1984 年 12 月，全国汽车行业工作会议在北京召开，中国汽车工业公司在《关于中国汽车工业现状的报告》中呼吁："要发展中国的汽车工业就一定要发展中国自己的轿车，轿车工业不发展，汽车工业就不可能得到真正的发展，只有货车和轿车统一均衡发展，汽车产业才能够真正成为支柱产业，才能够成为国民经济新的增长点。"

1985 年，中共中央在《关于制定国民经济和社会发展第七个五年计划的建议（草案）》中明确提出："根据加快交通运输建设的要求，要把汽车制造业作为重要的支柱产业，争取有一个较大的发展。"国家"七五"计划公布后，国家机关相关部门共同组织了一个专家团队对中国发展轿车工业进行了前期论证，并于 1986 年 7 月 13 日将论证报告《发展轿车工业，促进经济振兴》上报了国务院。1986 年 8 月，国务院发展研究中心在一汽召开了轿车工业政策研讨会，会上相关部门和专家提出了《中国汽车工业发展战略的建议》，指出要大力发展我国的轿车工业。

1986 年 9 月 23 日，二汽向国务院呈报《第二汽车制造厂开展普及型轿车前期工作报告》。1987 年 5 月，二汽促成国务院决策咨询协调小组召集汽车行业各单位主要领导和专家百余人在十堰召开中国汽车工业发展战略研讨会。会议的核心问题是：中国到底适合发展轿车吗？与会的 31 位专家为研讨会提供了 25 万字的研究报告。二汽厂长陈清泰以《振兴我国轿车工业的重要抉择》为题做了重要发言。孟少农因忙于组织《机械加工工艺手册》一书的编审，没有参加会议，但孟少农提出的《对生产轿车的几点建议》咨询报告，引起了与会者的强烈反响。孟少农在报告中明确提出了我国要建立一个什么样的轿车工业、怎样建立健康的有竞争力的轿车工业等重大问题。这份咨询报告对我国轿车工业的建立与发展起到重要参考作用。

在二汽多次要求和有关方面的大力支持下，1987 年 8 月 12 日，由姚依林副总理主持召开北戴河会议，参加会议的有李鹏、张劲夫，以及国家计委、经委、机械委及中汽联的负责同志。会上，二汽厂长陈清泰就二汽发展轿车生产的规划设想和前期准备工作情况作了汇报。会后下发《关于研究第二汽车制造厂发展轿车生产问题的会议纪要》，同意二汽发展普通型轿车，按经济规模规划，分期建设。北戴河会议以后，二汽很快行动，一个月内向国家计委呈报《第二汽车制造厂年产 30 万辆普通型轿车项目建议书》，国家计委于 1988 年 1

月 16 日印发国务院批准的《关于审批第二汽车制造厂年产 30 万辆普通型轿车项目建设的请示》，由此，二汽正式启动轿车项目建设。遗憾的是，孟少农没有看到二汽轿车投产，更没有看到全国蓬勃发展的轿车工业，但他提出的"建立一个独立自主，有自己的技术开发能力，在技术上不断进步的，健康有竞争力的轿车工业"理念，至今仍是我国轿车工业发展的重要遵循。

根据国外汽车工业的发展经验和国内市场的需要，早在 20 世纪 80 年代初，二汽领导就已经意识到发展轻型车的重要性。1983 年 5 月二汽党委扩大会议决定，在东风汽车工业联营公司内部由"三省五方"（三省即湖北、四川、福建，五方即湖北、四川、福建、武汉、二汽）联合开发，联合生产 3 吨载货车。

1984 年国务院提出汽车工业应当成为国民经济的支柱产业，并原则批准二汽建设年产 20 万辆汽车生产能力的方案。总厂领导经过反复研究，进一步产生了建设大批量轻型车生产能力的思路，并由孟少农提出《年产 30 万辆轻型车方案设想》（以下简称《方案》）。《方案》包括生产车型、工业布局、新建项目、改建扩建项目、投资估算、建设办法、建设程序及进度、筹建工作、CKD①问题、人员需要的估计、二汽总体规划应做的相应调整等 11 个方面的内容。

关于生产车型，孟少农提出以福特将于 1986 年投产的 VE6 型为基础，包括 0.8 吨～ 1.5 吨客货两用车、封闭式车厢货车、小型 9 ～ 15 座客车及其他变型，每年生产 30 万辆。

关于工业布局，孟少农提出由湖北、四川、福建三省及武汉市、二汽参加（可能有其他省市参加）组成一个协作网，中心放在武汉，设一个总装厂。襄樊（即今襄阳）为铸造、锻造、发动机加工、变速箱加工及试验基地。十堰为部分零部件加工、技术后方、人员培训主要基地。三省一市各提供若干条件适合的厂，改造为零部件生产专业厂及设备制造修理、工装制造厂。三省一市各提供或建设一批中等技术学校，二汽负责办好大学，为培训人才服务。视条件成熟在武汉总装厂投产后，可在福建、四川等省设总装厂，承担一部分就地装

---

① CKD，即 Completely Knocked Down，意思是"完全拆散"。CKD 汽车指汽车以完全拆散的形态进入，而不是整车进入。

配任务。这些厂应建在水陆交通便利的地方，从协作网中取得加工件。

关于新建项目和改建扩建项目，为形成年产 30 万辆的生产能力，孟少农提出需要新建 7 个项目和改扩建 42 个项目。

关于投资估算，孟少农采取了两种方案比较分析的方法，最后获得了总投资额。按一汽、二汽经验估算，总投资为 30 亿～ 40 亿元；按福特同类车型经验部分新建、部分改造，汽车生产投资为：福特（欧洲）50 万辆，投资 30 亿美元；福特（美国）50 万辆，投资 50 亿美元，折算成 30 万辆的 80%，合计为 21.2 亿美元（福特欧洲）和 35.2 亿美元（福特美国）。按 1 美元兑换 2.8 元人民币的汇率计算，合计约人民币 60 亿元和 100 亿元。考虑到中国的设备费较低，如 80% 设备用国产设备，价格为其二分之一，设备费占总投资 80%，最终数字为 36 亿元和 60 亿元。采用低的估算为 36 亿元。两种计算大体相符，故汽车生产部分估计需要 36 亿元。

关于建设办法，孟少农提出，我国目前不掌握这种类型汽车的大量生产技术，故从国外引进技术为必要。引进的第一个对象为美国福特汽车公司，已有接触，福特汽车公司表示愿意合资，正对产品进行考察。第二个对象为法国雷诺汽车公司，其与二汽有小规模的合作关系，也有合适的新兴产品，如果与福特谈判遇到困难，可以将其作为代替对象。以上两家公司在技术上比较开放，但作为谈判对手，也是强硬的，要成功需要下大力气。第三个对象是日本日产，在技术上要占日本的便宜是不可能的，但其卖产品的价格较便宜，必要时可作为备用考虑对象。

关于建设程序及进度，孟少农提出，为取得最大的经济效果，建设宜速。估计进度为：1985 年谈判引进达成协议，完成可行性分析及规划；1986 年进行工厂设计及施工准备；1987—1989 年施工；争取在 1990 年初总装及主要配套厂投产。这在我国是先进速度。

该产品应在我国生产到 2000 年，以后改型发展扩大。如此，有 10 年左右的生产时间，在现在为合理安排。为实现上述建设进度，孟少农在《方案》中特别强调："整个协作网的各厂应按统一的计划进度建设和改造，否则会妨碍先建成各厂的投产，经济上受到损失。二汽及各省的技术基地及后方厂，必须从速扩充改造，抢在前方厂的前面开始工作。"

关于筹建工作，孟少农提出，由参加协作的各省市指定负责人，与二汽及东风汽车工业联营公司组织筹建领导小组，作为决策机构。各省市与二汽联合组织技术力量，立即着手调查研究及规划工作，并进行建设前的具体准备工作。技术引进及合资谈判由二汽出面与外商接触，必要情况将通报有关省市。在筹建及改造期间，各省市参加的企业仍不改变隶属关系，继续原生产活动，但一切扩充改建应考虑到长远目标，必要时应与二汽协商。

关于 CKD 问题，如果国家在本协作网投产以前有需要，可以先组织 CKD 形式的装备，其数量根据国家给予的外汇额而定。装配厂可设在港口交通便利的地方，其规模不能过大，也可以与长远的地区装备厂结合考虑。

关于人员需要的估计，孟少农提出，中国当前每人（按工厂员工总数计）年产最多 1.5 万辆，估计到 1990 年全国平均水平可能达到此值。本项目因引进国外先进技术，假定平均年产达到 3 万辆，即提高一倍，则全协作网人员总数约为 10 万人（其他产品生产的人员不在此列），其中，技术人员 8000 人，管理干部约为 12000 人，其余为工人和辅助人员。

关于二汽总体规划应做的相应调整，由于本项目大于二汽当时规划的全体项目，二汽的人力、财力、物力都吃紧。原来的规划已经战线很长，加入本规划后不得不做总体调整。总的是必须适当减少十堰及襄樊柴油车的工作量及投资，将其让给轻型车的项目。特别是让出 1987—1989 年三年中的投资和工作量。部分工作量凡可以提前在 1987 年前完成或基本完成的，应争取抓紧完成，避开 1987—1989 年的高峰。

由于柴油中重型车是国家迫切需要的产品，在调整中不宜对其长远发展做过多的牺牲。另外，国家准备让一汽、二汽搞进口汽车 CKD 装备。日产柴原与二汽有接触，其新投产的 8 吨柴油车与二汽设计的基本一样。所以如果在襄樊建 CKD 装备厂，先装日产柴 8 吨车，然后逐渐转为装配二汽自己的 8 吨车，在技术上是很理想的。

人员问题将是最尖锐的矛盾，最好是采取建设二汽的经验，分配各专业厂包项目，没有项目的，分配一定的支援任务。学校要扩大原招生计划，做好人员储备。

最后要有一个二汽及各专业厂 7 ～ 10 年的财务人员、技术后方及技术部门工作量的总平衡计划，使各项资源与需要能对口。

孟少农关于《年产 30 万辆轻型车方案设想》提出后，1984 年 9 月二汽迅速组织了一个 12 人专家小组去美国和英国考察。主要项目是美国康明斯工程公司的 BC 系列柴油机和英国福特公司的 VE6 轻型车系列。专家小组一致认为正在研制开发的 VE6 轻型车技术先进、系列化程度很高，车身为整体式半长头型，比较适合中国国情，并可以按用户需求配置汽油机和柴油机。其老车型 Transit 已在英国和比利时生产多年，年生产能力达到 20 万辆。因此，无论是车型系列还是生产规模，均符合二汽建设年产 20 万～ 30 万辆全系列轻型车的设想。

为进一步摸清福特轻型车的技术特点，二汽技术中心于 1985 年 7 月购进了第一批老 Transit 轻型车系列，并进行主要性能试验。1986 年 4 月，二汽技术中心派出 6 人小组会同英国福特公司派出的两名专家，对北京、重庆和广州三大城市轻型车的使用情况联合进行调查研究，并按照福特公司的调查、统计方法，随车统计了 150 辆各种轻型车的数据，由英国专家将相关数据带回英国后用计算机进行处理，最后编写了正式的调查报告。1986 年 12 月，二汽技术中心又购进了刚投产的新型 Transit（开发时称为 VE6）样车 4 辆，随后又进行了主要性能试验。

在此期间，二汽与福特公司进行了多轮技术谈判，双方共同完成了可行性分析报告。二汽还细化了三省五方联合建设 30 万辆轻型车的实施方案。与福特公司的谈判非常顺利。二汽技术中心对新老两批样车的试验评价基本上是满意的，同时也指出为了适应我国国情，必须装备空调，并适当加强底盘承载能力及行走机构的强度等。但由于主管部门的干预及各种复杂因素影响，不得不在几乎可以签订合资合同的前夕，于 1986 年 12 月中断了与福特公司的谈判。

5 年后，在国内轻型车需求日趋旺盛，各地中小型汽车企业蜂拥而上，纷纷上轻型车的形势下，1992 年东风汽车公司又主动恢复了与福特公司的谈判，并于 1993 年 2—3 月派出 7 人小组去福特欧洲分部访问和谈判，福特公司又提出一个项目建议书，并赠送了几辆样车以示诚意。但终因有关部门反对，不得不又一次中断合资谈判，二汽从此失去了与外国跨国大企业合资生产轻型车的机遇。1992年二汽决定开发供自己生产的轻型车，第一个开发的车型是EQ1061T5D2 3吨轻型车，并于1996年6月1日正式投产，但这与国内大型汽车厂相比，已经存在了时间差。

退居二线的孟少农不仅时刻关注着企业的产品开发和技术进步，作为二汽咨询委员会主任的他，还关注着二汽事业的长远发展。1983年由他主持起草的《二汽1984—1993年十年规划设想》全面描绘了二汽未来10年的发展愿景，规划了发展战略目标、二汽产品系列在全行业中的位置、发展方针，以及实现发展目标的步骤和重大措施。

按照孟少农提出的《二汽1984—1993年十年规划设想》，二汽发展的战略目标是，到1993年由当时三个分别的基本车型变为由两个系列组成的整系列。

第一个系列——形成中重型柴油车系列，包括载重6.5吨的4×2平头货车、载重8吨的4×2平头货车、载重3.5吨6×6的平头越野车、载重12吨的6×4平头货车、载重11吨的6×6装甲车、大客车（包括旅游客车、长途客车、公共汽车三种车型）。

第二系列——发展EQ140第二代，以三级基本型系列代替单一车型，赶上世界水平，提高经济性、可靠性、实用性、舒适性。发动机发展为一系列高经济型汽油机。产品包括载重5吨的4×2平头货车（取代EQ140）、载重4吨的4×2平头货车、载重3吨的4×2平头货车（取代当时"三南"合作试制中的3吨车）、载重1吨的4×4平头越野车（利用EQ240部分当时有的生产设备）、12～20座小客车（面包车）。以上各车型预计年总产量10万～12万辆，继续占二汽及东风公司产值的一半以上，充分发挥大生产的优越性。至于各车型的数量分配，须待经济进一步发展，对市场做深入调查后方能确定。

孟少农认为，按规划完成后二汽覆盖面加宽了（在全行业中占据主要地位），有效改变了与一汽竞争的局面，与济南重型汽车厂和南京汽车制造厂的产品稍有交叉，但矛盾不大，从全国看是合理的。军用车及其改装车分工大致相同。

为实现上述目标，孟少农提出在工作中必须坚持"聚宝创业，中型开始；向上发展，干线运输；加宽覆盖，系列换代；军民结合，柴汽并举；联营改造，专业协作；技术引进，补我不足；改善经营，加强基础；立于不败，高瞻远瞩"的八句方针。

为实现上述目标，孟少农还提出了实现步骤和必须采取的重大措施。

1. 实现步骤

（1）第一系列采取"两条腿走路"的方针，一方面引进技术，继续发展，力争达到 80 年代水平，以二汽为主组织大产量的生产的准备；另一方面组织联营厂在二汽带领下，经过小批试生产进入成批生产。以后一种生产形式开路，使产品通过试用迅速成熟，取得市场反应，同时改造联营厂，形成东风公司强有力的生产体系。为此，以 6.5 吨平头柴油车为突破口，5110 柴油机由南昌柴油厂提供，平头驾驶室由杭州汽车厂制造，柳州汽车厂及云南汽车厂制造部分底盘零件，总装可考虑在杭州汽车厂或二汽完成。产能目标为 1986 年生产 300～500 台，1988 年达到 2000 台。

（2）第二系列在 1993 年投产。投产原则是先上新后下旧。各总成根据实际情况决定以新代旧还是新旧并存。第二系列上后，EQ140 及其变型可以逐步降低产量，维持一段时间。为此，必须准备各主要分厂（49 厂、40 厂、41 厂、51 厂）的周转面积。另外，技术上必须改造的有 62 厂，活塞及轴瓦必须大大提高技术水平。

2. 必须采取的重大措施

孟少农认为，要实现上述目标，必须采取一些重大措施加以保证。

（1）集中兵力打产品发展歼灭战。对已有产品采取战略守势，着重巩固提高，发展变型由联营厂搞。第一系列为当前重点，全力以赴。6.5 吨车 1985 年定型，同年进行生产准备（过渡性），8 吨车 1986 年定型，同年进行生产准备（正式），3.5 吨平头越野车进度相同。其余系列产品全面铺开设计、试制工作。第二系列从 1984 年起开始前哨战，立研究项目，进行市场调查和国外样品收集，提设计任务书，定各主要总成系列方案，酝酿新技术引进。加速技术中心及试车场建设和试车阵地的人员培训，争取对第一系列起作用，保证第二系列工作需要。

（2）由二汽经营向东风经营转移。二汽与东风是一个实体，但东风包括更大范围，今后布局必须考虑东风全局。能紧密联营的联营厂必须在新布局内有一具体位置目标，并向此目标进行改造，目标成熟一个定一个。对于紧密联营厂，东风实行统一的规划、计划、供、产、销，实行两级财务下的经济核算，实行统一领导下的发展和生产技术工作。在调整中设备进行有偿调拨，开辟东风内部基建改造的渠道。以二汽专业厂为排头组织专业分部。当时先以 49 厂为首，南昌柴油厂、云南内燃机厂等组成发动机分部；以 40 厂为首，杭州汽车厂、郑州汽车厂等组成车身分部，分部不是一级行政管理机构，而是规划、技术、生产相互配合支援的组织。二汽技术后方逐步向东风系统各厂开放。

（3）加强对外工作。调查研究，利用窗口建立关系，增加往来，做到知己知彼。利用各国汽车工业萧条的有利条件引进技术，吸收技术人员助我工作，有机会时购买廉价先进设备。加强厂内外语学习和新技术新学科的学习。以主动姿态与外商探讨合资可能，以市场换资金技术，时机成熟时就干。

孟少农理论功底扎实，而且特别善于实践和总结。早在 1982 年初，当时国内一些专家学者开始酝酿编写《汽车百科全书》。大家觉得世界很多国家都有《汽车百科全书》，我们也应该有自己的《汽车百科全书》，以反映当代汽车专业的发展水平，但总是迟迟下不了决心。当周允（《汽车百科全书》主编）、张蔚林（《汽车百科全书》副主编）等专家、学者把这个想法告诉孟少农时，孟少农当即表示坚决支持。孟少农说："我完全赞同编一部反映当代汽车专业水平的百科全书，这是一件很有意义的工作。当然会很困难，正因为困难，才显得有意义。要编就把它编好，一定要动员更多的人参加这项工作，也就是说要把我国汽车行业及与汽车有关的部门中的第一流专家集中起来，共同编写这部巨著。"孟少农还表示尽管他很忙，但仍然乐意挤出时间参加这项工作。

据周允和张蔚林回忆，他们与孟少农交换意见后，孟少农的表态给予了他们极大的信心和勇气。经过大家的努力，很快组成了一个由全国 90 余名汽车行业知名专家、学者、教授组成的《汽车百科全书》编撰班子。1983 年 10 月在西安召开了第一次筹备会议，孟少农对这次会议十分重视，当时他有外事活动实在走不开，便专门请二汽技术中心主任唐振生出席会议。这次会议组成了编委会，并推选孟少农为编委会主任委员。

1984年12月在西安召开了第二次编委会会议，孟少农出席并主持了会议。这次会议对《汽车百科全书》的编撰原则、体例、要求及篇章框架作了明确的规定，为《汽车百科全书》的整个编撰工作奠定了良好的基础。而这一切主要是以孟少农的基本设想为依据制定的。孟少农提出："百科全书的基本任务，应该是全面系统地向读者介绍汽车专业各个学科的基本知识，反映当代汽车专业的全貌。它是一部大型工具书，同时也是一部重要的参考书和系统的自学读本。作为一部工具书，应具有明显的检索功能，能帮助读者迅速查询到日常技术工作中所遇到的疑难问题的答案或者提供解决这些问题的途径和线索；作为一部参考书，它应该内容广泛，资料丰富且可靠，可以帮助汽车行业中各个不同岗位的工程技术人员和科研教学人员找到工作、学习、科研中所必需的数据和基本资料；作为一部自学读本，全书内容应完整而系统，有志于从事汽车专业的人，只要认真循序地读完这部全书，就可以基本上掌握汽车专业的主要内容。"

孟少农特别强调全书的编辑方针应该是："内容准确、先进，文字精练、易懂，编排系统而又便于检索。"并且明确提出"内容准确"是指书中的论点、概念定义、公式、数据资料均准确可靠，有公认的权威性；"先进"是指书中所介绍的内容应能代表当代的科技发展水平，反映当时成熟而且相对稳定的成就及发展动向，尽可能不出现如"老解放"之类的旧结构、旧资料；"精练、易懂"是指用简洁的语言以尽可能少的篇幅向读者介绍尽可能多的内容，避免烦琐的公式推导和过多的数学表示；"编排系统"是指各篇、章、节、条是一个有机的整体，读者按照全书的篇章顺序读下去，便可获得较完整而系统的汽车基本知识；"便于检索"是指要让读者很容易地从目录上找到所要查找的条目，而且各个条目的内容本身具有相对的独立性和完整性，读者不必过多地翻阅其他篇章或其他条目，便能看懂和掌握该条目的内容。

周允和张蔚林讲道，孟少农明确而又精辟的观点，实际上成了全体撰稿人撰写《汽车百科全书》的指导思想。在延续数年的编写过程中，每一位撰稿人都是在这一指导思想的指导下完成了撰写任务。

1987年11月，孟少农已重病在身，周允他们派人前往二汽向他汇报定稿会的会务筹备情况。去的同志知道孟少农病重后，认为大概给他简单地说说就行了，不料尽管医务人员和家属再三劝阻，孟少农仍然坚持从病床上坐起来，详细地听完了汇报，详细询问了有关问题和稿件情况后，对《汽车百科全书》各篇、章、节、条的编排作了全面调整，并对稿件内容提出了多处修改意见。孟少农最后说："这次定稿会很重要，我一定设法参加，请转告大家，一定要坚持把这部书编好、出好，而且今后应该几年便修订一次再版，希望出版社抓好这项大事。"

周允和张蔚林回忆道，因身体原因，孟少农未能参加定稿会，更没有看到《汽车百科全书》的出版发行，"但他那种认真细致的工作作风，高瞻远瞩的开阔襟怀，严谨的文风学风，透彻深广的学术造诣，平易近人的随和风度，将永远激励我们奋发工作。《汽车百科全书》虽然只是孟少农一生业绩中的一个篇章，但孟少农的英名必将随着这部巨著不断修订完善而与世永存"。

1986年初夏，机械工业出版社总编李宜春等一行到二汽访问孟少农，拟洽谈编写《机械加工工艺手册》的事。访谈会上，李宜春总编谈到了机械工业部和出版社的想法，李宜春讲"文革"结束以后，机械加工工艺技术发展迅速，取得了一批可喜的成果，积累了丰富的经验，很想组织人员在总结经验的基础上，编写一本比较先进实用的《机械加工工艺手册》，以满足广大科技人员的需要，适应机械制造工业更快发展。李宜春讲，出版社把这一想法向一机部沈鸿部长做了汇报，沈鸿部长表示赞同，并建议以汽车行业为主，结合有关院、校、所共同编写，并特别强调可由二汽的孟少农主持这一工作。这次来拜访孟少农，就是按沈部长的建议请孟少农领衔来承担这项工作。听完李宜春总编的情况介绍后，孟少农欣然表示赞同。已经71岁高龄的孟少农又一次向新的目标发起了冲锋。接到任务后，他马上一边撰写编写大纲，一边物色参编单位和人员。1986年6月20日，召开了第一次编写《手册》的准备会议，初步做出分工。8月30日，召开了第二次准备会议，交流了各章节的编写大纲。11月10日至12日，在孟少农的主持下，由一汽、二汽、哈工大、南汽和机械工业出版社等 5 个单位共 30 多人参加的第一次编委会筹备会议正式召开。会上，通过酝酿协商成立了编委会，正式确定由孟少农担任《机械加工工艺手册》的编委会主任兼主编。会议经过讨论还通过了《机械加工工艺手册》编例、编写大纲及分工意见。

编辑委员会成立后，各参编单位按照分工很快就投入了编写工作，其间又召开了几次编委会会议，孟少农对编写工作提出了许多指导性意见。孟少农强调《机械加工工艺手册》应面向机械制造全行业，大、中、小批量生产应兼顾，但又不能包罗万象，主要适用于较为普遍的常用机械加工工艺。他讲道："写书是一项十分艰巨的任务，必须要有严谨的态度，要有多次修改的思想准备，才能写出满意的手稿。以自己教书写教案为例，一般要写三遍，一遍比一遍体会深刻，第三稿和第一稿差别很大，重新加工一遍就提高了一步。"他还讲道："编审人员要求严是件好事，是对工作认真负责的态度，大家要有思想准备，初审时往往意见会很多，也可能有较大的修改，这都是对工作负责，大家一定要正确对待。"孟少农还多次强调编写这本《手册》是基本建设，沈鸿部长则认为是打基础的工作，组织上把这项任务交给他们，是对他们最大的信任，他们一定要高质量地完成任务。

1987 年 10 月 19 日至 23 日，《机械加工工艺手册》样单审稿会在北京中组部招待所召开，刚参加完中汽联在吴江召开的汽车工业发展和横向联合研讨会的孟少农又风尘仆仆地赶到北京主持编审会。会议期间，分组对各章初稿进行了审稿，会议结束前对有关问题做了说明、规定和提出具体要求。指出这部《手册》内容广泛，影响面大，对于加强工艺工作、提高工艺水平具有重要意义，请各主编单位随时与主审人加强联系，积极配合，确保高质量如期完成编审工作。在这次会议上，孟少农对编写后续工作做了全面安排和布置，对提高《手册》的编写质量起到了很好的促进作用。在北京参加完编审会议后，孟少农又赶到南京参加汽车工程学会第六届年会，11 月初回到十堰，紧接着就到湖北汽车工业学院讲课。就这样不足一个月的时间，孟少农南来北往，不顾劳累，不顾重病在身而四地奔波，坚强地按照自己的时间表工作着，直到生命最后一刻。

1991年9月，800多万字的《机械加工工艺手册》（共三卷），终于呈现在广大读者面前。这是机械工业出版社组织三大汽车厂、多所高等院校和多家科研院所"三结合"的研究成果，更是孟少农领衔的百余名专家学者经过策划、写作、编辑、出版，奉献给社会的一件重要的精神产品。孟少农虽然没有看到《手册》正式出版，但他为《手册》成书而竭尽全力、鞠躬尽瘁的奉献精神，足以让人们更加敬重这位在中国汽车工业园地上孜孜以求、勤奋不辍、锲而不舍的好园丁。

1983年，已经68岁的孟少农退出一线领导岗位，虽然岗位变了，但他作为职业汽车人的身份没有变，时刻关注二汽事业发展的热情没有变，献身祖国汽车工业的信念和初心没有变。孟少农满怀深情地讲道："尽管有人开始称我为孟老了，我并不认为我的作用快要完成了，可以享受享受晚年的清福了。个人的生命是有限的，人民的事业是无限的，我还要有一分热，发一分光，和全国、全省各条战线上的战友一道继续前进。"所以，退居二线的他仍然以饱满的工作热情、坚韧不拔的毅力，勤奋地擘画着发展我国轿车和轻型车的蓝图，描绘着二汽未来事业发展的前景。即使到了晚年，在身体状况极度恶化的时候，仍著书立说，教书育人，鞠躬尽瘁。他的一言一行正如明末清初思想家顾炎武所说的那样："苍龙日暮还行雨，老树春深更著花。"

1977年底，在二汽建设的关键时刻，孟少农临危受命来到二汽。在面临产品质量攻关的紧要关头，精心组织指挥"背水一战"战役，并取得了决定性胜利，保证东风牌汽车在1978年底顺利投产，畅销全国，使二汽从此走上了蓬勃发展之路。他学识渊博，富有战略眼光，为从根本上改变我国汽车产品几十年一贯制的局面，他亲自组织制定二汽产品发展规划，按照"设计一代、改进一代、预研一代"的构思，组建了技术中心。退居二线后他始终保持旺盛的求知欲和活跃的学术思想，始终笔耕不辍，教书育人，为二汽乃至社会提供了大量精神产品。孟少农在二汽工作了11年，他所做的一切不仅写进了二汽的发展历史，也写进了中国汽车工业的发展历史。

第九章　不断攀登汽车技术高峰

　　孟少农从北京地安门外北锣鼓巷扁担胡同踏上祖国汽车工业征程起，在汽车工业筹备组 3 年，在第一汽车制造厂 12 年，在中国汽车工业公司 6 年，在陕西汽车制造厂 6 年，在第二汽车制造厂（东风汽车公司）11 年。在汽车工业界，孟少农是杰出的代表人物，他把自己的汽车科技知识和毕生精力无私奉献给了我国的汽车工业。在汽车工业界，孟少农带领近千个专业、上万名技术人员拼搏在汽车设计制造与使用领域。他学识渊博，富有战略远见，对创立和发展中国汽车工业作出了突出贡献、建立了不朽功勋。孟少农被誉为"汽车工业巨匠"，人们尊称他为中国汽车技术界的泰斗。这些崇敬和尊重来自他对中国汽车工业技术进步所作出的贡献。

第一节　对一汽的重大技术贡献

　　我国第一汽车制造厂的建设与发展凝聚了孟少农的心血，特别是他为解放牌汽车的技术改进、形成系列产品、国产轿车和柴油发动机的开发与生产作出了重大技术贡献。

一、解放牌汽车系列产品的开发

1956 年 7 月 15 日，第一汽车制造厂正式生产出第一批国产解放牌汽车，从而结束了我国不能制造汽车的历史。在解放牌汽车投产不久，孟少农怀着强烈的愿望，不失时机地把主要精力转移到考虑如何提高质量和发展多品种问题上，开始了自主设计新车型的工作。他明确提出，我们不能抱着苏联的一本经来念，一定要考虑新产品的自主开发工作，并多次对一汽产品的同志说："中国汽车工业需要大发展，技术工作要走在前头，要有准备，要学会自己走路。"1956 年 11 月，他组织制定一汽 1957—1962 年解放牌汽车设计改造和发展新产品规划，其中包括解放牌车的改进，设计开发 CA-11 型平头新解放，解放牌车衍生的自卸车、牵引车、公共汽车，以及开发军用越野车、轿车等。规划得到了第一机械工业部和一汽总部的充分肯定和支持。

为了抓好规划的实施，厂里对产品开发部门的人员进行了调整，从生产准备和实际生产部门调出 30 余人，充实产品设计处各技术科室的力量。孟少农对规划的实施抓得很紧，并按照产品品种类型对产品开发人员进行了分工，各司其职，有序推进。孟少农经常来到产品设计处了解情况，到设计人员的图板旁指导，他还在自己的办公室设置了图板，亲自绘制图样来验证发现的问题。经过一段时间的工作，他发现一些同志对产品改进和新产品的开发在思想认识上还不够清晰，方法上也存在着偏差。于是，孟少农于 1957 年 11 月 26 日到厂工程大楼专门对设计人员做了一次讲话，从理论与实践的结合上，系统地谈了对设计工作的整体认识和设计方法问题，提出了先进性与现实可能性相结合、创造性与继承性相结合、理论与实践相结合的产品设计理念，使设计人员得到很大的启发与教育，而且在后期的工作中都能实事求是地加以贯彻。

1957 年 9 月 20 日，完成了解放牌改进型 CA-11A 设计工作并开始试制。12 月 31 日试制车间试制出 CA-11A 改进型汽车和越野车车头。与南京汽车制造厂合作开发的 1.5 吨轻型载货车通过技术鉴定。随后，解放牌车衍生出的自卸车、牵引车也陆续完成了开发任务，初步形成了解放牌汽车的系列产品。通过对解放牌汽车质量的提高和系列产品的开发，既满足了当时国民经济建设的急需，又极大地提高了一汽产品开发能力。但孟少农并不满足于在解放牌汽车基础上的衍生车型，他认为最重要的是一定要在掌握解放牌载重汽车生产技术的基础上，学会自主设计新型汽车。为此，他领导建设了我国第一条5公里长的汽车试验道路。

在推进新产品开发的同时，孟少农还针对解放牌汽车投入运行中所暴露出来的一些重大缺陷和质量问题，如发动机开锅、驾驶室闷热、转向沉重、车架纵梁易裂等，组织工程技术人员反复研讨，制定改进方案，不断进行攻关实验。经过几年的努力，解放牌汽车有了十几项技术改进，大大提高了整车的性能和质量。1957年10月17日，在第二届中国出口商品交易会上，约旦商人、约旦海外贸易公司董事长比塔先生订购了三辆解放牌汽车，这是我国有史以来第一次出口汽车。

根据社会主义国防建设和经济建设的需要，中央要求一汽不仅要生产民用汽车，而且要生产军用汽车，特别是在1957年中央明确要求一汽要生产CA-30型三轴越野车。接到任务后，经过近两个月的酝酿，到1957年底，在CA-30型越野车生产准备原则、新产品生产准备工作程序以及全厂生产准备综合进度方面基本取得一致意见，决定CA-30型越野车生产准备工作应于1959年5月1日前完成。这款车前期是按照苏联吉尔157相关图纸进行设计的，结构上有自动充气系统，提高了越野性能，可轻松地通过耕地、沙地、深雪地、湿草地。发动机的压缩比、转速、马力、扭矩都要提高，大梁要增加强度，同时部队要求10%的汽车要带绞盘及吸力箱。根据设计人员的计算，95%以上的零件能插入现在的生产线，不能插入的，需要增添设备，建设新的生产线。生产载重车、轿车和越野车三个车型，车间零件品种增加，给生产带来困难；协作产品新增加225项，特别是轴承增加12种、橡胶制品增加61种，都需要进行试制。生产准备时间短，需要调兵遣将组建设计班子，总厂决定由孟少农领衔，全面负责完成这项重大的国防任务。

孟少农再次挂帅出征，深知自己责任重大，来不得半点懈怠。于是他很快组建研发设计队伍，并要求所有人员拿出工作干劲，打破常规，思想上要克服不敢大胆负责的态度，防止互相推诿、等待。具体工作要相互配合，交叉进行，一环扣一环，尽可能缩短生产准备时间。刚开始时项目进展比较顺利，后来因为客观原因直接影响了工作进度，直到1960年和1961年才生产出两批军用越野车。通过两批车的试装，发现这种车原设计有不少缺陷，特别是三桥的可靠性差，因此要正式投入生产，必须对一些影响质量的技术问题进行改进。当时中苏关系恶化，在此情况下依靠苏联已不可能，怎么办？孟少农很有信心地说："我们不能总是依靠拐棍走路，要独立行走，摔几下就会走了。"于是，孟少农就组织设计人员到部队调查了解车辆使用情况，听取部队要求、意见或建议。在此基础上，又组织工程技术人员开展技术设计和方案论证。他还亲自参与审定整车和各个总成的设计。在关键部分三桥的设计上，他大胆支持设计人员采用差速器结构方案解决布置上的难题，为改进工作争取了时间。在孟少农的亲自指挥和参与下，改进设计后的CA-30型越野车经部队鉴定合格后，1964年正式投入生产并装备部队，质量很好，很受部队欢迎。孟少农也对这次改进设计取得技术上的突破感到莫大的欣慰。

二、对解放牌汽车发动机的改进和开发中国自己的柴油机

在推进解放牌汽车产品改进的过程中，发现解放牌汽车的动力性不足，为了解决这个问题，孟少农积极组织技术力量自行开发直列顶置气门发动机（6102型）来代替老解放车的发动机。技术人员根据孟少农提出的总体方案组织技术攻关，孟少农亲自参与设计试制样机，并亲自参加装车试验。正因为如此，该发动机的开发工作进展得很顺利，而且任务完成得很出色，一次试验成功。该项目后来因"四清"和"文革"被迫停下来，这种性能先进的发动机没能用在解放牌汽车上，孟少农始终感到遗憾。后来经过改进成为二汽EQ140型东风车的发动机，使东风车以马力大、跑得快而闻名全国。

孟少农很重视开发中国自己的柴油机。20世纪60年代初，由于国防建设的需要，国家要求一汽开发生产5吨军用越野车。为了完成任务，孟少农与工程技术人员又开始了新的技术攻关和方案论证工作。在整个方案中，孟少农对

汽车"心脏"——发动机更加关注，他提出为了使越野车具有良好的动力，建议选用 V 型 8 缸结构的发动机，缸径定为 120 毫米，并参照国际资料和样品，可选用具有国际水平的 M 燃烧过程。当时国内并没有这种发动机的样机，于是孟少农想能否把开发 5 吨越野车与开发 8V120 型柴油发动机有机结合起来，在完成整车开发的同时，完成中国自己柴油机的开发。他的这条建议，在国家科委的支持下，很快就得到实施，进入了研制 120 系列 V8 柴油机的实质性阶段，孟少农亲自参与和指导该机的设计。后来由于国家计划变更，一汽不再承担 5 吨越野车的开发任务，整个开发项目停了下来，但在孟少农的坚持下，8V120 型柴油发动机的项目被保留下来。尽管这样，项目在推进的过程中仍然十分困难，设计完成后工艺有问题，孟少农亲自去解决，试制工作遇到阻力时，他又亲自去调度，因此大家亲切地称他为"8V120 的大调度员"。试验方案有异议时，他又亲自到现场查看过问，帮助解决。在孟少农和参与项目研发全体人员的共同努力下，1964 年试制出样品，这是一汽一次最好的高质量的总成样品试制。样机一次试验成功，鉴定合格，性能指标达到当时比较先进的设计水平。该产品成为一汽第一个汽车发动机产品储备。

三、研制和开发中国第一台东风牌普通轿车和第一台红旗牌高级轿车

孟少农是中国最早提出并重视小轿车开发的代表人物之一。早在 20 世纪 50 年代中期，在推进载重车不断完善的基础上，孟少农对一汽的轿车开发工作就给予了极高的关注，且独具远见。他提出开发轿车很有必要，必须及早准备，锻炼队伍，积累经验。他针对当时的国情，提出私人购车短时间内不能实现，更多的用户是公有单位，可以生产乘坐 4～5 人、功率在 70 马力左右的轿车为主。1957 年，孟少农在吉林省省立医院完成了轿车开发设想草案，并邀请厂里的技术专家到病房一起探讨研究。他关于开发生产轿车的想法，得到了当时第一机械工业部和中央领导同志的支持，并从北京送来了设计样车，于是孟少农和他的团队很快进入了具体工作。在孟少农精心组织和引导下，轿车

设计工作进展非常顺利，从 1957 年秋开始设计和试制，到 1958 年 5 月，不到一年时间，第一辆东风牌轿车（"东风"取"东风压倒西风"之意）就试制完成，经过试验，轿车运行情况良好。样车试制完成后，正值党的八大二次会议在北京召开，厂领导决定将此车运往北京向会议报捷。样车运到北京后，放置在中南海怀仁堂后花园的草坪上。代表们正式参观前，时任中央办公厅主任的杨尚昆先去检查准备情况，突然发现车头上"东风"二字是拼音字母时，立即指示换上中文，免得人家误认为是外国车。送车同志们到人民日报社找到毛泽东"东风压倒西风"的题词，把"东风"二字影印下来，连夜将"东风"二字雕刻下来镶在车头上，第二天一早镀上纯金的"东风"二字取代了拼音字母，轿车按时驶进了中南海怀仁堂。会议期间，毛泽东、朱德、周恩来、刘少奇、林伯渠等国家领导人都参观了样车，特别是毛泽东和林伯渠一起乘坐了轿车后，毛泽东笑着对集聚在周围的代表们说："我坐了我们自己制造的小汽车了。"

东风牌轿车在北京受检后，第一机械工业部汽车局及有关部门开始研究我国轿车生产政策。大部分人认为，我们是社会主义国家，主要是解决大众交通工具，搞好公共交通就好了，多开些线路，四通八达，方便生产生活，小汽车主要是领导机关和接待外宾用的，所以当前需要解决高级轿车的生产问题，因此，大批量生产东风牌轿车的时机并不成熟，让一汽在研发东风牌轿车的基础上着手研发高级轿车。于是，一汽只好停止了东风牌轿车的生产准备，正式受领研发生产高级轿车的任务，而这项任务再一次落在了孟少农的肩上。根据上级部门和厂部的要求，1958 年八一建军节要生产出第一辆样车，全年生产 5辆，8 月 15 日前生产出第一辆敞篷车，9 月底生产出第一辆带篷车。当时在没有经验、没有技术、没有样车的情况下，高级轿车的试制从何处入手呢？大家想如果有一辆样车就好了。经多方打听，了解到当时的长春汽车拖拉机学院有一辆用于教学的美国的克莱斯勒高级轿车，于是工厂就赶忙派人跟学院协商，把车借来使用。不久，北京也送来了美国的一辆凯迪拉克和一辆林肯牌高级轿车。有了样车，为了争取时间，工程技术人员决定采取测绘试制和改进的方法来加快工作进度，7 月试制出第一辆高级轿车。新车出来给它取一个什么名字呢？为了慎重，工厂决定把这个问题提交到吉林省委去讨论。省委在讨论车名时，考虑当时要"高举三面红旗"，于是就把新生产的高级轿车命名为"红旗"牌，拟在新车车头上以三面红旗为标志，正式生产后改为一面红旗。

1958年7月1日开始红旗轿车第一轮样车设计，先搞了一个全尺寸的油泥模型，整体结构定下来后，立刻投入试制。过去新产品试制，像解放牌卡车完全是按照苏联设计干的，东风牌轿车是外国设计加中国设计，而试制红旗轿车则是打破一切束缚，充分贯彻群众路线的新创造，设计人员走向车间，各生产单位分总成包干，在"乘东风展红旗"的口号下，掀起了红旗高级轿车的生产高潮。只用了一个多月的时间，日夜苦干，于当年8月1日试制出第一辆红旗牌高级轿车，并于国庆9周年前夕，将一辆改进后的红旗牌检阅车送到北京。在这段时间里，孟少农既是领导者，又是组织者和协调员，身体力行地出现在各分包单位和工作现场。

红旗高级轿车初步设计和试制成功后，正规的设计也随之开始，设计工作是在孟少农的精心组织和指导下进行的。1959年1月7日，中央给一汽发来本年要"确保红旗车生产"的指示。为完成这一任务，一汽党委连续召开了几次干部会议，研究如何开展思想工作和组织工作，充分讨论红旗轿车生产的方针和原则。1月21日厂党委作出决定，竭尽全力确保党中央书记处规定的红旗高级轿车生产政治任务如期、如质、如量完成，全厂要夜以继日地奋战。厂部还规定了总进度：工艺装备设计在2月中旬基本完成；4月底前完成各种工艺装备的制造；3月底完成土建；4月底完成安装；3月中旬到4月中旬进行生产调试；4月底到5月底进行试制；6月到9月正式生产。为了争取时间，厂里决定将设备定型与生产准备交错进行，并明确整体设计和技术攻关由孟少农负责，生产准备由副总工程师王少林负责。整个工作流程中，工艺装备设计是关键，在孟少农的组织下，把设计师、工艺师和有经验的老师傅组成"三结合"设计队伍，定人员、定工作量、定进度，每个人要完成的任务非常明确，极大地加快了工作进度。进入试制阶段，遇到比较多的质量问题，如液压挺杆、高压油泵、动力转向性能达不到技术要求，以及车门下沉等。针对这一情况，厂里要求开展集中攻关，于是在王少林副总工程师和党委副书记方劼等同志的领导下，组织了若干个攻关队，进行周期性的轮番研讨和攻关，重大技术问题请孟少农拍板定案。当时参与研制的老汽车专家支德瑜讲："少农同志可贵之处，就在于他听取汇报后，都能针对问题的特点做出比较正确的判断和指导，因而较快地奠定了红旗高级轿车的技术基础。"中国第一批红旗高级轿车从试制到小批量生产，只用了一年多的时间，是一件了不起的事情。1959 年 9 月 29 日下午北京人民大会堂正举行国庆 10 周年庆祝大会，20 辆装饰一新的红旗轿车开到大会堂东门，整齐地排在出口两旁。5 点左右散会，与会的同志们都围拢来观赏，大家看到自己国家生产的高级轿车，格外兴奋。国庆节那天，礼炮响起，2 辆红旗检阅车载着阅兵总指挥和国防部部长检阅了部队，6 辆红旗轿车庄严地行进在国庆游行队伍中，接受祖国的检阅。

红旗牌高级轿车有 6 个座位，内部宽敞舒适，外表庄重大气、美观，内外装饰富有民族风格。红旗牌高级轿车采用了许多新技术、新材料，如采用液压挺杆、动力转向系统、真空加力自动系统、简式减震器、前轮独立悬挂系统、全封闭车身及大型曲面玻璃等，特别是采用了新设计的 V8100 发动机。纵观红旗牌轿车设计、制造全过程，按主客观条件，它的研制成功是一件了不起的事情，孟少农对此发挥了重要的组织领导作用，作出了重大的技术贡献。

孟少农于 1953 年正式调入一汽，1965 年调出，在这 12 年时间里，他见证了一个工业基础薄弱、依靠别国援助建成、只能生产单一载货汽车的一汽，发展成了生产载货汽车、军用越野车和高级轿车三个品种系列和 30 多种变型专用车的工厂的过程。尤其是红旗牌高级轿车发展至今日，已成为国内唯一拥有自主知识产权、品牌价值以亿计的轿车品牌，孟少农是最主要的功臣。

第二节　对陕汽的重大技术贡献

1971 年，孟少农奉命调到陕西汽车制造厂任革委会副主任，主管技术工作。该厂位于陕西省岐山县五丈原下麦李西沟，地处偏僻，交通不便。建厂初期，生活条件极为艰苦，工作上困难重重，孟少农克服困难，专心致志地工作，对研制开发延安 SX-250 型 5 吨越野车、改进 6130 型柴油发动机和开发

15 吨民用载重汽车——160 型汽车发挥了重要作用，作出了重大技术贡献。

一、研制开发 SX-250 型 5 吨越野牵引车

SX-250 型 5 吨越野牵引车，主要是根据国家国防需要用于牵引 122 火炮的一款车。在孟少农调入陕汽之前，此车已进行了两轮样车试验，但仍达不到部队的技术要求，主要问题是可靠性较差及动力性不足。孟少农接手工作后，先听取了前两轮样车试验和试制的汇报，了解了第三轮样车前期试制进展情况，审查了产品图纸等技术资料，随后就组织技术队伍开始了新一轮的产品研制开发工作。他针对产品设计中存在的突出问题，提出要对产品设计进行大修改。首先，针对整车加速性达不到要求的问题，提出将最高挡由超速挡改成直接挡，最高车速由每小时 75 公里降到每小时 70 公里。采取这些措施后，改善了整车的加速性能。其次，针对可靠性问题，提出对主要总成和零部件重新进行强度校核，对不合格的结构和尺寸进行设计改进，大大提高了设计的科学性。1973 年 5 月，第一机械工业部汽车局和中国人民解放军总后勤部下达《关于组织 SX-250 型五吨越野牵引汽车第四轮样车试制的通知》。工厂接到通知后，迅速落实试制计划，年底 5 辆样车进入总装阶段，随后开始组建试制机构和汇聚人员队伍，进行一系列的定型试验，包括性能试验、可靠性试验、地区适应性试验和特种越野障碍试验等。实践证明，经过改进设计，成功地解决了可靠性和动力性问题，各项指标都达到了设计任务的要求。该车于 1974 年 12 月通过国家军用车辆定型委员会审查鉴定，批准定型。1975 年通过小批量试生产，全面验证工艺，随后根据部队的需要进入规模化生产。1984 年，该车以两个方队形式参加国庆阅兵，还在老山前线建立了战功，成为中国军用越野车的佼佼者，至今仍受到部队的欢迎和好评。SX-250 型 5 吨军用越野车设计项目于 1978 年 8 月获全国科学技术大会科技成果奖。

二、精心改进 6130 型柴油发动机，使其性能更好

延安 SX-250 型越野车的发动机原来采用的是杭州汽车发动机厂 6130 型柴油发动机的全套图纸生产的，孟少农到厂后经过调查研究和根据实际需要，大胆提出陕汽不应该完全照搬杭发的生产工艺，而应该利用新建厂的有利条件对该机的缺点加以改进。经过科学论证和分析，孟少农提出把现发动机的冲程由 140 毫米加大到 150 毫米，经过这样改进，可以使该机总工作容积从 11.4 升提高到 11.94 升，最大功率和最大扭矩都有增加。因而对每台发动机的额定值都可以确实保证，消除了改进前有时达不到额定值的现象，发动机的粗暴燃烧问题也得以克服。为了适应发动机冲程加大后的技术要求，孟少农带领工程技术人员，经过周密细致的考虑，解决了更改冲程所带来的一系列具体技术难题。为了提高球磨铸铁曲轴的强度，把曲轴径加大到 95 毫米，连杆轴径加大到 85 毫米，并将轴径圆角加大到 R6 毫米。严格控制材质的化学成分，认真贯彻铸铁及热处理工艺，以保证机械物理性能和金相组织，并采取圆角滚压和辉光离子氮化等增强曲轴强度的技术措施，使强度安全系数由 1.08 提高到 1.41 以上。这样该机的技术水平超过了原来的发动机，生产实践证明改进设计是十分成功的。该发动机改进项目于 1978 年 8 月获全国机械工业科技大会科技成果奖。

三、领导设计完成大型公路载重汽车，使陕汽迈开了"军转民"的步伐

"人无远虑，必有近忧"，这是孟少农常说的一句名言，小到具体的部件设计，大到工厂的发展方针，孟少农始终坚持这样的战略思想。在陕汽 5 吨越野车研制过程中，他就提出："一个工厂光靠生产军车是不行的，必须开发一个当家的民品汽车。"他的这一想法也得到了陕西省的理解和支持，1975 年 1 月省机械局下发陕革技机发（75）号文件，要求陕汽研制开发大型公路载重汽车，

载重量为 12 吨～15 吨，并要求 1977 年要完成研制任务并做出样车。工厂接到任务后，由孟少农全面负责设计工作，并很快组建了一个设计小组。为了使设计工作少走弯路，孟少农对设计小组明确提出，应该在总结 SX-250 型 5 吨越野车的基础上，开发一种技术水平较高、适合我国公路情况的大型公路载货汽车，以缩小和世界先进国家的差距，可以以瑞典斯堪尼亚（Scania）和沃尔沃（Volvo）两个公司及日本五十铃公司制造的重型卡车作为参考。设计小组在孟少农的直接领导下从 1975 年下半年正式开始设计，到 1976 年完成了新的15 吨 6×4 型民用载重汽车——160 型汽车的大部分设计工作。

根据孟少农提出的设计原则，既要与延安 SX-250 型 5 吨越野车保持最大的通用性，又要有尽可能高的技术性和合理性。因此，新设计的 160 型 15 吨民用载重汽车体现了几个技术特点：（1）整车采用比较先进的标准布置形式，发动机中心线低，以降低整车重心和缩小传动轴夹角；（2）采用 SX-6130 型发动机，但考虑到动力性能的需要，将额定功率提高到 220 马力（2100 转 / 分）。同时变速器增加超速挡，减少各挡公比，以提高车速及改善加速性能；（3）由于载重增加，车架强度不够，决定采用 300 毫米 ×80 毫米 ×8 毫米等截面直纵梁；（4）由于发动机中心线降低，必须采用"工"字梁前轴；（5）改进驱动桥技术设计，并使用高压轮胎，以提高驱动桥的承载能力；（6）重新设计翻转驾驶室。

从以上技术特点可以看出，SX-160 型载重汽车的产品设计水平在当时的条件下是比较先进合理的，但由于其基本上是一个全新设计的车型，试制和形成批量生产能力的设备投入和技术改造费用相当大，因此，这款车直到 1977年底孟少农调离陕汽时也没有正式投入生产。但是孟少农高瞻远瞩，率先领导陕汽"军转民"的战略思维，值得我们认真学习和借鉴。

第三节　对二汽的重大技术贡献

1977 年底，在第一机械工业部副部长兼二汽党委书记饶斌的努力下，孟少农由陕汽调到二汽任副厂长兼总工程师。那时二汽的建设和生产面临着诸多问题。在产品质量上，2 吨半车和 5 吨车产品质量问题共有百多项，整车出厂合格率较低。在生产能力上，2 吨半车的生产线有 360 条，还有 49 条没通，5吨车的生产线有 127 条，还有 81 条没通，无法达到设计生产能力。在此情形下，人们对调入二汽主管技术工作的孟少农寄予厚望，当然孟少农也没有让广大二汽职工失望。他临危受命，勇挑重担，对二汽摆脱困境，走上振兴之路，充分发挥了他的聪明才智，再次书写了他人生中辉煌的一页。

一、产品攻关，东风 5 吨载重车获得新生

孟少农由陕汽调入二汽后遇到的第一个挑战就是如何闯过 5 吨载重车的质量关。一方面，国家投入 20 多个亿，经过多年奋斗建设起来的汽车阵地不能发挥作用；另一方面，市场看好的 5 吨载重车由于存在诸多质量问题，难以形成量产。长期下去，不仅企业面临生存危机，而且国家也将承受巨大的经济损失。因此，攻克 5 吨载重车的质量问题就成了孟少农调到二汽后面临的第一个棘手的大问题。

孟少农在调入二汽之前虽然对二汽的产品和质量有所了解，但当他调入后，感到对问题一知半解是不够的，要攻克质量难关还得从调查研究、摸清情况、梳理问题入手。于是，他深入到主要专业厂、产品设计和试制部门走访座谈，充分听取主要专业厂、产品设计和试制部门许多同志的意见，在充分调查研究的基础上，把 5 吨载重车存在的问题归纳确定为 64 项质量关键问题。

影响质量的问题找到了，但如何解决这些问题，又一次考验着孟少农的智慧、胆略、能力和经验。孟少农经过认真思考和细致分析，一个解决质量问题的思路和方案逐步清晰起来。他大胆提出 5 吨载重车原产品的设计基础是好的，不需要推倒重来，只需要有针对性地开展质量攻关，就有可能在当时被动的情况下争取主动。于是他极力主张不留退路，攻下难关。

最初，总厂党委对开展质量攻关也还是有些担心，二汽党委书记黄正夏多次问孟少农："质量攻关结果会怎样？能取得预期的效果吗？"面对黄书记的提

问，孟少农心想这是黄书记最后拍板下决心前想要他给出的答案。孟少农满怀信心地说："质量攻关搞得不好，可能只有50多项攻下来，搞得好，有可能攻克60项，还会留下三五项，但不会影响投产，因批量生产初期产量不会太大，可以边生产边解决。"有了孟少农给出的答案，总厂党委也就有了战略决策的决心。于是，总厂党委向全厂职工发出了全力攻关的号令，全厂上下立刻展开了有组织、有领导的一场"鏖战"。为统一全厂意志，上下协调一致，总厂成立了攻关指挥部，由孟少农任总指挥，受命全权拍板，技术上全部由他掌管决策。

为了使质量攻关有序推进，孟少农围绕5吨载重车存在的64项质量关键问题，采取重点突破，纵横联动的方式来推进整个攻关工作。64项质量关键问题由总厂紧紧抓住，组成了16个攻关队、几十个专题攻关组，负责质量关键问题的攻关。其余的质量问题由各专业厂向总厂领取任务，组织攻关。一场围绕质量攻关的"战役"，很快在全厂打响。

在总厂党委的坚强领导和孟少农的具体指挥下，5吨载重车的64项质量关键问题，在指定时间内攻克了60项。质量攻关的突破，使得5吨载重车获得了新生，新生产的东风5吨载重车以马力大、速度快、耗油低、轻便灵活的特点开始走向全国。1978年7月15日，二汽第二个基本车型东风5吨载重车顺利投产。5吨载重车正式投产，标志着二汽建设初具规模，开始大批量生产，使得艰苦奋斗十余年建设起来的第二汽车制造厂开始发挥综合效益。对于这一切，孟少农发挥了不可替代的作用。

二、助推二汽走向多品种、多系列、联合联营发展之路

20世纪80年代初期，中国经济建设处于调整时期，东风车陷入滞销困局。为了帮助企业渡过难关，孟少农不失时机地提出，以东风车为主体开发节油车，改善整车的经济性，并提出多项改进技术措施，例如，将发动机压缩比由6.75提高到7.0、采用子午线轮胎、加长转向垂臂、换用省油化油器等。改进后的5吨民用车大大提高了整车的节油效果，很快得到了市场的认可。与此同

时，孟少农还根据市场需求，投入极大的精力组织指挥设计和生产变型车。他告诉产品开发设计人员："设计工作要紧跟市场走，市场需要什么样的车，我们就搞什么样的车。"到 1982 年底，东风 5 吨车系列改装车达到 53 种，变型车达到 42 种，既满足了用户的需求，又打开了东风车的销路。

孟少农作为二汽技术工作的主要领导，不仅关心企业在技术上行稳致远，而且倡导从技术上促进二汽走向联合联营发展道路，以扩宽企业技术进步的视野。在他的组织指挥下，二汽成功地设计试制出适用于云、贵、川特定区域的 EQ140C 高原车、EQ140S5a 公共汽车底盘、EQ144S4 和 S5B 客车底盘。他倡议与河南联合设计、联合试制、联合开发、联合生产 EQ131 3 吨级轻型载货车，并亲自参与该车型的设计。在他的主持下，二汽还与成都建筑机械厂合作，研制出部队用的装甲车。这一系列的技术开发与创新，极大地丰富了二汽的产品种类，也开阔了二汽技术开发与创新的视野。

三、主持开发研制 EQ6110 型柴油发动机和 EQ6105 型汽油发动机

孟少农在汽车工业战线上几十年的工作经历，使他深刻地认识到企业要可持续发展，必须不断地进行技术创新，要拥有自己的核心技术和自主的知识产权。二汽在他的主持下，独立自主地开发研制了 EQ6110 型柴油发动机和 EQ6105 型汽油发动机。这两款发动机的主要参数均由他提出，EQ6110 型柴油发动机的功率为 160 马力，EQ6105 型汽油发动机的功率为 165 马力。其特点是寿命长、好制造，很符合中国生产工艺制造水平。国家给出的鉴定意见为：该机设计紧凑，外形美观，结构参数合理，各项性能指标达到设计要求，处于国内领先水平。国外内燃机设计权威林慰梓先生与 Moss. 的评价意见为：处于国际中上游水平。其中 EQ6105 型汽油发动机通过与英国里卡图公司合作改进，用于 3 吨半越野车取得圆满成功。EQ6110 型柴油发动机主要用于 8 吨以上的载重车。孟少农在坚持以我为主，自主研发的同时，还十分重视引进国外先进技术，通过消化吸收为我所用。为此，他积极支持二汽引进美国康明斯工程公

司的柴油发动机来提高国内柴油发动机的设计和生产水平的主张，使得美国康明斯公司 BC 系列柴油发动机产品和制造技术的引进成为二汽早期国际合作中最大的项目。此项目的成功引进，对二汽的国际合作发挥了很好的示范效应。

四、提出"三个一代"的研发思想

20 世纪 80 年代初，二汽正处在"自筹资金，量入为出，分期续建"的特殊困难时期，尽管这样，孟少农仍然建议将技术中心列入二汽续建投资项目。在建一个什么样的技术中心、怎样建成技术中心等一系列重大问题上，孟少农高瞻远瞩，深思熟虑，提出了一系列构想和具体要求。他明确提出要把技术中心建成国内领先，同国际接轨，中国高水平的技术中心的目标。在体制机制上要适应二汽从生产型向经营开发型转轨，从以服务生产为主，走向服务生产与技术开发并重的要求，在此基础上，进一步做到技术开发走在前，扩充专业设置，发展基础性和综合性的试验研究，以提高设计试验水平，加速科技成果向生产力转化。在设备仪器的配备上，他反复强调要从实际出发，充分体谅工厂的困难，千方百计节约资金，避免设备重复购置。在人物环境匹配上，他强调精密设备对环境条件的要求一定要保证，但人的工作条件的改善则适可而止，不能脱离实际，不能脱离群众。总之要把好事办好，让领导和全厂职工都满意。

1983 年 4 月 1 日技术中心宣告成立，从此二汽的产品开发突破了"小集中，大分散"的管理体制，形成了"大集中，小分散"的产品开发格局，使产品开发工作进入一个崭新的阶段。

孟少农在总结世界汽车工业产品研发的一般规律的基础上，提出汽车企业产品研发应该做到"三年一小改，八年十年一换型"。实际上，大多数先进国家的做法是在前一代产品生产中改进，下一代产品在设计室、试验室和汽车试验场中发展成熟，并有序地开展生产准备，第三代产品则在造型室、研究部门和技术人员的头脑中逐渐酝酿成型。为了从根本上改变我国汽车产品几十年一贯制的局面，孟少农借鉴先进国家发展经验，亲自组织制定二汽产品发展规划与型谱，提出"设计一代、改进一代、预研一代"（即"三个一代"）的研发思想。对于"三个一代"的研发思想在二汽技术研发实际工作中的实施，二汽产品部门有一种比较典型的说法，即"孟少农构想—产品处策划—产品会战指挥部实施"，形成了早期的二汽产品研发决策实施链。随着形势发展，二汽技术中心对"三个一代"的产品研发构想不断丰富和完善，明确提出要建立"改进一代、开发一代、预研一代"的开发体系。做到在开发时间上必须覆盖二汽的今天、明天和后天，改进一代为今天，开发一代为明天，预研一代为后天，不仅整车要全时覆盖，总成、零部件、新工艺、新材料、新技术都要全时覆盖。时至今日，建立起"改进一代、开发一代、预研一代"的主动开发体系，已成为二汽（东风汽车公司）技术中心引领企业技术进步的重要标志。

五、为中国的轿车发展提供战略构想和技术路线

孟少农对全国和二汽轿车的发展极为关注，极力主张以我为主，引进技术，发展民族轿车工业。1983年已经退居二线的他依然勤奋地擘画着轿车发展蓝图。他说："不建设一个高水平、大产量的轿车厂，就势必跟不上人民生活水平提高的需要，就不能立足于世界汽车工业之林，为此，必须做好超前期的准备工作。"为此，他专门撰写了《对生产轿车的几点意见》，提出了对二汽发展轿车的初步设想。他的这些设想得到国务院的充分肯定和重视，对二汽乃至全国发展轿车工业起到了很好的思想引领作用。

（一）我国和二汽发展轿车的战略构想

孟少农第一个对我国和二汽发展轿车提出了建立"健康的轿车工业"的概念，其标准为能在强手如林的汽车市场竞争、生存和发展，能生产优秀产品并取得经济效益。为此，中国或二汽必须做到：（1）建立独立自主的轿车工业。独立自主有两层含义：一是要立足自己的原材料及加工制造，而不是单纯搞外来件装配。二是独立经营，独立销售，企业的大权不能旁落。管理权、技术权、销售权要掌握在自己手里。（2）有自己的技术开发能力，在技术上不断进步。轿车的车型寿命相当短，一般不超过10年，在其寿命期内还有不断的小改小

革，使其外形、舒适性、动力性、可靠性、经济性不断提高和完善。在市场竞争激烈和开发手段先进的今天，改进的速度还在加快，各企业之间的竞争不仅在于现生产的产量上，更重要的在于开发的能力上。决定今日市场胜负的关键在于5～7年前先行期内工作的优劣。技术上的不断进步依靠开发能力，而开发能力与生产能力是两回事。开发能力建立在生产技术的基础上，但掌握了生产技术不一定会开发。

鉴于这些认识，孟少农对发展轿车提出了如下结论："（a）我们建轿车工业，上策是建成生产能力与培养开发能力同步完成，这是日本……走通了的路。中策是建成生产力后培训开发能力，这是上述陶里亚蒂汽车厂的作［做］法。下策是对开发能力不予重视，坐视多年一贯制的形式。……（b）要走第一条路，前提条件是要有成熟的、完整的技术基地。……（c）走第一条道路的办法有两种：其一是与一家规模大体相当的外国汽车公司合作，搞联合开发，取得成果双方共用，可各自组织独立的生产，也要作某些总成分工，互相补充。……另一种办法是决策和组织工作全部自己掌握，但利用国际上的专家企业承担具体的局部开发任务。这是世界各地大型企业都广泛采用的办法。……（d）建厂和采购设备必须自行负责。……"

（二）我国和二汽轿车工业发展的技术路线

孟少农认为要实现上述轿车工业发展的战略构想，建立健康的有竞争力的轿车工业，在具体的实现方式上要注意把握如下环节。

1. 在现有汽车工业的基础上建立轿车工业。

孟少农认为，"30多年来我国建立起一个有年产40余万辆车的汽车工业，虽然产品以中型货车为主，而且技术水平不高，但这毕竟是我们干了30多年的成绩，有它与没有它大不一样……如果没有这个汽车工业作为基础，今天我们要建立轿车生产，就只能靠花钱向国外买——买技术、买设备、买工装、买配附件。我们没有足够的石油美元，结果就只得以屈辱的条件依靠跨国资本，长期搞散件装配。用30年能否熬出个独立局面，尚不可知。但是有了这个基础，我们的腰杆就硬了。……因此，把建立轿车工业作为一个契机，推动汽车工业的改造，充分利用原有基础，充分发挥对外开放和自己创造力的作用，我们是大有可为的"。

2. 一个时期只办一个轿车厂，不能遍地开花。

孟少农认为，"今后 13 年内，大概需要建轿车生产能力 60 万。这可以由两个各 30 万的厂组成，也可能由两个 15 万加一个 30 万的三个厂组成。这两种方案以哪个更优，须经研究各种因素而定。但有一个原则：各工厂建设要错开，以免造成过分的紧张。……错开后，第二套的工作有第一套的经验可资借鉴，可能进行得顺利一些。第二套的经验又可为第三套开路。慎重初战，应该是我们的方针"。

3. 总装厂需要新建，零部件和毛坯生产厂尽量利用现有厂。

轿车的生产主厂是由车身焊装、油漆、内饰、总装配各线连接而成的，车身和发动机是轿车两个主要总成，发动机一般在主厂生产，这样主厂就抓住了整车质量。其余的机械总成毛坯和附件可以安排在协作厂生产。协作网不能在地理上拉得太远，最好能在公路半天路程以内。

4. 应当慎选承担建设任务的企业，放手让它干。

经过长期发展和实践的锻炼，一汽、二汽都具备了提高内涵、扩展外延的能力，应当由这样的老技术基地承担开发产品、进行生产准备、作为甲方配合基建、组织和培训人员，直到开工投产的全部责任。当然还要考虑这个基地的主观力量与同时期内的战线长短，任务轻重要相适应。它应当有足够的财力和物力，能够顺利地完成轿车新建任务，而不致久攻不下变成打消耗战。孟少农认为，"慎选一个合格的企业，作为建设轿车生产的第一个负责单位。然后减轻它在其他方面的负担，给予全权，让它放手干。领导机关抓住方针政策，检查督促，随时给予必要的支持。这是建设轿车生产的唯一可行的方针"。

孟少农为我国和二汽轿车工业发展提出的具体建议，虽然形成于 20 世纪 80 年代初期，虽然他没有看到我国轿车工业（包括二汽生产）蓬勃发展的今天，但他对我国和二汽轿车工业发展所提出的战略构想和技术路线影响深远且巨大。

孟少农于 1977 年底调入二汽，时年 62 岁，晚年他在二汽艰苦奋斗整整 11 个春秋。他为二汽闯过质量关、产品滞销关、缓建发展关；为二汽发展横向联合联营；为二汽产品开发建立新机制；为二汽轿车工业的布局及二汽长远发展奠定了技术基础，并作出了巨大贡献。人生没有固定的站台，也许中国的汽车工业就是孟少农乘坐的一辆奔驰的列车，他事业的终点站就在二汽，就在十堰。

孟少农是新中国汽车工业的奠基人之一，他一生为中国的汽车工业转战南北，屡建奇功。他所做的一切，赢得了党和政府及社会各界的广泛赞誉和充分肯定。他是国家一级工程师，1980年11月被选为中国科学院学部委员（中国科学院院士）。他连续两次被评为湖北省"特等劳动模范"，1985年获得首批全国五一劳动奖章并被评为全国优秀科技工作者。他学识渊博，技术精湛，极具战略眼光和实干精神，被公认为中国汽车工业的技术泰斗。

第十章　中国汽车工程教育的奠基人与实践家

孟少农的一生是为中国汽车工业创建和发展而奋斗的一生，他在汽车工业筹备组 3 年，在一汽 12 年，在中国汽车工业公司 6 年，在陕汽 6 年，在二汽 11 年，在汽车界带领近千个专业、上万名工程技术人员拼搏在汽车设计制造与使用领域，作出了重大贡献，他是汽车技术的领军人物和一面旗帜。他还是一位杰出的教育家，在他的职业生涯中，不仅一生致力于勇攀汽车科技高峰，推动企业的技术进步，而且还以极高的社会责任感兴教办学，甘做园丁，勤耕不怠。他为我国汽车工程教育所做的一切同样得到了社会的赞誉，他得到了人们的尊敬和爱戴。

第一节　"两个第一"为中国汽车工程教育奠基

1946 年 7 月，孟少农接受清华大学的邀请，走进刚从昆明迁回北平的清华校园，开始了他的执教工作。孟少农回到清华大学先是被聘为副教授，后来很快就被聘为教授。当时他任教的清华大学机械系还没有汽车专业，也没有开设相关的课程，于是他向机械系提出并亲自创办了中国第一个汽车专业，这是我国高校汽车专业建设的起点。从此，孟少农与我国汽车工程教育结下了不解之缘。

从零开始开办一个新专业谈何容易。最初因为师资不足，汽车专业课、工艺课、工具学等课程都是由他自己承担。孟少农的教育理念和教学方法富有新意和创新性。在教学内容上，他尽量介绍第二次世界大战期间发展起来的先进机械工程方面的新东西，把新完善起来的大量生产与质量统计方法介绍到机械系，还把在福特汽车厂所学到的实操技能传授给学生。在教学方法上，他特别重视理论联系实际，千方百计收集教具，利用实物进行直观教学。他听说日本人把清华大学当兵营时，扔到河里的有汽车发动机，就和助教、学生们一起下河寻觅，把生锈的发动机从河里捞起来。他还想方设法从天津弄到报废的车架、变速箱等，用来做教具和开展驾驶实习。孟少农在清华大学机械系执教的过程中，把大洋彼岸工业国家的先进理念、先进技术嫁接到中国的人才"树"上来，为后来我国汽车工程教育发展奠定了基础。

新中国成立以后，孟少农任中央人民政府重工业部技术室主任，1950年3月他被调到重工业部汽车工业筹备组任副主任。民国时期留下的汽车工业几乎是空白的，国内仅有一些修理工厂，用一些进口零件修配进口汽车。孟少农深知在这种情况下创建汽车工业所面临的困难是何等巨大，然而他不但没有丝毫退缩，而且满怀壮志。刚到筹备组，工作千头万绪，从何处入手呢？孟少农认为汇聚一批人才是当务之急，于是他就利用他清华大学机械系教授的身份，从清华大学动员了一批应届毕业生到筹备组工作，同时他还从上海交通大学、北京大学、浙江大学等高校动员了50多人投身于祖国的汽车工业。由于这批大学生大多不是学汽车专业的，为了使他们能尽快进入工作角色，有必要对他们进行专业培训。于是孟少农就把这批学生汇集到北京地安门外北锣鼓巷扁担胡同一个古老的四合院里，参加专门为他们开办的汽车培训班学习。为了使培训班的工作富有成效，孟少农对参加培训班学习的学员提出了明确要求，一是要有数理基础，二是要有外文知识，三是要有动手能力。为了达成学习目标，他把50多名大学生集中到清华大学上理论课、拆修汽车实习课和汽车驾驶课，让大家懂得和熟悉汽车，提高操作能力，补上大学缺少的这些课，以适应制造汽车的需要。为了开阔培训班学员的视野，孟少农还到培训班给学员们作报告，讲新中国汽车工业发展远景和每个人的任务，他说："造汽车是个大量生产的大工业，要千万人协同作业，你们这批青年将是我国汽车工业的第一批技术人员，像你们这样的技术人员几十人是不够的，要成千上万，而且专业分得很细，每个人都有自己的专业。"孟少农的报告给了学员们极大的鼓舞和鞭策，经过培训班的学习和实际训练，后来这50多人随着我国第一个五年计划的建设发展，有的转入坦克工业，有的转入拖拉机工业，剩下的大部分人跟随孟少农参加了长春第一汽车制造厂的建设，成为创建中国汽车工业的第一代人。汽车培训班开辟了我国汽车工业培育人才的第一个苗圃，为我国汽车工程教育提供了示范。

第二节　走到哪儿，就把学校办到哪儿

1952年7月，根据中央的决定，在长春成立了中央重工业部汽车工业筹备组652厂，孟少农被派往中国驻苏联大使馆参赞处工作，负责一汽建厂规划、产品设计、设备订货、聘请苏联专家、培训中方人员等工作。1953年7月孟少农回国，出任第一汽车制造厂副厂长兼副总工程师。先是负责一汽的基建和设备安装工作，后来分工主管产品设计和工艺、冶金生产准备等部门，领导全厂的技术工作。孟少农早在汽车工业筹备组时，就已经培养了一批技术人才，可是等汽车厂开始新建后，最让他伤脑筋的事还是人才问题。各地支援汽车厂建设的人源源不断地涌来，但是很少有熟悉汽车专业的人。为了适应工作的需要，孟少农又动了不少脑筋，做了许多工作。在他的倡议下，工厂较早地建立了技术教育处，成立了职工夜校，继而办了业余中等专业学校。这样可以使大量没有机会接受过专业学校培养和没有机会到苏联实习的人能够一边学习一边工作。后来一汽还在他的倡议下建立了长春汽车学校，并在此基础上于1955年正式建立长春汽车拖拉机学院，1958年发展为吉林工业大学（现已并入吉林大学）。通过学习培训，一大批职工逐步成为有文化修养和技术知识的

高级熟练工，一批生产管理干部由外行成为内行，一批技术人员成为工厂发展的主力军。由于一汽的领导者高度重视教育，20世纪50年代的一汽已经形成了完备的技术教育体系，培养的人才不仅满足了一汽的生产需要，而且还向国家输送了建设人才。

1971年，孟少农奉命到陕西汽车制造厂工作。陕汽是在"文革"开始之后新建的三线厂，由于受到"左"的思想影响，企业技术管理行之有效的制度被破坏了，技术队伍也处于分散到生产现场而无统一领导的状态。因此组织队伍、建立管理制度、加强技术资料的分级审核标准以及归档管理是非常迫切的问题。孟少农对此十分重视，并采取措施认真地加以解决。他首先抓队伍建设，从工作需要出发，组建成立了产品设计科，把分散在各个车间班组的技术设计人员和工艺人员集中起来，针对延安SX-250型5吨越野车存在的质量问题开展技术攻关，很快扭转了工厂在技术研发和工艺设计上的被动局面。

孟少农虽然身为技术权威，但从不放松对自己业务提高的要求，坚持孜孜不倦地学习，不断更新自己的知识，十分敏锐地追赶最新技术成果。而他更关心工程技术人员特别是年轻人的教育和培养，他经常告诫青年技术工作者："搞设计的不要怕设计了又不投产而白做工，这不是白做工，做了10个设计，有一个投产就不错，有了10个设计经验，才有成功的那一个。一个人一辈子，难得碰上搞两个车型从头到尾的设计，能经历一个车型从研制到投产到成批生产的全过程，是很难得的机会，有这么一个全过程的锻炼，就可以成为合格的设计师。"陕汽建厂初期的一批年轻技术人员就是这么锻炼出来的。孟少农不仅注意对青年技术人员的教育和培养，而且还注意给他们压担子、派任务，让他们在实际工作中锻炼成长。他不仅让青年技术人员参与重大技术方案的论证决策，在此过程中经常提出有针对性的问题启发青年人思考，还经常让青年技术工作者参与许多技术细节讨论会，如SX-6130型缸体修改设计时，他带领设计人员连续工作半个多月，根据KW线高压造型机生产线的要求，参考国外沃尔沃样机的缸体，并根据杭发6130型柴油发动机现有缸体的问题，从各方面进行对比分析，终于形成了各方面都认为比较理想的方案。在这个过程中，一批年轻的技术人员得到了锻炼和提高。孟少农不仅重视对技术人员实践能力的培养，而且重视技术人员理论素养的提高和知识的更新。为此，在他的倡导下陕西汽车制造厂开办了电视大学，后来又组建了职工大学，孟少农亲自兼任校长，亲自编写教材，亲自给学生授课。他一再强调搞汽车生产离不开技术人员和技术工人，而这些人不可能全部从社会学校中来，只能靠自己的力量来培养造就，用他的话说："我们有了学校，人才就像韭菜一样，一茬又一茬地长了出来。"

1977年底，在二汽建设的关键时刻，孟少农受命来到二汽，开启了他为中国汽车工业奋斗的新征程，也翻开了他兴教办学的新篇章。二汽的高等教育是1972年创办的二汽业余工人大学，后来改为全日制二汽工人大学。1975年至1977年，工人大学由于受到"朝农"经验和极左思潮的影响开门办学过多，发展过快，教学质量受到影响。为尽快扭转这种局面，二汽总厂分别从组织机构和学校领导班子上采取措施。第一，对全厂的职工教育资源进行整合。1978年5月8日，二汽党委决定以二汽中技校校址为基础，二汽工人大学、二汽中等专业技术学校、二汽技校、二汽技术教育处合并，对外保留4块牌子，对内一套班子，集中人力、物力和财力，集中精力办好全厂职业技术教育。第二，调整充实了学校领导班子，成立中共二汽技术教育处委员会，任命洪奇为党委书记兼二汽技术教育处处长，任命二汽副厂长兼总工程师孟少农兼任二汽工人大学校长。孟少农担任工人大学校长后，对办学定位、教学改革、师资队伍建设及学校的长远发展进行了全面的考虑和设计，特别是在学校发展的设计上，孟少农提出三步走的发展思路：第一步要把工人大学办成国内最好的工人大学；第二步争取办面向社会的大学；第三步要开办自己的研究生教育。孟少农还通过各种形式向全校教职员工进行形势目标教育，他告诫全校师生要把设想变成行动，需要坚定地走好每一步。

二汽党委非常支持孟少农关于学校发展的想法，1979年10月正式向第一机械工业部申请举办全日制职工大学。1980年2月，第一机械工业部正式批准成立二汽职工大学，按照全日制四年制教学计划进行教学，学生毕业时达到普通高等学校四年制本科同类专业毕业生水平，颁发四年本科文凭（当时在国内企业所办的大学中能颁发本科文凭的很少，少数学校能颁发也是依托普通高等学校），这充分证明了二汽工人大学的教学水平和教育质量得到了上级主管部门和社会的认可，实现了孟少农为学校发展设定的第一个目标。在努力办好二汽职工大学的同时，学校也在积极准备申办面向社会的大学，并分别于1978年、1979年、1983年三次向第一机械工业部和教育部上报申请举办湖北汽车工业学院的报告（实际上，早在1977年孟少农就提出了成立二汽科技大学的建议）。1983年6月，经国务院批准正式成立湖北汽车工业学院，实现了孟少农为学校发展设定的第二个目标。1983年下半年，孟少农退出二汽总厂的领导岗位，1984年又因为身体原因不再担任湖北汽车工业学院的行政负责人。退居二线后，他仍然时刻关心和关注着湖北汽车工业学院的发展，除在学校承担教学工作外，更多考虑的是如何实现他为学校设定的第三个发展目标——开办研究生教育。

对于一所新办的本科院校来说，要马上开办研究生教育是很难的。于是孟少农另辟蹊径，通过合作办学的形式让学校接受这方面的实际锻炼，积累工作经验，为将来申报打下基础。学校在他和支德瑜副总工程师的支持下，委托上海交通大学和浙江大学代培研究生，在代培的过程中，学校参与一部分教学管理工作和承担少量的教学任务。这样，一方面可以帮助学校积累在研究生管理上的经验，另一方面可以有效提高学校教师的教学水平。另外，孟少农还积极支持学校参加由机械工业部和中汽公司确立的"五校一厂"（"五校"是指清华大学、吉林工业大学、华中理工大学、北京理工大学、湖北汽车工业学院，"一厂"是指第二汽车制造厂）在二汽开展的被列入国家"七五"期间教育部重点课题子课题"应用学科高层次人才培养途径多样化"项目的研究。此项目研究旨在为国家开展工程硕士教育积累经验。通过参与该项目的研究，学校了解和初步掌握了工程硕士培养的全部流程，为学校后来正式申报硕士学位授予单位奠定了坚实的基础。孟少农虽然未能亲眼见证学校正式开办研究生教育，但他为学校设定的发展目标一直鼓励和鞭策着全校师生执着而坚定地前行。

从1978年二汽技术教育处、二汽工人大学、二汽中等专业技术学校和二汽技校合并，到1983年6月湖北汽车工业学院正式成立的5年间，正值我国粉碎"四人帮"后在思想上拨乱反正，实行改革开放的最初时期。学校在党的十一届三中全会的指引下，在二汽党委的正确领导和孟少农的悉心指导下，各项事业呈现出良好的发展势头。学校认真落实党的知识分子政策，平反了一批冤假错案，极大地调动了广大师生的积极性。学校的基本建设也有了较大的发展，教学条件、生活条件得到了极大改善。学校按照"高教六十条"的要求，加强教学管理和规章制度建设。学校的中心工作逐步转移到以教学为中心的轨道上来，为二汽输送了一批批高层次的专业技术人才。其间，学校的工程教育改革也在孟少农校长的指导下，在更大范围内开展起来了。孟少农校长强调，现在的工科教育必须改革，并为此提出了一些具有重要价值的改革措施。他强调教学要理论联系实际，学生要到工厂里去，不能只重视理论教学，还应注重在生产实践中的工程训练。要创造条件，让学生在大学期间能到工厂的有关部门去轮流待一段时间，学校还要多请一些有真才实学的工程技术人员到学校讲课。为了落实这些改革措施，孟少农还专门召开了总厂和各专业厂总工程师会议，统一大家对教学改革的认识，支持职工大学的教学改革。从那以后，各专业厂接收学生的热情高了，各总师到学校讲课的自觉性也上来了。

孟少农强调作为企业办的大学，学校一定要善于利用企业的教育资源，为培养人才服务，要善于调动企业办学的积极性。孟少农校长认为，要调动企业办学的积极性，光靠宣传教育及行政命令还不行，还要在体制机制上做些改革。早在1981年他就要求对学生实行预分配制，让每一位学生在毕业前都明确自己的分配单位与岗位，孟少农亲自协调总厂人事部门与学校共同推进这项工作。根据改革方案的要求，学生预分配后全部理论课教学仍在学校进行，但课程实习、专业实习、毕业设计实习和毕业设计各教学环节全部在工厂里完成。改革的直接效果，一是极大地调动了工厂办学的积极性；二是企业所拥有的大量仪器设备，特别是一些高精尖的仪器设备能为学校所用，有效弥补了学校硬件资源上的不足；三是学校教学理论联系实际，学生能在实际的工程背景下接受实践锻炼，缩短了学生到企业的适应期；四是有效促进了学校办学特色的形成。总之，一系列的教学改革，使学校的人才培养质量得到明显提高，毕业生以适应快、动手能力强、留得住、用得上的特点受到企业的欢迎。大学生实行预分配合作教育，应该说是孟少农校长在我国高等工程教育改革上进行的一次成功尝试，当时《人民日报》《光明日报》等媒体都进行了专门报道，在全国产生了极大反响。

孟少农一贯认为，办好教育，办好大学，离开了师资队伍是不行的，因此，他在担任二汽职工大学校长期间高度重视师资队伍建设。他常常对学校领导班子讲，企业办学在师资队伍建设上不能走一般大学的道路，必须另辟蹊径，着力建设一支"双师型"的教师队伍。为了建设好这样一支师资队伍，孟少农校长采取了一系列措施。首先，他积极向总厂建议给学校一些特殊政策，允许学校从全国各地招收一些高水平的教师，提高教师队伍的整体水平。其次，他亲自找主管产品设计队伍的领导谈，要求从产品设计队伍里调一批技术骨干来充实学校的师资队伍，提高工程师在教师队伍中的比例，改善师资队伍结构。最后，要求青年教师过好两关：一是工程实践关，要求 35 岁以下的青年教师要到工厂里去进行至少一年以上的工程实习；二是学位提升关，要求青年教师的最低学位要达到硕士。为此，他亲自出面与上海交通大学和浙江大学联系，商量委托培养研究生的事项。委托培养研究生当时在全国也是尚无先例，这是孟少农校长为学校发展所做的又一项开拓性的工作。

在办好二汽职工大学的同时，在孟少农的倡议下，二汽总厂决定在二汽职工大学的基础上申办一所面向社会的普通高等学校。1983 年 6 月，湖北汽车工业学院经国务院批准正式成立，孟少农作为创立湖北汽车工业学院的积极倡导者，领导和主持了湖北汽车工业学院初期的行政工作。1984 年 4 月，孟少农因身体原因，不再兼任湖北汽车工业学院行政领导职务，他把关心和支持教育工作的重点转向专心著书立说和教书育人上。从 1985 年起，他开始在湖北汽车工业学院系统地讲述"汽车设计方法论"课程。这是一门当时国内外无人讲过的新课。为了讲好这门课，他广泛收集资料，特别是阅读了大量外文资料，并结合自己从事汽车事业 40 多年的亲身经历，写出了十多万字的讲义。讲义经过三届汽车专业学生使用，日渐成熟和完善，1992 年 7 月《汽车设计方法论》教材由机械工业出版社正式出版。孟少农在书的序言中写道："著者在新中国的汽车工业中担任了 30 多年的技术领导工作，深知产品开发的工作方法和思想方法，对我们今后前进的重要性。由于历史原因，我们的实践经验不足，系统化的理论和知识还未形成，为了给今后前进打下基础……把仅有的一点经验整理出眉目，传给新来人，作为'搭人梯'的最后一级，应该是有意义的。"孟少农的《汽车设计方法论》是从世界汽车发展的百年历史中演绎而出的，是他从事中国汽车事业 40 多年实践经验中总结出来的，虽然是 30 多年前讲的课程，但今天读来仍然深感内容引人深思，借鉴价值巨大。这是他为中国汽车工程教育奉献的最精彩的一课，也是他人生履历中最精彩的一章。

第三节　根植实践的工程教育思想

孟少农的一生是为中国汽车工业发展奋斗的一生，也是为汽车工程教育事业尽其所能的一生，在长期的办学实践中形成了系统的教育思想。今天我们研究和提炼他的教育思想，对指导我们工程教育改革有很重要的现实意义。

一、善教的育人意识

孟少农长期在企业做技术领导工作，他不仅时刻关注企业的技术进步，同时还关注企业的技术教育和人才培养。他认为教育是兴国强国的基础，也是兴企强企的法宝，所以他向来主张企业技术进步靠人才，人才培养靠教育，教育不仅是社会的基本职能，同时也是企业的特殊职能。这种善教的思想意识从他回国那天起，就已经牢牢地植根于他的灵魂深处，并决定了他的行为与实践。他的一生与教育结下了不解之缘，从他回国到清华大学创办第一个汽车专业，到汽车工业筹备组开办第一个汽车技术培训班，培养和培训了中国第一代汽车工业技术人才；从在一汽倡导举办长春汽车拖拉机学院（后改名吉林工业大学）到兼任陕西汽车制造厂职工大学校长；从领导二汽职工大学工程教育改革到创办湖北汽车工业学院，孟少农都在认真践行善教育人的教育思想。

二、善践的教学原则

孟少农在善教育人的过程中，始终坚持教育与生产实践相结合的教学方法和善践的教学原则，重视对学生实践能力的培养。坚持让学生在做中学，在学中做的教育教学理念。

理论联系实际，善于实践，是孟少农的优秀品质之一，也是他实现人生价值的重要途径。无论是求学还是工作，无论是从事宏观技术管理还是从事具体技术工作，无论是从事学校领导工作还是从事具体教学工作，他都坚持从实践中来到实践中去的科学态度。孟少农在青少年时代就立下了实业报国、工业救国之志，于是他进入清华大学时选择学习机械专业。"七七事变"后清华大学由北京迁往云南昆明，途中他曾在湖南长沙借读一年多的时间，其中有一年的时间他到了长沙金井交通辎重学校接受培训。在长沙金井交通辎重学校他学会了开汽车、修汽车、开坦克、骑摩托车，成了一名科班出身的驾驶员和修理工，他深有感触地说："这在大学里是没有办法学到的。"

1943年，孟少农在美国麻省理工学院获得机械工程专业硕士，当时校方通知他继续读博士，并发了正式的申请表格，要求他尽快完成入学手续。经过反复考虑，他最终放弃了读博士的机会，他说要去做个实践者。于是就到了底特律，在那里他先后到了包括福特汽车厂在内的三家汽车厂、两家机械厂实习。通过学习和实践，他不仅掌握了内燃机的理论、产品设计、工业设计、工业制造、机械加工和工厂设计等方面的专业知识，还掌握了车、铣、刨、磨、钻、钳、电等多工种的操作技术，成长为一名优秀的工程师。

1946年，孟少农回国，在清华大学创办了汽车专业。在教学过程中，他不仅尽量把第二次世界大战期间发展起来的先进的机械方面的新理论、新知识传授给学生，还特别注意传授给学生感性知识。为解决实践教学条件不足的问题，他把学生组织起来收集教具和废旧汽车设备，为机械系建起一个汽车教研室和实验室，为系里购买了微型电影放映机与幻灯机，每周课外时间都放映国外机械产品加工方法等工程科技电影，从各个方面为学生提供实践的机会和开阔学生的视野。

孟少农进入企业工作后，仍然积极兴教办学，并在具体的办学实践中把善践的教育原则一以贯之。在湖北汽车工业学院建校初期，作为学院早期的负责人，他就提出大学要紧密结合生产实际为二汽的生产和建设服务。他认为培养的汽车事业人才既要有理论知识，又要有实际动手能力，能独立解决生产实际中的问题。当年他还为湖北汽车工业学院提出了赶超清华大学的目标，最初人们对孟少农提出这样一个问题不理解，后来才认识到，孟少农提出赶超清华大学是指我们在实践教学和学生的动手能力上要有所作为。孟少农最初提出的这一办学理念和善践的教育原则，为湖北汽车工业学院形成自己的办学特色奠定了思想基础。1981年，孟少农提出职工大学的三年级学生按工作需要和学生志愿实行预分配，预分配后全部理论课在校进行，而课程实习、毕业实习与毕业设计都在预分配的单位完成，真正做到了与生产实际紧密结合。1984年，孟少农不再兼任湖北汽车工业学院行政领导一职，但他仍然关心和指导学校事业发展和教学改革工作，亲自审定学校双向参与双导师制预分配合作教育的教改方案。在本科教改的基础上，湖北汽车工业学院参与了"五校一厂"培养工程硕士的实验。今日的湖北汽车工业学院之所以在工程教育改革上步子迈得比较扎实，形成了自己的办学特色，与孟少农善践的教育思想指引是分不开的。

三、善用的教育视野

孟少农始终认为，企业办学、办教育要充分调动两个积极性（即学校和企业的积极性），善于用好两种教育资源，特别是要充分利用好企业的物质资源和人力资源，为学校办学工作服务，为育人服务。他还认为学校内部的工程实践条件无论多好，都不能取代社会工厂和企业所拥有的教育资源，学生在工厂和企业可以深切地感受到大生产的氛围，可以通过企业了解技术、产品、生产、管理和市场的关系。为了适应市场竞争，企业需要不断更新设备、工艺和发展新技术，学生到工厂看到的是发展更为迅速的物质形态和管理形态。因此，孟少农主张学校应该主动创造各种机会，建立起对校企双方都有利的合作联盟。

孟少农在担任二汽职工大学校长和湖北汽车工业学院行政负责人期间，一直致力于推动学校与企业的合作，特别是与二汽的合作，从机制和体制上为学校利用企业的资源创造条件。他积极推进学校在企业建立学生实习基地，尽量让学生的认识实习、课程实习、毕业实习、毕业设计都能在工厂里进行。在孟少农任职期间，学校仅是在二汽建立的校外实习基地就达30多个，75%的学生的毕业论文选题来自生产一线。与此同时，他还通过一定的方式从工厂调剂富余和淘汰的设备到学校，充实学校的实验室教学资源。他还主导学校建立一支"双师型"教师队伍。孟少农认为企业办学，搞工程教育，师资队伍与那些学术型、研究型学校的师资队伍有很大的不同。他提出湖北汽车工业学院的教师不仅要有较丰富的理论知识和研究经验，更需要的是具备工程和管理背景。这样的队伍既能适应教学和研究工作，又具有解决工程实际问题和产品开发的能力。在这支队伍中不仅要有教授，还要有工程技术人员和能工巧匠。只有这样一支高水平的"双师型"教师队伍，才能承担起培养高质量工程技术人才的使命。于是，孟少农一方面协调二汽总厂人事部门和产品研发部门动员一批技术骨干（具有高级工程师以上职称）调入学校来充实教师队伍，改善教师队伍结构；另一方面他带头并动员总厂和各专业厂的总师到校承担教学任务，讲专业课，带毕业设计。他还指导学校有计划地选拔青年教师到二汽各专业厂进行工程实习，积累实践经验。

20世纪80年代，湖北汽车工业学院的专职教师中，有50%以上的人具有工程背景，有近百名从企业聘用的兼职教师，较好地实现了人才培养与二汽生产实践相结合，受到了社会的好评。

1986年底，国家教委副主任何东昌到湖北汽车工业学院视察，明确要求学校要发挥企业办学的优势，大胆改革，在缩短适应期、提高动手能力、培养高层次应用人才上下功夫，办出自己的特色。为落实何东昌副主任的要求，在孟少农校长的支持下，学校积极参与由"五校一厂"联合承担的"应用学科高层次人才培养途径多样化"研究课题。利用课题这个平台，课题组在二汽招了

27 名在职研究生，探索工程硕士培养新途径。另外，课题组还成立了 10 个非研究生途径的专题试验班，经过两年的探索取得了可喜的试验成果。学员们结合本职工作，充分利用企业资源，应用所学的理论知识，完成了 21 个机械工程类的课题，全部是二汽在生产中面临的技术难题。该研究课题于 1990 年获得全国教育科学优秀成果一等奖。"五校一厂"教改实验项目是我国工程硕士教育试点改革的典型案例，是对孟少农善用的教育视野最好的诠释。

四、善行的教育方式

孟少农历来认为，学高为帅，身正为范，并在从事技术领域工作和办教育的过程中身体力行。1946 年他从美国回到中国，一直用行动践行着他报效祖国的誓言。在解放战争时期，他联合清华大学的进步老师和学生对国民党反动派口诛笔伐，在斗争中他意识到国家的前途命运只能寄希望于中国共产党。1947 年 8 月，他在庄严的党旗下宣誓，成为中国共产党的一员。后来为了躲避国民党的逮捕，他选择到了解放区，用实际行动为青年学生指引了方向。在汽车工业筹备组，孟少农与年轻人一起居陋室，吃食堂。没有餐厅，他就和大家一样站在院子里吃饭，下雨时把桌子搬到走廊上吃，备尝创业的艰辛而不以为苦。筹备组得知上海有国民党留下来的一批机床，孟少农带上两个同志到上海寻找这批机床。在上海他本应住一个单间，但因嫌房费贵，坚持三个人住一间，以节约开支，早点都是在马路边的小摊上吃，既少花钱又节省时间。但在工作上他要求很高，经过周密调查，他们终于在上海码头陷在泥土里的包装箱里找出了几台美国格里申齿轮机床和塞克斯人字齿轮加工机床，并把它们托运到石家庄，后来调到长春。那几台机床成了第一汽车制造厂底盘车间齿轮工部最实用的宝贝机床。

在第一汽车制造厂，他领导全厂的技术工作，并主管产品设计、工艺、冶金生产准备等部门，工作十分繁忙，但他仍然坚持深入现场，检查了解工作进展情况，解决处理一些重大技术问题。在陕西汽车制造厂，他不计较个人得失，冒着风险，排除障碍，大胆治理和整顿工厂的生产秩序，规范产品设计和技术流程，组建完善的产品设计队伍，带领全厂工程技术人员专心致志地开展技术攻关。在第二汽车制造厂，孟少农针对5吨载重车存在的严重质量问题，坚持调查研究和走群众路线，以极大的魄力组织领导了"背水一战"战役，1978年整个冬季和春节期间，他和会战职工一起放弃了休息，日夜奋战在攻关一线。由于过于忙碌劳累，他的痛风病时常发作，每当犯病疼得满头是汗，不能行走时，他就把负责攻关的骨干请到家里研究问题。他就是这样用自己的行动践行着一个共产党员的职责，教育和影响了一批批人才。

孟少农善行的教育方式，不仅对待同志是这样，教育子女也是这样。孟少农的大女儿孟运在回忆父亲的教育时写道："对于我和我的弟妹的教育方式是无为而治，言传身教，上小学时他很少过问我的学习，我经常玩得忘记做作业，等早晨起来再胡乱涂抹几笔，然后抓一块点心拔腿往学校跑，父亲就是看见，他从来不说什么。他总是根据自己的经验，认为小孩会玩是正常的，到一定年龄就会知道用功了。直到我在初二学期考试中外语不及格，暑假补考，才给我敲响了警钟。为此父亲给我写了一封长信，讲了他少年时的挫折，教给我正确的方法，父亲讲到他学习英文主要是读小说，借助字典一本一本地读，每一本都读好几遍，英文一下子提高了一大截。父亲的窍门是一个字不往书上写，记不住就查字典，同一个字查上几遍总会记住的。但一定要读懂，读透，最好是读一篇能吸引人的小说。"孟运讲："父亲的学习方法也很简单，只有一条，走在老师的前面，掌握学习的主动权，提前把老师要讲的温习好，上课时就可以和老师交流了，等于巩固了一遍，学得自然扎实。父亲讲，实际上十几年的学校生活就是为了培养一种自学的能力，因为人是要学习一辈子的。从那以后我的学习就再没有让父亲操心过。父亲的这封长信对我的教育启发太大了……他那种善行的教育方式一直影响着我。"

孟少农的儿子孟顾在回忆父亲的文章中也写到孟少农对他成长的启发和教育："记得我小时候，父亲经常因工作而要出差，当时的我是个聪明活泼的孩子，大概因为旅途寂寞或是为了让我多长知识，父亲总是会带我一起出差。我在六七岁时，已随父亲去过北京、南京、上海、杭州等很多大城市，当时我虽然还不太懂事，但这种旅行也确实让我长了不少见识，培养了我待人接物的良好习惯和教养。这些年来，我在生意场上打拼，虽说违背了父亲让我学技术的初衷，但我从小在父亲身边耳濡目染，毕竟也学到了父亲善于实践和真心做人的本质，让我一生受益匪浅。"

孟少农学识渊博，博古通今，一生怀着发展祖国汽车工业的强烈愿望，不断地探索、追求、践行，给我们树立了刻苦学习的榜样。他年过花甲时为了使设计工作更加数字化和微观化，还刻苦钻研近代数学有限元、概率论和线性代数等，不断地从科学知识中吸取营养以指导技术工作实践。晚年的孟少农是在口授笔耕地培育后人中度过的。虽然他的健康状况一直欠佳，经常住院治病，然而在生命的最后三年中他从未因病停止过给湖北汽车工业学院的学生讲课，他常常是挂完吊瓶就赶去教室讲课。他对教育事业具有深沉的爱、浓郁的情。他是一位有远见卓识的科学家，同时也是一位善教、善践、善用、善行的汽车工程教育家，是值得我们尊敬的好老师。湖北汽车工业学院逸夫图书馆的大厅里安放着孟少农的铜像，以纪念这位新中国汽车工业的创始人和中国汽车工程教育的奠基人。

第十一章　始终做一个有益于人民的人

孟少农参加革命工作和社会主义现代化建设几十年，始终把为人民服务作为自己的人生价值目标，把做一个有益于人民的人作为自己的行为规范，无论是在什么情况下，都信念坚定，初心不改，一路前行。

第一节　坚毅执着的人生追求

人的一生无论是工作、学习还是生活，都不可能是一帆风顺的。无论是身处顺境还是身处逆境，都能咬定青山朝着自己认定的价值目标不懈努力、执着追求，这是一个共产党人应有的崇高品质。孟少农的一生都是在塑造这样的崇高品质，并在广阔的人生舞台上，践行着这样的崇高品质。

孟少农所走过的路并不都是鲜花盛开的路，而是伴随着困难、挫折和痛苦。但无论是什么情况，他从来没有动摇过对党的信念、对祖国的信念，一切按照无产阶级先锋队战士的标准来要求自己，一切从党的利益出发，一心干党的事业，无论有什么样的挫折，都矢志不渝。1946年，当祖国百废待兴时，他放弃了美国优厚的工作和生活待遇，选择回国。1947年，当白色恐怖笼罩着清华园时，他选择跟共产党到解放区去。1953年，当第一汽车制造厂开工建设时，他毅然离开北京，选择到长春去。1971年还在"五七干校"劳动锻炼的他，当组织需要时，毅然听从组织召唤，到了最为艰苦的三线建设工厂——陕西汽车制造厂。在年过花甲、身体状况不佳的情况下，他临危受命，到了面临困境的二汽。当有机会、有条件，组织也有安排他去北京颐养天年时，他却选择留在十堰，要与祖国的汽车工业同呼吸、共命运。孟少农一生都是在以坚毅执着的态度去实现自己的人生追求，为党的事业奋斗。

孟少农在实现人生追求的道路上，当身处顺境时，态度一贯坚毅，当身处逆境时，态度也一样执着，从未动摇过。在一汽建设和发展的过程中，他坚持引进技术必须自己掌握消化和改造。他提出要打个牢靠的基础，生产规模越大越要善于学习管理；严格讲究工艺纪律，要建立工艺中心，像印书那样环环相扣。他提倡贯彻《生产组织设计》中的理念，加强企业管理和工艺纪律，这本来是现代化大生产，特别是刚开始投入生产时应有的基本要求，是对工作有指导意义的主张，可是在"左"的思潮泛滥时却遭到了一些质疑。1957年10月，中共中央副主席陈云同志到长春视察工作，并去一汽参观，给一汽职工很大的鼓舞。孟少农从重工业部开始，就在陈云的领导下工作，彼此之间非常熟悉。陈云到厂那一天，正巧孟少农有事在家，没有参加陪同考察，于是考察结束后，陈云主动提出来，到300宿舍区去看望孟少农。但此时陈云从多方面因素考虑，指示对此次考察活动和看望孟少农同志不作报道。从这件事情上，我们可以看出当时中央领导对待知识分子和孟少农同志的重视和信任，但也从一个侧面看到孟少农同志当时的处境。

在20世纪50年代后期那个特定的历史条件下，孟少农不可避免地受到"左"的浪潮冲击。这样一位具有革命人生观的技术专家，却被看成"资产阶级知识分子"。在建设一汽初期，他曾倡议使用知识分子而受到批判。而且他倡议使用的知识分子，都是新中国成立前大学毕业或从国外回来的具有工业技术知识的爱国主义知识分子。那个时代，这些人理所当然地被戴上了"资产阶级"的帽子，重用这样的人，立场何在就不言而喻了。历史证明，这些知识分子绝大多数都成为我国汽车工业建设初期的栋梁。

1957年2月，毛泽东在最高国务会议上发表《如何处理人民内部的矛盾》

（后改为《关于正确处理人民内部矛盾的问题》）的讲话。中共中央决定，从整顿党的作风入手，克服官僚主义、宗派主义和主观主义，正确处理人民内部矛盾。1957 年 4 月 27 日，中共中央发出《关于整风运动的指示》，广大干部群众，包括许多有影响的党外人士，积极响应号召，对党和政府的工作以及党政干部的思想作风提出了大量批评和建议。绝大多数意见比较中肯，富有建设性，对全党整风、改正缺点错误大有益处。但随着整风运动的开展，许多复杂情况出现了。极少数人乘机向党和新生的社会主义制度发动进攻。这种异常现象引起了党的警觉。6 月，中央要求组织力量反击右派分子进攻。对极少数右派分子的进攻进行反击，对反对党的领导、反对社会主义道路的思潮进行批判，是完全必要的，也是正确的。但是，由于对阶级斗争的形势作了过于严重的估计，把大量人民内部矛盾当作敌我矛盾，把大量思想认识问题当作政治问题，反右派斗争被严重地扩大化了。当时一汽重点批两个人，一个是从美国回来的孟少农，另一个是从苏联回来的陈祖涛。好在时任一汽党委书记赵明新同志（原任上海市委组织部部长）是一个政策水平很高的人，他说："孟少农、陈祖涛都是在全心全意为党工作的知识分子，他们怎么会反党呢？就是有些错误认识罢了，可以改正嘛。"就这样，他们逃过了戴"右倾机会主义者"帽子这一劫。

　　1958 年 5 月，党的八大二次会议通过"鼓足干劲、力争上游、多快好省地建设社会主义"的总路线。随后，"大跃进"运动在全国范围内，从各方面开展起来。工业方面提出"以钢为纲"的口号，要求几年内提前实现 15 年钢产量赶超英国的目标。1958 年 8 月 17 日，中共中央政治局在北戴河举行扩大会议，决定 1958 年全国钢产量由原计划的 620 万吨提高到 1070 万吨，并发出号召全党全民为生产 1070 万吨钢而奋斗的口号。作为一个大型机械制造企业，吉林省给一汽分配了 2000 吨钢的指标。为了完成这个任务，厂里要求各个车间、科室都自建小高炉。一时间在厂区里到处都是点火冒烟的土高炉，遍地都是生铁疙瘩，美如花园的厂区面目全非。全厂炼钢铁，不仅破坏了厂区环境，而且打乱了工厂的正常管理，造成产品质量下降。孟少农又因为反对这些违反科学规律、脱离实际的做法被视为右倾。

　　特别是 1959 年 7 月，庐山会议之后，在全党开展的反右倾斗争中，孟少农更是成了批判的重点对象（定为"右倾分子"，当然后来平反了）。而对这些孟少农表现得异常冷静。有一位曾经参加过批判孟少农会议的同志事后讲道："孟少农具有虚怀若谷的大将风度，心胸开阔，处之泰然。批判由你批判，他也不申辩，只是'洗耳恭听'。在此期间，他照样能吃能睡，饭后他有吃水果的习惯，照样吃两个苹果，他仍然废寝忘食地工作，那洪亮厚重的男中音，说话时没有减少一个分贝。"实际上孟少农在受冷落时，他从不发牢骚，毫无怨言，而是一心一意地工作，用最大的努力指挥开发新产品，为设计试制"东风"和"红旗"轿车、越野车，日夜操劳，不辞辛苦。1962年全国科学技术工作会议在广州召开，周恩来总理、陈毅副总理特邀请孟少农参加会议，这才让孟少农走出"冷宫"。这也极大地激发了孟少农的工作热情，他激动地说："中国汽车年产不到100万辆，我不见马克思。"

1983年，当东风汽车集团公司老科技工作者协会副理事长兼秘书长赵志明与孟少农谈到这段经历时，孟少农冷静而又认真地说："其实我当时并没有说什么，只是坚持我自己的两个观点：一是在学习苏联方面，在解放初期50年代，苏联帮助我们新建了156个工业项目，我们应该感谢，应该向他们学习，学习他们的有用技术。但是，提出一边倒学习苏联，甚至把苏联专家的话（专家建议）奉若'圣旨'，不分是非，一概无条件地照搬、照套，那是错误的。二是轻视技术，轻视知识分子，知识分子不仅不受重视，甚至被打入'冷宫'，下放劳动，接受改造，技术工作、技术部门都成了革命的对象。技术工作要大搞群众运动，还批判'设计人员立法，检查人员执法，生产工人守法'为所谓的资产阶级法权，这是我不能赞同的观点。"孟少农接着又客观地说："既然向苏联学习，受苏联模式的影响，也是不可避免的。我们的错，就错在一边倒地学习苏联，错在对苏联的依赖过多上，使我们一方面学到了苏联有用的技术，同时也带来了许多问题，如僵硬的'一长制'领导和行政性的计划管理体制，以及机械式的部门分工，强调生产而忽视开发性工作等等。这样做的后果就反映在当前汽车产品长期不能改型换代，以至于三十年没有明显变动。又反映在工厂体制的行政性管理，人浮于事，外行领导内行，瞎指挥，失误太多，造成了领导严重的官僚主义。"这一番谈话既反映了孟少农实事求是、通情达理、是非分明的工作作风，又反映了他观点鲜明、坚持真理、威武不屈的高尚品德。

"文化大革命"中，孟少农更是经受了各种挫折和坎坷。"文革"开始不久，在第一机械工业部汽车局任总工程师的孟少农，就因"历史问题"而"靠边站"。孟少农所谓的"历史问题"与他在长沙金井交通辎重学校接受培训时发生的一件事有关。长沙金井交通辎重学校是国民党培养坦克和汽车专门兵种军官的学校。孟少农在这里接受培训时，被编入学员二队。国民党很重视这个队，先是派黄埔四期的陈止戈来担任队长，被学员们赶下了台，又派了一个姓杨的特务军官当学员，试图影响和控制学员队，但后来也被孤立了。学员队二期的学员到交辎学校后，在没有履行任何手续也没有事先通知本人的情况下，就被从每人每月的薪金中扣除国民党党费，直到1939年初在广西柳州举行了一次集体入党仪式。孟少农在国民党内没有担任过任何工作，也没有参加过任何活动。1939年8月，孟少农就离开了柳州，回到国立西南联大复学去了。这一事件完全是国民党当局为了掌控这批技术学员而采取的一种事先设计好的暗箱操作。就这样一件事在"文革"中被一些别有用心的人说成是"隐瞒历史"，给出了有"历史问题"的结论。其实，关于这件事的前后经过，早在1956年，孟少农就已经向党组织讲清楚了，并通过了中共长春市委员会国营工业部的审查，孟少农的历史是清楚的，更不存在"隐瞒历史"的问题。

这一时期，应该是孟少农最为困难和承受巨大压力的一个时期。他被剥夺了工作权利，限制了人身自由，强加莫须有的罪名，身体和心理都受到了伤害。同时，这时孟少农孤身一人在北京，生活上没有人关心和照顾。孟少农从长春调回汽车局本可以把全家的户口迁到北京，但这些对家庭和个人而言都是大事情的事情，往往被他忽略了。所以他在北京时夫人、儿子和小女儿都留在长春，唯一在北京生活的大女儿此时也正在上军校。面对这一切，孟少农没有任何抱怨，他的超凡与大度让人们觉得他的心里能包容一切。

孟少农所谓的"历史问题"，经过一年多的内查外调终于弄清楚了，随后他重新回到了自己的工作岗位。孟少农本想尽快投入工作，但当时"文革"正处在高潮，正常的工作秩序被打乱了，组织上就安排他到江西奉新第一机械工业部"五七干校"参加生产劳动。在到"五七干校"之前，孟少农想起远在长春的夫人带着两个孩子很不容易，于是决定把两个孩子送回千里之外的湖南老家。当时年已半百的孟少农带着两个年幼的孩子，坐了火车换汽车，一路颠簸地到了湖南桃源县，桃源县城离老家还有几十里地，不通车。于是，孟少农就挑起行李，带着儿子和女儿步行回到家。1969 年 9 月，孟少农到了江西奉新第一机械工业部"五七干校"，成为干校二连的一名战士，参加生产劳动直到 1971 年恢复工作。

从 1966 年到 1971 年的 5 年间，孟少农不仅在生理和心理上遭受了极大的打击，而且耽误了为祖国汽车工业奋斗的大量宝贵时间，所遇到的各种坎坷和挫折，抑制了他渴望而且可以发挥的更大作用。尽管这样，孟少农对这段经历，依然能从辩证的角度去看待。他说："在这个时期我感到天下大乱，但对党、对自己都未失去信心，相信浮云遮日终于是不能长久的。实际上我约有五年时间没有能做什么工作，但是比较认真地读了马列和毛主席的书，反省了半生的经历，在农业劳动中锻炼了身体，所以也不能说毫无收获。"

孟少农很早就患有痛风病（很长一段时间都误诊为关节炎），这种病一旦发作起来，关节钻心地疼痛，行动不便，十分痛苦。但病痛的折磨丝毫没有动摇他报效祖国的赤子之心。1957 年秋，孟少农痛风病犯了，住进了吉林省省立医院，在医院的病床上他完成了东风牌轿车的设计方案和开发构想，并绘制了设想草图。1982 年夏，孟少农因病住进了东风总医院，在医院他设计完成了二汽技术中心的组织机构。1982 年 2 月，党中央作出《关于建立老干部退休制度的决定》，废除干部领导职务实际上存在的终身制，一大批老干部响应号召，主动要求离开领导岗位，离休、退休或退居二线，一批经过考验的中青年干部走上领导岗位。孟少农态度坚决地执行党中央决定，在行动上与党中央保持一致。他在一次与厂领导的谈话中讲道，他现在的年龄在厂领导班子中是最大的，应当带头从第一线退下来，并且帮助新同志接好班。厂领导经过多方考虑，同意了孟少农的请求。1983 年 11 月，孟少农从厂领导岗位上退居二线，担任东风汽车工业联营公司副董事长、二汽咨询委员会主任。除此之外，他还对厂领导讲，他还有点能力，有较长时间的工作经验，这对于后来人是有用的。所以，他决定除在技术工作上提供意见外，利用一定的时间，去湖北汽车工业学院讲课，有条件时带几个研究生。这件事他已经向学校负责人及有关同志说过，并立即开始准备。1985年，孟少农正式给湖北汽车工业学院汽车专业开设"汽车设计方法论"课程。1987年12月中旬（也就是孟少农病逝的前一个月），孟少农从医院拔下吊瓶针，在同志们的搀扶下，回到湖北汽车工业学院，给学生们讲完了最后一课。

孟少农坚毅执着，无论在什么处境中，始终保持着对党的忠诚心和对祖国事业勇于担当的责任心。他襟怀坦荡，心底无私，从不计较个人得失。他身体力行，在实践中养成的无私无畏的品格，是一笔巨大的精神财富，值得我们加以光大和传承。

第二节　严于律己　关心他人

孟少农早年留学美国，回国后被清华大学聘为副教授，并先后在国家机关和三个大型汽车企业担任技术领导，对于这样一位红色专家，党和国家特别重视，并在各方面都给予许多特殊照顾。可是他并没有把自己看成一个特殊的人，而是把自己看成一个普通的共产党员和国家工作人员，并严格要求自己。在各方面从不搞特殊化，向来在工作上高标准，在生活上低要求，始终保持着严于律己的工作作风和艰苦朴素的生活作风。他为人淳厚，性格豪爽耿直，光明磊落。不为物欲所惑，不为权势所趋，不为利害所移，始终保持廉洁奉公的本色，把全部精力都用在自己的事业上。

早在新中国成立初期，国家分配给汽车工业筹备组一批设备。当时，孟少农带着两个人到上海挑选和搬运这批设备，他们一行三人住进了四川路华侨饭店。事先随行的工作人员给他订了一个单间，到酒店后他因房费太贵，坚持不住，并提出三人住一间，到了晚上一个人睡在床上，两个人睡在地板上。每天的早点都是在马路边的小摊上吃，这样可以节约开支。可是在工作上，孟少农要求很高，他带头奔波于上海码头的几个仓库间，经过分析和现场动手清理，最终从陷入泥土中的包装箱里，找到了他们所需要的设备，并很快通过铁路运回石家庄，后又转运到北京南池子实验室。第一汽车制造厂开工建设后，这批设备又转到了长春，成为一汽齿轮工部的"宝贝"设备。

很多人都知道孟少农在二汽组织和领导了"背水一战"产品质量攻关战役。"背水一战"体现了孟少农对解决二汽产品质量问题的决心与信心。通过"背水一战"攻关，解决了东风车64项质量关键问题，使东风卡车获得了新生。可是孟少农在自己的生活经历中也曾经有过"背水一战"的做法，但谈起这件事的人很少，知道的人就更少了。

那是在20世纪70年代初期，根据"备战、备荒、为人民"的战略方针和国民经济、军队建设需要，中央决定在三线新建陕西汽车制造厂，并由北京汽车制造厂包建。当时，从北京汽车制造厂抽调了一批领导干部和技术人员，还包括正在江西奉新一机部"五七干校"参加劳动的汽车局的一批同志，去支援陕西汽车制造厂的建设。陕西汽车制造厂选址在陕西省岐山县的五丈原麦李西沟，这里山高地薄，人烟稀少，生活异常艰苦。从一机部调来的领导干部和技术人员，在到陕西汽车制造厂之前，大部分都是在江西奉新"五七干校"参加劳动，他们的户口和粮油关系都在北京，他们在调动时，一般都不转移户口，而是只身来到陕西汽车制造厂，而孟少农坚持把全家人的户口和粮油关系全部迁移到了陕西汽车制造厂。

对于孟少农的这一行动，人们褒贬不一。可陕汽人从上到下，从干部到职工，都赞扬他大公无私、不畏艰苦、以身作则、严于律己的精神。孟少农的影响力就是从身体力行、身教重于言教中建立起来的。他的这一段经历，至今仍深深留在陕西汽车制造厂同志们的记忆中。

孟少农1971年到陕汽，1977年调离，在陕汽度过的日日夜夜，应该是其一生中颇为艰难的阶段。孟少农和夫人两人身体都不算好，他除承担繁重的工作外，还得协助照顾家庭，当时身边的两个孩子，一个上初中，一个上小学，有时工作忙忘了做饭，全家只好用饼干充饥，尽管这样，孟少农从来没有叫过苦，没有向组织提过任何要求。1975年儿子孟顾初中毕业，按当时厂里规定，身边没有成年子女时，其子女可以留在工厂工作，当主管学校工作的副书记询问孟少农对孩子安排有什么要求时，孟少农不假思索地回答，听从组织安排，上山下乡，接受贫下中农再教育。结果家里唯一的劳动力被送到离工厂 30 多里的农村，插队落户去了。厂里的干部职工都想孩子下乡受点苦，尚可接受锻炼，可家里唯一的年轻劳动力失去了，真是给全家人的生活带来了极大的困难。孟少农的夫人李彦杰（时任陕汽职工医院党委书记）经常生病住院，孟少农又有严重的痛风病，行动不便，女儿还在上小学，谁来照顾他们呢？然而，生活中这一个个困难都被孟少农克服了，一个个矛盾都被他化解了。难怪陕汽人都盛赞他是扎根三线的典范。

孟少农严于律己的工作作风和朴素的生活亦是有口皆碑。党和国家对于孟少农这样的技术专家特别重视，在各方面都给予了许多特殊的照顾。在长春一汽建厂初期，先在南昌路提供了一栋单独的两层楼供他居住，又配了专门的司机和负责保卫工作的同志。可是，他总是把自己看成一个普通的共产党员和国家工作人员，严格要求自己，在各方面从不搞特殊化。他十分注意办私事不用公款，连写信都不用公家的信纸。相反，有时为公家办事，却用自己的钱。按规定，他出差可坐软卧，可住高级单间房，但他从不讲究，硬卧照样走，4 人的大房间照样睡得高高兴兴，从不计较。

孟少农生活非常俭朴，平时着装简单，常穿的两件衣服，一件是蓝色的中山装，一件是灰色的中山装，不是特殊场合一般不穿西装，衣料材质虽不算高档，但他穿着非常得体，具有学者风度。孟少农喜欢摄影，在一汽工作时，经常利用休息时间陪苏联专家外出拍照，回来后都是自己买相纸、显影和定影药水，自己动手冲洗、放大照片，洗完后送给苏联专家，从来不花工厂一分钱。一个周日的早晨，陈善述一家老少三代在林荫大道上准备选景拍照。这时，迎面一个骑自行车的人从远处过来，突然停下了车，他亲切地同他们打招呼，并笑着说："陈善述，我老远看见你们在照相，就是缺张全家福吧，来来来，我帮你们照张阖家欢吧。"接着就取过照相机为他们拍了照之后，骑车匆匆离去。陈善述的母亲欣喜地问："他是谁呀，多好的人呢，这样和蔼可亲。"陈善述自豪地说："他是我们厂的总工程师，我的老师孟先生。"

因工作原因，孟少农时常出国参加学术活动、洽谈业务或考察学习，但他在国外从不住高级旅馆，多数时候都是住在价格低廉的客栈或汽车旅馆里。除必要场合外，都是在超市购买一些食物，很少到酒店或餐馆就餐，有时来不及回旅店就买点面包充饥。外国朋友送给他的礼物或纪念品，他带回来后全部上交。每次出国回来都能节约不少旅费，反倒是用自己的钱买回来不少技术资料和书籍。这一切都已经成为他的生活习惯。

第三节　知人善任　人尽其才

孟少农一生在工作上严格要求，生活上艰苦朴素，对子女严之一律，而对待同志及下属热情、善待、善帮、善用。人们都说他有一颗金子般的仁爱之心。

孟少农作为一位资深的汽车工业专家，十分关心青年技术人员的培养与成长。早在汽车工业筹备组时，他为从清华大学、北京大学、上海交通大学、浙江大学招来的50多名大学生开办培训班。这些人虽然都是大学毕业，而且都是学机械专业的，但对汽车知识了解较少。于是孟少农通过这个培训班，采取理论联系实际的教学方法，为学员们开设了专业理论课、拆检汽车实习课和汽车驾驶课，使这批学员从最开始对汽车认识的一知半解，逐步变为感兴趣和主动学习，进而转化为对工作的信心，幸运地进入了创建中国汽车工业第一代人的行列中。在一汽建设初期，为了尽快适应汽车生产的需要，厂里有计划地安排相关人员到苏联斯大林汽车厂实习。孟少农当时就在苏联莫斯科工作，负责安排从国内选送的管理人员、技术人员和工人到苏联斯大林汽车厂进行实习。他对去参加学习的同志总是从各方面关心帮助他们，为了帮助同志们在有限的时间里学到更多的东西，他对参加学习的同志该怎样去学习、应该注意什么问题，都给予明确的要求和指导，特别是对那些专业知识薄弱、俄语基础相对较差的同志，更是因材施教、因材施帮。正是由于孟少农的关心和帮助，参加学习和实习的同志们都能学有所获，回国后很快成为生产技术骨干。

1953年2月，一汽的刘经传、陈善述、李松龄、丁敏华等8位同志，被送往苏联斯大林汽车厂学习一汽的工厂设计，后来由于工厂设计已接近尾声，就转为实习。孟少农根据当时的情况和一汽后期建设的需要，建议刘经传做产品设计实习生，主要是熟悉产品技术及管理文件工作，将来回厂后做产品设计资料翻译和消化吸收工作。因刘经传是学机械专业的，在大学里没有学过汽车专业课，对汽车发动机特性曲线都不明白，孟少农就亲自为他讲述汽车发动机特性，进行有关启蒙教育。与此同时，孟少农还为他们修订了实习计划，审查实习内容，除学习设计技术外，还指导他们学习产品设计文件管理。1954年刘经传实习结束回国上岗工作，很快进入了角色，帮助厂里准确理解图纸并从事翻译工作，使当时设计处的产品设计文件工作能顺利展开，同时在消化吸收苏联技术方面也发挥了很好的作用，而这些都是来自孟少农的引导、教育和帮助。

1954年1月24日，第一汽车制造厂首个生产车间举行开工生产典礼。长春市领导及厂领导都亲临大会，车间领导指派傅金岭代表工人在典礼上发言。两个月后，傅金岭和另外一个钳工被调到技术科工作，傅金岭到技术科后进步很快，认图能力、文字表述水平和技术水平都得到了很大提高。正当傅金岭在技术科工作得心应手时，车间领导又将傅金岭从技术科调到机加工工段担任工段长。在新的岗位，傅金岭用半年时间，对工段长工作初步入了门，突然有一天，厂干部处又通知她去学俄文，准备到苏联斯大林汽车厂去实习。傅金岭想："为什么我的工作不断变化，领导不断给我增加担子和压力呢？"带着疑问，傅金岭试着去问了一位厂办秘书，这位秘书给傅金岭讲了这么一段话："开工典礼那天，孟厂长听到你的发言，就主动问车间领导，刚才发言的那个工人叫什么名字，什么专业，几级工，文化多高……又说你们现在这个技术科成员都是才毕业的大学生，又没有老的技术员带，应从工人中选几名好的充实进去，这样有利于这些技术干部成长。"听完秘书的话，傅金岭忽然明白了，在这一年里多次的工作变动，最后选派她去苏联斯大林汽车厂实习，与孟少农厂长对她的考察了解分不开，孟厂长和车间领导在有意识地培养她。随后傅金岭在国内学习了10个月的俄语，就到了苏联斯大林汽车厂发动机车间学习齿轮机床调整。在苏联斯大林汽车厂实习期间，傅金岭把领导的培养和组织的信任都化作学习的动力，刻苦钻研，勤奋工作，出色地完成了实习任务。回国后，傅金岭被分配到发动机车间技术科工作，作为第一代汽车工人，用她学来的技术帮助发动机车间调整试生产，并将学来的技术传授给其他同事和后来人，用实际行动回报孟厂长及组织对她的关心和培养。

孟少农在实际工作中不仅善待青年人，时刻关心他们的成长和进步，而且还特别珍惜人才，因材施用，最大限度地发挥个人的聪明才智和业务专长。曾经在一汽从事技术工作的徐载德，1973 年初被安排到吉林农村插队从事农业生产劳动，因失去之前所从事的专业技术工作，心里总是有些不愉快。后来他听说老厂长孟少农调到陕汽，并正在开发军用越野车，徐载德很希望能参加这个项目的工作。于是他就提笔给孟少农厂长写了一封要求参加陕汽建设的信，不到一个月就有陕汽干部部门工作人员来一汽，并去信通知徐载德回长春面谈。徐载德是孟少农在清华大学的学生，又是孟少农把他招进汽车工业筹备组的，后来又跟随孟少农到了一汽，对徐载德的业务能力、专业水平和为人，孟少农都是比较清楚的。那个年代知识分子被安排下乡劳动也不是少数，陕汽这次派人来主要是了解徐载德到陕汽的真实想法和思想状况。通过面谈交流，陕汽来的同志很快达成共识，应该调徐载德到陕汽工作，但当时大批从一汽调人的时机已过，调动工作难度很大。后来陕汽工作人员将情况向孟少农做了汇报，孟少农听完汇报后，便主动与工作人员讲，调动的事情由他来和一汽进行协商。后来经过孟少农与一汽的多次协商，最后一汽同意放人。1973 年 6 月，徐载德正式到陕汽报到，回归本行，又一次在孟少农的领导下开始了军用越野车的技术攻关工作。

孟少农在二汽工作时，在用人上曾发生过这样两件事。第一件是调王守义到二汽工作。王守义是 20 世纪 60 年代初毕业于吉林工业大学汽车系的学生，毕业后被分配到七机部江西修水县 724 矿搞汽车运输和修理工作。他感到在 724 矿工作与他所学的汽车设计专业不符合，很难发挥自己的专业专长。于是，1982 年 9 月，他试着给孟少农写了一封信，说明了情况，并在信里附了一篇他写的关于汽车节能方面的论文。孟少农 10 月 5 日收到王守义 9 月 30 日发出的信。看完信后，他立即找到二汽科协的赵志明，要赵志明马上到江西修水县

724 矿了解王守义的情况、处境、学历水平、想法和要求，再与矿领导商量看能不能调王守义到二汽从事对口专业工作。接到任务后，赵志明立即动身，10月16日到达 724 矿总部，当天下午就找到了王守义了解情况，他们从下午一直谈到晚上 10 点多钟。通过交流，赵志明了解到王守义的真实情况，认为符合孟少农提出的用人标准。10 月 17 日上午赵志明带着介绍信去找矿上领导，当时是一位分管人事的书记接待了赵志明。见面后双方寒暄了几句，书记就首先开门见山地说道，你们是为调动王守义同志的事来的吧，赵志明见对方直截了当，也就实话实说，讲明了他的来意。听完赵志明的情况介绍后，这位书记很是同情王守义的处境，也认为他在矿上搞汽车运输是学非所用，同意放王守义到二汽工作。但书记强调，根据七机部的规定，凡是工程师以上干部的调动都要通过部里人事部门的同意。不过书记也当场表态，矿里一定积极向部里反映王守义的情况，尽量说服部里，允许王守义到二汽工作。汇报协商工作进行得非常顺利，部里很快同意了矿里的建议，同意王守义的调动申请，听完矿领导的回话，赵志明如释重负，高兴地返回二汽。

赵志明回到二汽，顾不上回家，马上到孟少农的办公室向他汇报王守义的情况和矿部的态度，孟少农听后非常高兴，随即拿起电话打给厂人事处调配科的同志，要他们立即办理调动手续。随后又叮嘱赵志明，请他务必催办好这件事。就这样在孟少农的关心下，前后总共只用了半年的时间，王守义于 1983 年 4 月 4 日正式调入二汽。从这件事中可以看出孟少农对人才的珍惜和爱护。

同样由赵志明协办的还有另一件孟少农推贤荐能的事情。1983 年 10 月的一天，孟少农把赵志明叫到办公室。赵志明一进屋，孟少农就递给他一大沓厚厚的书稿，封面上写着"分层进气发动机"，还没等赵志明反应过来，孟少农就说这本约 20 万字的《分层进气发动机》英译稿，是一位名叫徐政学的同志花费三年工夫翻译的。他不认识这位徐政学同志，徐政学之所以把书稿寄给他，一来是想让他帮忙看看二汽能不能用上这份资料，二来是想调到二汽工作。孟少农讲，在此之前他也看了一部分翻译稿，总的来看徐政学下了很大的功夫，反映出他有较好的英语基础，但由于专业上的差异，翻译稿也还有需要完善和校准的地方。接着孟少农又讲道，还是请赵志明跑上一趟，代表他去见见这位素不相识的徐政学同志，了解一下他的学历、经历以及他的希望和要求。

赵志明带着孟少农的嘱托，于 1983 年 11 月初到了陕西户县。户县最有名的当数户县的农民画，在国内外都享有很高的声誉。因徐政学就在户县长途汽车站负责检票工作，赵志明从汽车站出来后，没费多少工夫就与徐政学见了面。徐政学不高，相貌普通，清瘦的体形倒是显出几分书生气。徐政学听说赵志明是从二汽来的，而且是专程来看他的，非常高兴，连说了好几遍"真没有想到孟总对我的事这么认真，实在让我太感动了"。双方经过交流，赵志明较全面地了解到徐政学的详细情况。徐政学高中毕业，因"文革"未能进入大学，参加工作后，利用业余时间自学了三年英语，给公司翻译过几本汽车样本的说明书，同时还翻译了由英国伦敦机械工程师协会机械工程出版社 1980 年出版的《分层进气发动机》这本书。徐政学的翻译水平尽管不是太高，但他的毅力、他的信念和他的进取心、责任感，深深地感动了赵志明。徐政学当时的学历水平、家庭情况和本人处境，还不太符合调入二汽工作的条件，但赵志明却把孟少农对他的关心和鼓励带给了他，要他努力争取能正式出版这本书。徐政学虽然没有如愿到二汽工作，但孟少农对他的支持和鼓励也足以让他安心在户县汽车站工作。后来户县运输公司党委考虑到徐政学的实际情况和翻译水平，把他从汽车站调到公司情报部门去工作了。这两件事情足以展示出孟少农尊重知识、尊重人才，一切为他人着想的高尚品质。

孟少农作为新中国成立以前参加革命的一位老党员，始终不忘初心，时刻把人民的利益放在首位。1971 年孟少农来到陕西汽车制造厂，正值 SX-250 型越野车试验定型的关键时刻。该车经过几轮样车试验，仍然存在着许多问题而无法定型，孟少农到厂后立即着手把分散在各单位的工程技术人员集中到生产组，实施统一指挥，进行越野车质量的技术攻关，并根据生产流程和技术要求，分别组建了设计、技术、检查三个职能科室。为了加强人员的集中管理和提高工作效率，孟少农主张将这些科室和工程技术人员集中到工程技术楼办公，并对建设工程技术楼提出了具体的设计要求和功能定位。但根据当时陕汽建设总体规划，建设工程技术楼所需要的土地，早已于 1970 年征用完毕，按照新的图纸设计要求，工程楼要向西扩增 6 米约两分多地，有三间磨坊需要搬迁。扩征两分多地，搬迁三间磨坊，这在当时大规模开展三线建设的情景下，只是一个微不足道的问题。但孟少农不这样想，他认为应该从战略高度去认识，处理好在三线建设中如何兼顾农民的利益、如何处理好工农关系、如何维护企业的稳定等问题。

1971 年初夏的一天下午，孟少农把负责工程技术楼基建工程的林昱宁叫到办公室，向他交代完征地工作后，用关切的语气问林昱宁："要扩征的土地是哪个生产队的？""是郑家陵大队。"林昱宁回答道。"工厂已经征用了这个队多少耕地？"孟少农问道。"已经征用了 104 亩，占该队川道浇地的三分之二。"林昱宁回答道。"这个队人均还有多少耕地？"孟少农又问道。"还有 1.3 亩，且绝大部分都是山坡地了。"林昱宁回答道。

孟少农听完林昱宁的情况介绍后，表情逐渐凝重起来，稍加思索后，便语重心长地对林昱宁讲："这样吧，设计方案已经决定了，事情还要去设法办好，不要影响施工进度。但我们也要设身处地地为社员们想一想，要考虑他们的吃饭问题，他们对我们、对三线建设已经做出了很大的牺牲了，我们要感谢他们。现在他们就剩下那么一点耕地，而且几乎都是坡地，这些地耕作起来会很困难，而且产量很低，弄不好吃饭就成了问题。""我们的工厂建在农村，没有围墙，厂房村舍错落，工人农民混居，没有农民的支持，工农关系处理得不好，我们将寸步难行，这是一个基础。""因此，我们要将工厂的发展和农民的吃饭问题通盘考虑，怎样来解决这个问题。你们可以拿出一个方案。"孟少农随后又指出，厂里可以帮助社队平整一些坡地，并且搞一些引污工程，把经过处理的污水引上山坡，一举两得，既解决污水排放问题，又能让肥水上山增加粮食产量，解决社员们吃饭问题。孟少农进一步强调，民以食为天，以后有条件还可以帮助社队搞一些工业，使他们逐步走上富裕之路。林昱宁听完孟少农的建议后，忙接着话题说，这个建议可行，但需要人财物的投入，这个问题应如何解决。孟少农要求林昱宁回去后做一些调查研究，把沟里沟外的情况摸清楚，搞个可行的支农规划，报请厂领导批准后，筹集资金，分期分批实施，争取有一个好的结果。征用农民两分多地、搬迁三间磨坊的事情，让林昱宁感慨很多，没想到这样一位全国知名的汽车专家在处理微小的具体问题上，也能从战略高度去审视三线工厂的发展和对待工农关系，这种以国家利益为重、认为人民利益高于一切的优良品质，永远值得我们学习。

　　孟少农始终把"做一个有益于人民的人"作为自己人生的信条。他对同志十分关心，不仅善于从每个人的发展方向上加以把握和引导，还更善于从微小之处帮助同志们进步。1972年，孟少农随汽车行业考察团到英国考察汽车及其零部件生产技术情况。在考察团当中有些同志的英语口语水平有限，而孟少农的英语水平是很出色的，但为了鼓励同志们多讲多交流，在翻译和发言时，孟少农主动退居二线，让那些不肯开口的同志上头阵，当出现卡顿时，孟少农就在一旁及时给予指点，若实在"顶不住"的时候，孟少农才亲自上阵，帮同志们解围，通过这种方式让随团的同志有更多锻炼和提高的机会。在孟少农的关心和帮助下，团里许多同志通过这次考察，英语的听说能力都有了很大提高，从这件小事上可以看出孟少农对关怀和培养年轻一代技术人员的成长真是无微不至。

第十二章　多彩的人生

第一节　爱生活，一生乐观向上

孟少农是我国知名的汽车专家、汽车技术泰斗，一般人认为他是一位严肃、严厉、严格的中国传统式的知识分子。其实不仅如此，熟知孟少农的人都知道他是一位热爱生活、热爱家庭、平易近人、乐观向上、生活丰富多彩的人。

孟少农博学多闻，兴趣广泛，爱好众多，通晓天文地理、诗词歌赋。他惜书如命，家里收藏了很多图书，除大量的汽车专业以及有关制造工业的中外技术书籍外，还收藏了许多中外古典书籍及现代名著等，以及许多马克思、恩格斯、列宁、斯大林和毛泽东的著作。孟少农除了收集藏书，还有许多其他的爱好，其中对收集碑帖，孟少农最为下功夫。他每到一地出差，一定会抽时间逛一逛当地的旧货市场，看到有收集价值的碑帖一定会出手买回，有时买回一些残破不全的帖子，拿回来后一点点仔细认真地修补，最后重新装裱起来。孟少农不仅善于收集碑帖，更重要的是下功夫研究各种碑帖的来源、出处，以及碑上出现的残缺是在哪一年、碑帖应该是什么年代拓的等。这也从一个侧面反映出孟少农严谨的治学态度。

摄影是孟少农的又一大爱好，这个爱好是他留学美国时就养成的。那时在国外除刻苦读书外，孟少农跟外界的接触并不多，最开心的事就是休息日约上一同赴美留学的同窗外出摄影。回国后，尽管当时条件有限，但孟少农仍然把这个爱好坚持下来了。在一汽工作时，休息日他经常带着大女儿孟运到长春南湖公园划船拍照。孟运回忆道："父亲喜欢照相，而且自己冲洗，自己放大。过段时间的周末，父亲就会布置个暗室，房间里挂着一条条冲好的胶卷，每逢这时我总帮他打个下手，在定影液里翻翻相片，用滚筒在烘干机上滚来滚去，再不就是帮他剪裁相片的边。那时只有我俩，一卷底片上几乎都是我，也有我给父亲照的，偶尔有一两张合影，是请路过的人帮忙拍的。当我长大后翻出照片再看，才发现当初给父亲照的居然有好多张没有拍到头。"孟少农爱摄影爱得执着，每次出差总是会带上那部老旧的德国相机，日积月累，留下了许多珍贵的照片。

孟少农嗜好美食，他爱吃也会做吃的，称得上是一位美食家。在一汽工作时，那时国内还没有烤箱，孟少农就自己动手用煤气炉，加上几块铁皮，做了一个简易的小烤箱，可以烤一些如通心粉、薯条等简单的食物。孟少农擅长做西点，还会做几道正宗的湘菜。孟少农还喜欢吃甜食和坚果，甜食中尤爱北京的果脯和蜜饯。在他书房的书架旁、茶几上、书桌上横七竖八地散落着钳子、榔头、锥子等工具，都是用来对付外壳坚硬的核桃、松子、榛子等坚果的。为了满足孟少农的美食爱好，在北京工作的女儿也是下足了功夫，在物资匮乏的年代，北京的许多食品都是凭本或者凭票供应的，女儿舍不得用，都给父亲攒着，等他来北京时，再集中买回来，让父亲带走。孟少农每次离开北京时，女儿都会把两个大旅行包给装得满满的，有香肠、粉丝、芝麻酱、黄酱、酱油膏、酱黄瓜、蜜饯、果脯、杂拌等。孟少农每一次的北京之行不仅带回来丰富的特产，更带回女儿对父亲的关爱。

孟少农非常喜欢民间小吃，每到一地都要打听当地有什么民间小吃，他都会请随行的同事与他一起品尝。他追求美食，从来不讲究就餐环境，经常是在路边小店和偏僻胡同里，边吃边与人谈话，怡然自得，其乐无穷。在南京夫子庙，他像孩子似的要吃油炸臭豆腐干，陪同的人怕不干净就只买了一份，一人吃一块，只让他尝尝，不敢让他尽兴。对路旁煮的茶叶蛋他也有兴趣，随行人员不敢随便买，哄他回家自己煮。他还经常向同事们推荐北京的葱油大饼、爆肚等小吃。

孟少农还喜欢集邮、下围棋、写书法，也爱听古典音乐。每当闲暇时总爱打开收音机或者唱片机听古典音乐，音乐响起，他总会叮嘱家里人关上灯，安静下来，自己静静地坐在沙发上听。为此，孟少农也收藏了不少古典音乐方面的音像作品。

孟少农丰富多彩的生活、乐观向上的人生态度，也使他身上有一种特殊的吸引力，吸引和感染了许许多多的人，也使许许多多的人对他产生了崇敬和爱戴之情。

第二节　婚姻中的不幸与有幸

孟少农热爱事业，热爱生活，同样也热爱家庭和亲人。

孟少农始终把家庭和亲人看得很重要，他认为家庭是身心的港湾，是人生的支撑点，是生活中最大的满足和快乐。在人生道路上，有亲人与之相依相伴，风风雨雨，相互支持，日日夜夜，彼此牵挂，无论富裕还是清贫，家始终都是人们最向往的地方。因此，孟少农在繁重的工作之余，尽力尽到一个丈夫和父亲的责任。他珍惜家庭的和谐团聚，珍惜家庭的欢声笑语，珍惜家人间的每一个拥抱。

然而，孟少农工作的繁重超乎常人的想象，这使得他无法有更多的时间和更多的精力来照顾家庭，他也常常因为自己对家庭的亏欠而感到深深内疚。

孟少农一生中有过两次婚姻经历，他的第一位夫人是他在清华大学认识的，也是他的革命引路人于陆琳女士。

于陆琳，1921 年出生于山东淄博一个书香门第家庭。她的父亲是山东著名教育家于明信，她的几个哥哥姐姐大多是教授和学者。1937 年抗日战争全面爆发后，她跟随三姐于若木（陈云的夫人）奔赴延安。在陕北公学、中央党校学习后，1946 年被派到清华大学负责清华大学、北京大学等高校的地下党组织建设。1948 年奉上级党组织的命令，撤离北平转移到河北解放区。1949年 2 月她进入北平后，在邓颖超和一些领导的支持下，开始筹建北海幼儿园，并担任首任园长。1953 年于陆琳受组织委派，前往苏联列宁格勒赫尔岑教育学院教育系学习，并担任列宁格勒留苏学生党支部书记；1957 年回国后，登上了北京师范大学教育系的讲台，主讲学前教育和语言教学法，并担任北京师范大学教育系主任和党总支书记；1965 年调往国防科工委工作。"文革"之后，她先后担任军事学院科技教研室教学组长、图书资料馆副馆长及名誉馆长等职。1982 年已到离休之际的于陆琳在得知国家急缺高等教育人才、开始鼓励社会力量办学时，产生了举办民办教育的想法。在一些老教育家和老领导的支持下，创办了北京第一所民办大学——中华社会大学。于陆琳先后担任教务长、副校长、校长。2015 年 12 月 20 日，于陆琳因病医治无效，在北京去世，享年 95 岁。

孟少农在自己思想最迷茫的时候结识了于陆琳。经过几个月的接触和了解，他们不仅在思想上走到了一起，在感情上也走到了一起。1947 年夏天，孟少农与于陆琳结婚，成为一对革命伉俪，孟少农也在于陆琳的介绍下光荣地加入了中国共产党，成为清华第一位教授党员。孟少农在这段时间，家庭事业两丰收，虽然他们当时处在白色恐怖中，但这仍是孟少农和于陆琳一生中最幸福的时光。

但是到了北平解放之后，尤其是孟少农承担了筹备中国汽车工业的重担之后，他们就总是聚少离多了。在孟少农接受重工业部的指示，于 1950 年 2 月21 日开始组织筹建中国汽车工业筹备小组的工作时，他还是个"光杆司令"，所谓中国汽车工业筹备小组只有他一个人。这个时候，孟少农一是要到全国各地去调查将来能为中国汽车工业所用的设备和力量，甚至多次冒着被国民党飞机轰炸的危险；二是要到处搜罗能为中国汽车工业所用的人才。一直到 1950年 3 月 27 日，筹备组在东市口工程协会开始办公时，真正到岗办公的只有 5人（孟少农、胡亮、胡云芳、王树屏、王淑宜）。

而这时的于陆琳为了解决南下干部的后顾之忧，决心办一个幼儿园，帮助照顾这些南下干部的孩子们。这个想法得到了邓颖超的大力支持。万事开头难，要办这个幼儿园无异于平地起高楼。于陆琳先和北京市委联系，要到了北海东北角一片败落的先蚕坛作为园址，并请梁思成来进行设计。木材、钢材等建筑材料都没有，于陆琳只好去求助于贺龙、陈毅等各方首长，最终得到了急需的援助。在各方面的支持下，北海实验托儿所终于建成了，这就是日后著名的北海幼儿园。

于陆琳忙于建北海幼儿园，孟少农忙于建长春汽车厂，都无暇顾及对方。尤其是孟少农为了建厂，先常驻莫斯科，后搬家长春，而于陆琳去了列宁格勒留学，天各一方，孟少农只能带着还在上幼儿园的孟运住在长春。两个事业型的人在一起，聚少离多，见面都难，这种状况必然使得双方越来越缺乏沟通，彼此越来越感到陌生，原本一个应该充满温馨的小家庭终于走向解体。1956年，孟少农和于陆琳正式办理了离婚手续。这件事对孟少农打击很大，他认真地反省自己，认为自己没有当好丈夫，也没有当好爸爸。他为婚姻的不幸带给家庭的不幸而感到深深自责。

孟少农与于陆琳离婚后，为了不影响工作，尽量调整自己的精神状态，很快从过去走出来，仍然义无反顾地为一汽的建设投产倾注全部心血。繁重而紧张的工作使孟少农对自己的生活自顾不暇，加上还要照顾上小学的女儿，辛苦的程度是可想而知的。对于这样一种状况，领导和同志们看在眼里，痛在心里。于是，有许多好心人主动去关心他，希望他能再次组建家庭，但孟少农始终没有做出回应。直到1959年，才经同事的介绍，与李彦杰这位能理解他的优秀女性组成了新的家庭。从此，李彦杰这位贤内助，主动担起家庭的责任，从不抱怨。1965年，孟少农从一汽调到北京一机部汽车局工作，还没有来得及把全家户口转到北京，"文革"开始了，就这样，身体不好的夫人带着儿女在长春生活。

1969年，孟少农被下放到江西奉新一机部"五七干校"参加劳动，为了能减轻一点夫人的负担，就把两个未成年的孩子送到湖南老家，留下夫人一人在长春。1971年，孟少农奉命调入陕汽，并把全家户口迁到条件十分艰苦的陕汽。

在家庭和事业的天平上，孟少农总是倾向事业，总是把工作放在第一位，把家庭放在第二位。1974 年秋天，夫人李彦杰因病住进岐山县人民医院，但因病情比较重，医院建议转到西安的大医院住院治疗。孟少农因当时要到北京参加会议，不能在医院陪伴，就把夫人托付给了工厂，就连去北京往返路过西安时，都没去医院探视，直到回厂传达完会议精神、安排好工作后，在同志们的催促和提醒下，才怀着内疚的心情去西安看望夫人。夫人见到面带疲倦的孟少农，也就没有说什么，只是轻声轻语地告诉陪同人员："我早已习惯了这种情况，所以也没有什么埋怨。"1977 年底，李彦杰随孟少农一起调入二汽。当时的二汽，生活条件仍然不是太好。李彦杰对儿女们说："我这辈子，家越搬越偏僻，越往南搬冬天越冷，为了你们爸爸的事业，我只好认命吧。"几十年的风风雨雨，聚散时常，但他们依然相濡以沫，恩爱有加。

第三节　"父爱，引领我的人生"

孟少农膝下有一儿两女，大女儿孟运，儿子孟顾，小女儿孟沅。孟少农在儿女们的眼里具有多重身份，既是父亲，又是导师，还是朋友。在他们的成长过程中，孟少农作为父亲，尽心尽力把他们养大；作为导师，引领他们成长，学会做人；作为朋友，与他们平等相待，互馈慰勉。这些都在儿女们心中留下了美好的印记。

孟少农的大女儿孟运回忆道："1948 年，随着国民党在战争中不断失败，国民党的统治也更加残暴，许多进步教师、学生上了黑名单，不得不离开学校，去解放区。1948 年 8 月，形势越来越严峻，上级通知父母，立刻撤回到解放区。9 月初，父母历尽艰险来到了运河边的泊头镇，找到中央华北局城市工作部，就是在这里，我出生了。于是，父亲用运河给我起名字叫孟运。"孟运的名字听起来简单，但实际包含了深刻的意义，它既诠释了他们父女的血缘关系，又诠释了孟运与祖国的情感联系。

孟少农十分关心子女们的成长和进步，对他们所取得的点滴成绩都感到骄傲，但从来不对外炫耀或张扬，总是要求子女们正确对待自己的进步，脚踏实地地走好人生的每一步。1952 年儿童节前夕，根据周恩来总理"我们热爱和平，但也不怕战争"的指示精神，《人民日报》开辟了一个《我们伟大的祖国》图片栏目。有一天《人民日报》总编辑邓拓找到阙文并对他讲："抗美援朝的第五次战役，取得了很大的胜利，当前形势是要求全世界爱好和平的人们团结起来，争取保卫和平。只有团结起来，才能制止战争，才能保卫我们的下一代。"他要求阙文积极投入创作，争取推出一批优秀作品。

1952 年 5 月 31 日，阙文来到北京北海幼儿园，准备随机拍摄几张人们游园的照片，后来经过联系，幼儿园园长于陆琳（孟运的母亲）带着一群孩子到了公园，每个人还抱着一只鸽子，孩子们听说要拍照，个个欢天喜地。

最初拍了几张，阙文觉得非常一般，于是他就深入到孩子们中间，先是看了看走在队伍前面靠右的一个男孩，又看了看队伍左边的一个女孩，并摸了一下他们的鸽子，问道："你们两个的鸽子谁的好啊？"男孩高兴而又俏皮地说："我的好。"他看了一眼自己的鸽子，又看了一眼女孩的鸽子，然后紧紧地搂住鸽子，侧着脑袋露出一副非常得意的神情。他的这种行为使女孩产生了强烈的反应，并立刻转过脸来瞧着男孩，赶紧说："我这个也好。"在这一瞬间两个人的情绪都达到了饱和点，阙文就拍下了《我们热爱和平》这张照片。

第二天正好是六一儿童节，照片在《人民日报》上发表了。发表后反响很大，当年 10 月，这张照片就被当时人民美术出版社的编辑安靖和邹雅制作了大幅的招贴画。照片原来背景中有些树枝，经过剪裁和修整，加了点桃花，又上了色，上面用儿童体书写了"我们热爱和平"六个字。第一版就印刷了500 万张。后来中国抗美援朝总会就把这张照片印成了小卡片，由慰问团分发到每一位志愿军手里。不仅前线战士手里有，后来还传到了战俘营里。《我们热爱和平》这张照片成为 20 世纪 50 年代最具影响力和震撼力的艺术作品之一，不仅在中国广为流传，也在朝鲜和一些东欧国家流传。

《我们热爱和平》这张照片中有两个可爱的小朋友，其中左边的女孩是孟少农的大女儿孟运，右边的男孩是孟运幼儿园时的同学马越。这张照片成了孟少农一生的骄傲，但他在众人面前从未主动提起过关于这张照片的事情。无论谁向他问起："那个抱和平鸽的小女孩是你的女儿吧？"孟少农总是坦然一笑，回答道："是啊！是啊！"

如今，时间过去七十多年了，那张《我们热爱和平》的照片作为孟运对父亲、母亲的思念和自己的精神寄托，依然被她挂在住所大厅醒目的地方。

1953年，孟运随父亲从北京来到长春，住进了昌平胡同309号院子。309号院原来是一个日本人住的小院，里面是个两层小楼。孟运讲："从5岁起到上小学二年级，幼时的记忆几乎都和这个小院相连。记得院子里有好几棵树，父亲就在一棵树上给做了个秋千，一有时间父亲会和我一起玩。院子里还种了一些苞米、蔬菜和一些花草。我的大部分时间都消磨在这个院子里，冬天北方的雪特别大，父亲就领着我在院子里堆雪人，用胡萝卜做鼻子，煤球当扣子，雪人的形象非常可爱，没事我就会围着雪人转两圈。"在孟运上二年级时，他们家从昌平胡同309号院搬进了汽车厂的宿舍，住在59栋三门，一门居住着郭力一家。在北京的黑芝麻胡同时，孟少农与郭力两家就曾住在一个四合院里，郭力的女儿郭栖娜与孟运同岁，于是她们成了好朋友，儿时的友谊一直延续至今。那时孟运的母亲在苏联留学，一去就是4年，中间只有两个暑假时回过国，孟运和父亲一起生活。孟运讲："这段与父亲一起度过的童年生活是我人生最美好的记忆。"

1957年母亲回国，在北京师范大学工作，孟运经常住在北京姨妈家。因此与父亲聚少离多，往往只有孟少农每年几次来北京开会期间他们才能相见。开会之余孟少农让孟运陪他逛公园，北海、颐和园、故宫、天坛这些地方他百去不厌，每次去都会给孟运讲故事和一些典故。有一次，孟少农看到一套《三希堂法帖》，于是他们就到了北海的阅古楼去看三希堂。孟运初中毕业后考上了军事学院，开始了她的军旅生活，在一段时间里和父亲之间只有书信联系。孟运讲："父亲的来信不多，信也不长，但每一封信都能给我信心和鼓励，受益匪浅。当年那些信件已经成为父亲留给我的宝贵财富，在我思念父亲之时，就可以把那些信件拿出来仔细读上几遍，父亲的音容笑貌就会跃然纸上。"

孟运在军校刚上了一年多，"文革"就开始了，正常的教学秩序被打乱，学习的事情全靠自己。1975年，孟运作为一名工农兵学员，走进了清华大学。毕业前孟运准备报考研究生，她把这一想法告诉了父亲，想得到他的帮助与支持。孟少农知道女儿的想法后，并没有多说什么，只是建议她去照澜院找钱伟长先生，意思是让钱伟长先生介绍导师给她辅导。但因时间紧，孟运无法系统地复习备考，最终没有考上。后来，老师就建议她出国留学。为这事孟运又写信与父亲商量，父亲也因此事给她写了一封长信。孟少农在信中写道："你的心情我是理解的，人生的道路不平坦，你们这一代受了折磨，你的生活很不正常，但没有办法。我想你下决心学出个名堂来，是个正确的想法。中国今后会繁荣富强的，你能在以后的前进中赶上队，事业上有所成就，其他也就不重要了。学习主要是靠自己，要下狠心有股顽强的劲儿才行，以你现在的条件努力还不算晚。"孟少农还在信中给女儿提出了思想方法、学习方法、工作目标、人生目标等六条意见。孟少农在信中最后说："我希望你在自己困难时，能找到勇气，找到精神力量。人的一生是很短的，时间过去了，就不再来，但命运全靠自己掌握。一时的得失，从长远看往往是微小的，人有的放光芒，有的发臭，这都在于他的本质，本质是靠自己磨炼出来的。"父亲的教诲语重心长，孟运深切地感受到字里行间不仅是父亲最真挚的教诲，更是父亲一生遵循的人生哲学。父亲用生命之光照亮了她前进的道路，正是父亲的教诲指引着她，使她脚下的路每一步都走得那么坚定和稳重。1979年，孟运从清华大学毕业，回到了北京电视设备厂担任助理工程师。1982年，调入中国科协工作。1987年，赴美国亚特兰大攻读MBA，毕业后在旧金山硅谷工作了6年。1996年，孟运放弃了美国的绿卡和工作的机会，回到了祖国，为建设繁荣富强的国家贡献着自己的聪明才智。孟运常说："是父爱，引领着我的人生。"

第四节　"无为而治"的教育方式

孟少农非常重视对子女的教育，他遵循道家的思想理念，顺其自然，"无为而治"。他主张家庭教育要尊重孩子的天性，充分信赖孩子的能力和发展潜力，放手让孩子去尝试、去学习、去探索、去发现。不要怕孩子做事会失败，会犯错误，因为他们会从失败和错误中学到许多东西。家长要做的就是给孩子创造必要条件，并做必要的辅助工作。大女儿孟运回忆道，上小学时父亲很少过问她的学习，她自己经常玩得忘了做作业，等早晨醒来后才胡乱涂抹几笔，然后抓块点心，拔腿就往学校跑，父亲就是看见了也从来不说什么。他认为小孩子贪玩是正常的，到了一定年龄就会知道用功了。孟运在上初二时，有一次期中考试，英语不及格，孟少农知道后，就给女儿写了一封长信，在信中孟少农讲了自己少年求学的经历，也讲了许多学习方法和教与学的关系。孟少农在信中告诉女儿，他当年在长沙上学时，住在一个大户人家家中，那家曾有个亲戚，留下了一箱子书放在阁楼上，那箱子书就成了自己的宝，经常拿出来阅读。当读到几本英文小说，遇到极其晦涩难懂的地方时，他就在字典的帮助下，一字一字地读，每一本都读好几遍，英文水平一下子提高了一大截。在信里，孟少农告诉女儿读书的窍门就是一个字也不往书上写，记不住就查字典，同一个字查上几遍总会记住的。但一定要读懂，读通，最好是读一篇能吸引人的小说。孟少农告诉女儿，学习的方法很简单，只有一条，就是走在老师的前面，掌握学习的主动权。提前把老师要讲的内容预习好，上课时就可以和老师交流了，这等于巩固了一遍学习内容，学得自然扎实。孟少农还告诉女儿，十几年的学校生活就是为了培养一种自学的能力，因为人是要学习一辈子的。孟少农的这封长信对女儿教育启发很大，从那以后，孟运的学习就再也没有让孟少农操过心。孟运一直在争取和创造学习的机会，一直在坚持学习。无论是自学也好，上大学也好，出国留学也好，在同学中她的成绩一直名列前茅。

孟少农一生从事技术工作，所以他一直希望儿子孟颀能子承父业，继续从事技术工作。因此，在孟颀的成长过程中，孟少农给了他许多启发式的教育与引导。孟颀回忆道，在他读小学时，父亲经常出差，只要条件允许父亲都会带上他。在他六七岁的时候，已随父亲去过了北京、南京、上海、杭州等很多大城市。这种旅行的经历，一方面让他长知识，培养他待人接物的良好习惯和教养；另一方面对他进行启蒙教育，帮助他了解工业技术情况，培养从事技术工作的兴趣。中学毕业时父亲就让他报考了湖北汽车工业学院，学习汽车制造专业。大学毕业后孟顾先是从事了几年技术工作，后来就从商了。虽说违背了父亲让他从事技术工作的初衷，但从小在父亲身边耳濡目染，他还是学到了父亲做人的本质，那就是做一个有益于社会、有益于人民的人，这让他一生都受益。

1986 年 7 月，孟顾陪同、照顾父亲回长春，参加第一汽车制造厂出车 30 周年纪念活动。这是孟顾最后一次陪同父亲旅行，也是孟少农最后一次去一汽。孟少农是个自理能力极强的人，无论在家还是在外，总是自己的事情自己做，从来不求人。这次孟顾陪同父亲回长春，说是去照顾他，实际上能够帮助他做的事情少之又少。孟少农要儿子陪同的主要目的，是要让他去学习。因此，一路上孟少农又给他讲了许多汽车或与汽车有关的事。在北京开往长春的列车上，孟少农望着窗外偶尔驶过的"老解放"，充满感情地说："解放卡车和一汽为新中国的建设立下了汗马功劳，将来在写中国汽车史时，是要大书特书的。"接着孟少农又和孟顾谈到当时争论不休的"汽车产品几十年一贯制"的问题。孟顾回忆说，这些谈话都是父亲有意识地在引导他回归从事汽车技术工作，遗憾的是，当时的他还是未能真正体会到父亲与他谈话的真实意图。在长春四天的纪念活动中，孟少农与许多老朋友相见，格外高兴，话题不断，但谈论最多的还是汽车。在返程的火车包厢里，夜深人静时，孟少农的老同事方劼（重汽集团原董事长）睡不着，就叫孟顾陪他聊天。方劼讲话幽默风趣，在汽车界是出了名的，很多人都愿意听他讲话，当然孟顾也不例外。老少两代人很快打开了话匣子攀谈起来。不一会儿，方劼突然话锋一转，严肃地讲道："你爸爸这个人了不起。"孟顾并没有马上接话，而是等待方劼给出答案。方劼接着说："他为什么了不起，因为他一生中做到了四个字，'不卑不亢'。"听完这话，孟顾豁然开朗，从此"不卑不亢"四个字也成了孟顾做人的座右铭。

孟少农对子女有一个基本要求，那就是在家里要做一个尊老爱幼的人，在单位要做一个谦和、有礼貌的人，在社会要做一个有益于人民的人。因此他在对儿女施教的过程中，没有生硬的说教，总是启发和引导，循循善诱。小女儿孟沅，从小性格开朗，生动活泼，特别喜欢体育运动，从小学到中学再到大学都是校篮球队的主力成员，游泳也达到了相当高的水准。在上初中时，十堰市体校想特招她进校，把她培养成职业篮球运动员，为此事孟沅回家征求父亲的意见。孟少农虽然从内心里并不支持女儿从事体育职业，但他并没有直接否定她从事体育活动，而是从自身所从事的技术工作的传承上讲，想让女儿最好还是学工科。另外，从做一个职业运动员所要具备的条件上讲，他觉得女儿的基本功还不是那么扎实，将来这条路走起来会比较艰难。孟少农对女儿讲："我只给你一个要学工的建议，当然决定权在你自己，你该怎么取舍由你自己决定。"最后孟沅还是接受了父亲的建议，大学时读了工科专业。

孟沅回忆："父亲对我们要求很严，但从来不对我们发脾气。他善于身教，善于润物于无声，善于潜移默化。"父亲给她最深刻的印象是喜欢静，喜欢读书。"只要有时间，他肯定是在书房里看书。就因为这个我跟父亲很少见面。"中学时期，孟沅一直是住校，等到假期回来，父亲要么工作加班，要么回到家里就在书房里看书。尽管这样，她对父亲也没有什么怨言，因为她已经习惯了这种生活方式，当然她也从父亲那里学到了很多东西。孟沅讲她喜欢美食，特别是西餐，这一点很像她父亲。因此，孟沅从父亲那里学会了做一些简单的西餐，比如做沙拉、烤薯条、烤牛排等。有时休息日，孟少农见女儿回来，就会亲自下厨为她做一些她喜爱吃的东西。有时还会很开心地在大厅里喊谁要吃薯条，孟沅总是第一个回应，并高兴地与父亲一起做。孟沅深有感触地讲，父亲不仅是她成长过程中的引路人，教会她怎样生活，更是教会了她怎样处理人际关系和待人接物。所以在现实生活中，孟沅性格虽然开朗，但从不张扬和傲慢，她虽然没有像父亲那样为社会作出那么大的贡献，但她学会了尊重人、尊重社会，懂得了做一个有益于人民的人的真正价值。这一点不仅是孟少农对女儿的期望，更是社会的需要。

附录一　他对这片土地爱得深沉

　　孟少农从北京扁担胡同出发，投身于祖国的汽车工业，转战南北几十年，他把自己全部的聪明才智和毕生精力，无私奉献给了祖国的汽车事业。他热爱祖国，热爱自己的职业，从不计较名誉和地位；他热爱生活，贯彻乐观主义，从不计较工作生活条件。孟少农退居二线后，组织上考虑到他一生的贡献和身体状况，安排他到北京居住，并指派专人给他办理相关手续。这样一来可以借助北京比较好的医疗条件帮助他疗养身体，二来他可以比较方便地参加一些社会活动，但这些都被他婉言谢绝了。他对同志们说："北京我不去了，我已经习惯于十堰的生活，在这里我做点咨询工作，教教书，不也蛮舒服的吗？"在北京工作的女儿得知他退居二线后，连续写了几封信，劝父亲回北京，而且在信中列举了不少理由。女儿劝他，希望他像其他科学家一样，晚年参加一些公益事业，同时北京的医疗条件更好，可以更好地治病，把身体养好。面对女儿和其他亲人们的好言相劝，孟少农考虑再三，决定还是留在二汽，留在十堰。他跟女儿说，他在汽车厂觉得心里踏实，靠近汽车，听得到汽车厂的脉搏，他才睡得着觉，何况他在十堰还有许多事情要做。孟少农作为中国汽车工业技术领域的泰斗和奠基人，退居二线后，仍勤奋耕耘，积极描绘着我国轿车和轻型车发展蓝图；仍为二汽发展横向联营建言献策；仍笔耕不辍，著书立说，为后人留下精神财富；仍坚毅地走上三尺讲台，教书育人，为中国汽车工业培养人才。

当时孟少农为什么不去条件优越的北京，为什么坚持留在二汽、留在十堰呢？也许我们可以从他夫人李彦杰撰写的《忆少农同志》的纪念文章里找到答案："少农一生视汽车事业为生命，他心里让汽车装得太满了。"正如作家艾青在《我爱这土地》中写的："为什么我的眼里常含泪水？因为我对这土地爱得深沉……"是的，孟少农视汽车事业为生命，他对这片土地爱得深沉，这就是他坚持不离开二汽、不离开十堰的原因。

孟少农为什么对这片土地爱得深沉？因为，在十堰留下了他奋斗的足迹。孟少农自1950年2月进入中国汽车工业筹备组那天起，就把自己的全部生命与中国汽车工业捆绑在一起。1977年他临危受命调入二汽，领导和指挥了二汽历史上的"背水一战"攻关战役，使一个处于"山重水复疑无路"的国有特大型汽车企业步入了"柳暗花明又一村"的正轨。这次战役攻关，让二汽职工、让十堰人民，认识了这位学识渊博的技术泰斗。同时也是这次战役攻关，使孟少农与十堰结下了不解之缘，他把自己的事业终点定格在这里。

十堰的经济发展离不开产业支撑。第二汽车制造厂的落户催生了十堰的工业文明，二汽事业的发展壮大，成就了十堰经济的日新月异。十堰自1969年建市以来，经济总量从1980年的不足12亿元，增长到2020年的1915.1亿元，城镇化率接近60%。从昔日的蛮荒小山沟发展成为今天的现代化大城市，走过了西方工业化、城市化、现代化100多年的历程，靠的就是汽车主导产业的支撑。因为二汽的存在，十堰成为国家首屈一指的商用车基地；二汽的发展，带动了十堰整体汽车产业链发展；正是因为有了二汽产业链中的生产设计、生产环节、产品环节，还有二汽品牌渠道网络做依托，十堰成为民企创新的萌芽地。从这个意义上讲，孟少农对十堰的汽车产业发展作出了不可磨灭的贡献。因为他与祖国的汽车工业命运相连，与二汽的发展振兴命运相连，同时也与十堰的汽车产业发展命运相连。

孟少农为什么对这片土地爱得深沉？因为他眷恋十堰厚重的历史文化底蕴。十堰文化源远流长，兼容并济，海纳百川。十堰有郧阳人远古人类文化；有奴隶制社会时期的古代方国文化、神农文化；有见证古代建制文化演变的历史记忆；有名震四方的武当道教文化；有秦文化、楚文化、大巴山文化；有长江文化、汉水文化；有现代建设的三线国防文化等众多特色的文化要素。特别是十堰发展至今，从全国各地涌入的不同地区的人群带来的各异的地域文化，使得十堰文化呈现百家争鸣、百花齐放的状态，从而也形成了十堰今天活泼友爱、和睦共处的城市氛围。这种城市氛围展示了其不同于一般生态地区的性质特征，具有很强的吸引力。孟少农在十堰工作的时间仅短于在一汽工作的时间，他对这座具有丰厚文化底蕴的城市，有着非常强的归属感与认同感。他认为在这里可以不断得到文化的滋养，可以保持生命之树的旺盛。在这里可以看到二汽的兴旺发达，他甚至建议要很好地保护二汽所留下来的工业遗产，这些工业遗产不仅见证了二汽的发展历史，而且还可以作为十堰的旅游资源加以开发，发挥出更大的价值。在这里他可以看到十堰日新月异的变化，可以在一座山清水秀的城市怀抱里颐养天年，是何等的幸福。在这里，他可以心情舒畅地做自己想做的事情。因此，他著书立说，教书育人，就是为这座城市留下更多的文化遗产和精神财富。

孟少农为什么对这片土地爱得深沉？因为他有割舍不了的事业情感。孟少农1983年退居二线，他对同志们风趣地讲道：我现在是"三线的年龄，二线的工作，一线的思想"，"我虽然退居二线，但我与汽车事业有割舍不了的情感，我还有很多事情要做"。正因为如此，孟少农退居二线后一直就没有"清闲"过。他时刻关注着二汽的产品开发，关注着二汽的联合经营，关注着十堰的人才培养。他给在北京工作的女儿的回信中写道："退居二线要到汽车学院去讲课，刚写了一本教材，已经讲过一遍，但还需要修改完善。还准备写一本关于汽车发动机的书，中国还没有一本像样的发动机书。干了一辈子汽车，出了几辆车，可是一直没有时间坐下来写点东西，现在可以做了。"1983年他挑起了主编《汽车百科全书》的重任，1985年完成《汽车设计方法论》教材的写作，1986年又主编《机械加工工艺手册》。1987年中央决定大力发展轿车工业，充分利用一汽、二汽的优势进行轿车生产。孟少农在身患重病的情况下，又开始制定轿车发展规划，并就如何发展我国的轿车工业，向国家建言献策。正是他对汽车工业怀有深厚的事业情感，才使他为中国汽车工业呕心沥血，殚精竭虑，鞠躬尽瘁，无私地奉献了毕生精力。

　　孟少农为什么对这片土地爱得深沉？因为他对十堰汽车产业的未来发展有着更多的期待。孟少农知识渊博，学贯中西，善于登高望远，透"形"把"势"。他生前经常思考或向人们讲起这样的问题，中国的汽车制造企业要建立起足够的信心，要敢于引领中国制造业的技术进步，在建设制造业强国中，汽车制造企业要占有重要地位。汽车制造企业不仅要考虑自身技术的先进性和合理性，还要兼顾社会生态环境的可持续性。孟少农在他所著的《汽车设计方法论》一书里明确指出："汽车有其自己的从生产到使用的生命过程。事物的发展都是由因到果的顺向发展过程，而汽车设计过程的方向与此相反，设计任务是从实际生活的终点反求其起点，是一个逆向过程。"因此，孟少农很早就强调，汽车制造企业不仅要考虑对人的需求的满足，而且要考虑污染公害特征，要考虑生态环境的承载力。他的这种超前意识所具有的战略眼光，使他对十堰的汽车产业发展有了更多的期待。最大的期待就是希望十堰和二汽能相互依托，融合发展，共同引领中国汽车产业的可持续发展。正是因为有孟少农等老一辈"汽车人"的超前意识，十堰依托二汽（东风）在中国汽车企业中所拥有的重要地位和最具影响力的"东风"品牌优势，建设国际商用车之都；依托二汽（东风）的辐射带动作用，建设从零部件生产到整车制造完整的产业链，并在这个链条上发挥重要作用；紧跟汽车产业发展方向和技术前沿，在新能源和智能汽车研发与制造上有所作为，使新能源汽车产品能在城市里大量使用，以保证十堰的山水价值不断提升，成为全国生态文明的建设高地；依托汽车产业的发展，发挥对相关的专业装备制造业的巨大拉动作用，注重推进电子化、信息化、智能化、现代化的装备产品在全产业链的综合集成应用，不断引领装备制造业的技术创新。

　　俗话说得好，有梦想才有目标，有希望才会奋斗。如今的十堰正是在众多有志之士的期待下，带着建国百年的发展梦想奋力前行。也正是在众多有志之士的期待中，十堰人埋头苦干，朝着将十堰建设成为更加优美的山水环境、更富魅力的人文空间、更加开放的新经济载体、更富品质的宜居城市、具有独特的地域个性和较大国际影响力的绿色家园而坚定前行着。十堰人正用自己勤劳的双手，着笔书写着自己的历史，正在向以孟少农为代表的一大批仁人志士提交自己的答卷。要问十堰人为什么也是这样坚毅、执着，同样是因为全体十堰儿女对这片土地爱得深沉。

附录二　孟少农生平年表

1915 年 12 月 12 日　出生于北京

1921 年 2 月—1927 年 1 月　北京宏庙小学读小学并毕业

1927 年 2 月—1928 年 1 月　北师大附中读初中一年级

1928 年 2 月—1929 年 1 月　湖南省桃源县一中读初二

1929 年 2 月—1930 年 2 月　在家和长沙两地备考

1930 年 2 月—1932 年 2 月　就读于长沙岳云中学至初中毕业

1932 年 3 月—1935 年 2 月　就读于长沙中学至高中毕业

1935 年 3 月—1935 年 8 月　在湖南、北京两地备考清华大学

1935 年 9 月—1937 年 9 月　就读于清华大学机械系

1937 年 10 月—1938 年 2 月　就读于湖南长沙临时大学

1938 年 3 月—1938 年 7 月　长沙金井交通辎重学校技术学员队 2 期学员

1938 年 8 月—1939 年 7 月　长沙及柳州机械化学校战车机械工程研究班研究人员

1939 年 8 月—1940 年 7 月　国立西南联大机械工程系学习至毕业

1940 年 8 月—1940 年 10 月　回湖南桃源县探亲

1940 年 11 月—1941 年 5 月　广西金县机械化学校战车机械工程研究班研究人员

1941 年 5 月—1941 年 8 月　考取清华留美公费生，去昆明办理出国手续

1941 年 8 月—1941 年 9 月　在香港等船去美留学

1941 年 10 月—1943 年 2 月　在美国麻省理工学院读研究生并获硕士学位

1943 年 3 月—1943 年 7 月　在美国底特律福特汽车厂实习

1943 年 8 月—1944 年 6 月　在美国佛蒙特州钟士兰姆斯机械厂当机工（实习）

1944 年 7 月—1945 年 12 月　在美国印第安纳州斯蒂贝克汽车公司任工程师

1945 年 12 月—1946 年 5 月　在美国新泽西州中国发动机公司（华侨资本投资）任工程师

1946 年 6 月—1946 年 7 月　由美国返回中国，抵达清华大学

1946 年 8 月—1948 年 8 月　在清华大学机械系任教，担任副教授、教授

1947 年 8 月 10 日　加入中国共产党

1948 年 8 月—1948 年 10 月　到冀中解放区泊镇城工部，后到石家庄，分配到华北人民政府公营企业部工作

1948 年 11 月—1949 年 2 月　随徐驰到北京石景山，等待进城参加接管北京工作

1949 年 2 月—1949 年 5 月　在北京军管会企业接管处参与接管工作

1949 年 6 月—1949 年 9 月　在华北人民政府公营企业部（后改为中央金属工业处），任技术室主任

1949 年 10 月—1950 年 2 月　在中央重工业部计划司任计划室主任

1950 年 3 月—1952 年 7 月　在中央重工业部汽车工业筹备组任副主任

1952 年 7 月—1953 年 7 月　派驻莫斯科大使馆商参处订货代表

1953 年 7 月—1965 年 3 月　长春第一汽车制造厂副厂长、副总工程师

1965 年 4 月—1969 年 9 月　一机部汽车局总工程师室任技术负责人和总工程师

1969 年 9 月—1971 年 5 月　江西奉新一机部"五七干校"二连战士

1971 年 6 月—1977 年 12 月　在陕西汽车制造厂任革委会副主任、生产指

挥组副组长

1977 年 12 月—1983 年 11 月　在第二汽车制造厂任第一副厂长兼总工程师（其间，1983 年 7 月至 1984 年 3 月，任湖北汽车工业学院院长）

1983 年 12 月—1988 年 1 月　任东风汽车工业联营公司（原第二汽车制造厂）副董事长，二汽咨询委员会主任，中国汽车工程协会理事长、名誉理事长，湖北汽车工业学院院长、教授

1988 年 1 月 15 日　逝世于北京，享年 73 岁

参考文献

［1］本书编写组:《中国共产党简史》,人民出版社,中共党史出版社 2021 年版。

［2］张矛:《饶斌传记》,华文出版社 2003 年版。

［3］关云平:《中国汽车工业发展史论》,上海人民出版社 2020 年版。

［4］徐秉金、欧阳敏:《中国汽车史话》,机械工业出版社 2017 年版。

［5］中国汽车工业史编审委员会:《中国汽车工业史（1901—1990）》,人民交通出版社 1996 年版。

［6］本书编委会:《中国汽车工业名家》,吉林科学技术出版社 1991 年版。

［7］陈家彬主编:《孟少农纪念文集》,吉林科学技术出版社 2005 年版。

［8］第一汽车制造厂史志编纂室:《第一汽车制造厂厂志（1950—1986）》,吉林科学技术出版社 1991 年版。

［9］张曼菱:《西南联大行思录》,生活·读书·新知三联书店 2013 年版。

［10］陈祖涛口述、欧阳敏撰写:《我的汽车生涯》,人民出版社 2005 年版。

［11］清华大学校史编写组编著:《清华大学校史稿》,中华书局 1981 年版。

［12］耿新、张树范主编:《中共长春党史人物传》（第四卷）,长春出版社 1994 年版。

［13］宋远勋主编:《东风汽车公司志技术中心分卷——技术中心志

（1983—2003）》，长江出版社 2007 年版。

［14］中国人民政治协商会议湖北省十堰市委员会文史和学习委员会编：《十堰文史（第十四辑）：三线建设·二汽卷》，长江出版社 2015 年版。

［15］孟少农：《汽车设计方法论》，机械工业出版社 1992 年版。

［16］全国政协文史和学习委员会编：《一汽创建发展历程》，中国文史出版社 2007 年版。

［17］《回忆孟少农》，第二汽车制造厂印刷厂印刷，1989 年。

［18］长春市政协文史资料委员会编：《长春文史资料（第一辑）：汽车工业之星》，1991 年。

［19］戴新慧、汪向东主编：《第二汽车制造厂厂志（1969—1983）》，东风公司史志办公室编印，2001 年。

［20］周强主编：《东风汽车公司志（1984—2007）》，2012 年。

［21］陕西汽车制造总厂科学技术协会编：《"孟总在陕汽"回忆文集》，1990 年。

后　记

　　《为中国造汽车：孟少农传》是十堰市"历史名人活化工程"项目——"中国汽车工业技术主要奠基人、二汽总工程师孟少农"的主要组成部分。项目始于 2020 年，第一阶段完成于 2021 年。当时根据项目要求《为中国造汽车：孟少农传》只完成了简本的写作，约 10 万字。项目结题后根据"活化"要求，作者开始了第二阶段的写作。经过进一步收集整理资料和阅读大量的史料，扩展了《为中国造汽车：孟少农传》的内容，使其比较全面地反映了孟少农非凡的人生经历、技术成就和高尚品质。

　　在写作过程中，自始至终得到了湖北汽车工业学院党委和行政的大力支持。校领导把"活化工程"作为推动十堰市精神文明建设、城市文化品牌建设和校园文化建设的重要内容，从人力、物力和财力上给予支持，并将其纳入建校 50 周年庆典内容整体考虑和安排，从而使《为中国造汽车：孟少农传》顺利出版。在此，向湖北汽车工业学院党委和行政以及给予过帮助的同志表示感谢。

　　这里要特别提出的是，在写作过程中，始终得到了孟少农的大女儿孟运女士、孟少农之子孟颀先生及小女儿孟沅女士的全方位支持。他们为写作从方案策划到提纲的确定，从内容的筛选到具体写作细节，都给予了实实在在的帮助。尤其是为写作提供了大量的史料和孟少农生前的手稿，书中所用的全部照

238

片，均由孟运女士和孟顾先生提供。正是有他们的鼎力相助，才使作者对完成写作任务有了前进的动力和着笔的信心。在此，向他们表示由衷的敬意。

《为中国造汽车：孟少农传》的写作素材来源于孟少农本人的自传、履历、日记和手稿，也来自孟运女士回忆父亲的一些文章，以及孟顾先生、孟沅女士提供的原始资料。同时，参考了国内相关机构和相关人员的研究成果和文章。所参阅的主要文献已列为《为中国造汽车：孟少农传》的参考文献。在此，向他们表示衷心感谢。同时，对魏欣宇及其他同志所给予的帮助一并表示感谢。

孟少农的一生经历甚多，内涵丰富。他的人生经历就是一本浓缩了的中国汽车工业发展史。如何全面、准确地描述一个有志于祖国汽车工业的知识分子形象，一个汽车工业的技术泰斗风采，一个一生扎根基层的科技工作者面貌，是有很大难度的。从主观上讲，作者是想尽力把《为中国造汽车：孟少农传》写好，但因受到作者能力、所掌握的史料、对问题认知的水平所限，书中缺点、讹误在所难免，还望读者批评指正。若有需要，作者将根据读者的意见和建议，对《为中国造汽车：孟少农传》作进一步的扩展和完善。